河南省高等学校哲学社会科学创新人才支持计划（2022-CX
河南省高等学校哲学社会科学基础研究重大项目（2023-JCZD-22）
河南省软科学研究计划项目（232400411147）阶段性成果

数字经济概论

主　编　宋勇超
副主编　梁文化　罗　冰　李梦溪

西南交通大学出版社
·成　都·

图书在版编目（CIP）数据

数字经济概论 / 宋勇超主编. -- 成都 ：西南交通
大学出版社，2025. 1. -- ISBN 978-7-5774-0221-5

Ⅰ. F49

中国国家版本馆 CIP 数据核字第 2024A4S815 号

Shuzi Jingji Gailun
数字经济概论

策划编辑 / 郭发仔

责任编辑 / 秦　薇

主　编 / 宋勇超

责任校对 / 蔡　蕾

封面设计 / 原谋书装

西南交通大学出版社出版发行

（四川省成都市金牛区二环路北一段 111 号西南交通大学创新大厦 21 楼　610031）

营销部电话：028-87600564　　028-87600533

网址：https://www.xnjdcbs.com

印刷：成都蜀通印务有限责任公司

成品尺寸　185 mm×260 mm

印张　15　　字数　338 千

版次　2025 年 1 月第 1 版　　印次　2025 年 1 月第 1 次

书号　ISBN 978-7-5774-0221-5

定价　45.00 元

课件咨询电话：028-81435775

　　数字技术和数字经济的快速发展，极大地改变了世界经济的要素结构、产业结构和市场结构。以数据为关键驱动要素的数字经济，通过削弱要素流动壁垒、重塑全球产业格局、加快线上线下资源整合，深刻影响了全球经济格局和人类社会的发展方式，数字经济已成为世界各国提升国际竞争力的关键所在和必然选择。当前，各国围绕数字产业化和产业数字化，颁布了多项法律、政策和规划，积极推动数字经济的发展，抢占数字经济的发展高地，一系列政策和规划的出台显示出各国对数字经济产业未来发展的高度重视。

　　近年来，我国数字经济综合竞争力持续提升。根据国家数据局发布的《数字中国发展报告（2023年）》和中国信息通信研究院（以下简称中国信通院）发布的《2024全球数字经济白皮书》相关数据，2023年我国数字经济核心产业增加值估计超过12万亿元，约占GDP比重10%。数字产业已成为推动新质生产力发展的重要载体，以云计算、大数据、物联网为代表的新兴业务快速增长，数字经济和实体经济融合的速度进一步加快，数字化生产性服务业增加值比重不断提高。持续增强的基础数字技术能力、快速增长的数据产量以及不断改善的数字营商环境，已成为新发展格局下推动我国经济增长的重要引擎。然而，我们也应该看到，我国数字经济发展中存在的一系列制约因素。例如：数字基础设施建设相对滞后带来的数字鸿沟，在基本算法、高端芯片以及生成式人工智能等数字领域，原创性关键核心技术存在短板带来的"卡脖子"风险，数字生态系统不健全带来的个人信息和数据泄露，以及数字人才供给不足带来的数字经济创新乏力等，这些问题对我国数字经济可持续发展带来了严峻挑战。

　　因此，鉴于数字经济在当前世界经济发展中的重要性，以及对我国数字经济发展现状和存在问题进行思考的基础上，我们组织人员编写了《数字经济概论》一书，希望此书能够帮助经管类专业的学生及感兴趣的读者，厘清数字经济的相关概念和理论基础、数字经济运行的基本机理、数字经济新业态、数字产业化、产业数字化等和数字经济发展密切相关的系列问题。

本书共分为 12 章，主要章节及内容为：第一章为绪论，主要对数字经济的概念、数字经济的产生与发展、数字经济的研究对象进行分析；第二章为数字经济理论基础，主要对数字经济相关理论基础以及数字经济统计测算等内容进行分析；第三章为数字经济的运行机理，主要从降低运行成本、提升经济效率、推动组织创新和重构经济形态等四个方面进行分析；第四章为数字经济新业态，主要对网络经济、平台经济、共享经济和智能经济的概念、特点、发展趋势以及应用场景进行分析；第五章为数字产业化，主要对数字产业化的背景、数字产业化的核心技术和数字产业化的发展现状进行分析；第六章为产业数字化，主要对农业数字化、工业数字化和服务业数字化的内涵、发展现状以及发展路径进行分析；第七章为企业数字化转型，主要对企业数字化转型的背景与内涵、动因与路径、企业数字化转型的效应以及面临的挑战进行分析；第八章为数字贸易，主要对数字贸易概念演进、数字贸易规则、数字贸易壁垒以及中国数字贸易发展现状进行分析；第九章为数字货币，主要对数字货币的概念与特征、数字货币的起源与发展，数字货币的交易机制、技术支撑等问题进行分析；第十章为数字经济与新质生产力，主要对新质生产力的概念、数字经济赋能新质生产力发展的理论逻辑、加快形成新质生产力的实现路径进行分析；第十一章为数字化治理，主要对数字化治理的概念、数字化治理与数字政府转型、数字化治理提升政府和基层治理能力进行分析；第十二章为数字经济面临的挑战，主要对数字鸿沟、算法滥用、信息茧房和隐私保护进行分析。

本书最大特色是理论体系较为完整，涵盖了数字经济相关的内容，并且在结构安排上分别设计了本章导读和本章知识点环节，便于读者在学习具体内容之前有效掌握重点，在章节最后围绕主要内容设计相应的思考题，从而便于读者达到复习巩固的目的。本书由宋勇超（郑州轻工业大学）担任主编，梁文化（郑州轻工业大学）、罗冰（郑州轻工业大学）、李梦溪（河南财政金融学院）担任副主编。具体分工如下：宋勇超负责前言、第五章、第六章、第十二章；梁文化负责第四章、第八章、第十章；罗冰负责第三章、第九章、第十一章；李梦溪负责第一章、第二章、第七章。宋勇超负责全书结构安排和统稿校对工作。

在本书的编写过程中参考了中外学者关于数字经济研究相关的成果，在此表示感谢。虽然编写团队对本书内容进行了多次审核和校对，力求准确，但限于编者学识有限，书中难免存在疏漏之处，恳请广大读者批评指正。

宋勇超

2024 年 7 月于郑州

CONTENTS 目 录

第一章 绪 论

本章导读

　　新一轮科技革命推动数字经济迅速发展，其发展速度、辐射范围、影响程度呈现出前所未有的状态，改变着当前的生产方式、生活方式、治理方式，成为全球资源重组、经济结构调整的核心力量。中国经济发展已经进入新的时期，持续推进经济高质量发展成为国家的重要战略。近年来，数字技术创新迅速发展，数字经济成为极具创新能力的经济形态，已渗透到国民经济的各个行业中，数字经济在国民经济中的地位也愈发重要，已成为中国经济高质量发展的新引擎。

本章知识点

1. 理解数字经济的内涵和基本特征；
2. 了解数字经济的发展情况；
3. 了解数字经济的研究对象；
4. 理解数字经济发展的意义。

第一节 数字经济的概念界定

　　数字经济是继农业经济、工业经济之后产生的新形式经济形态，以互联网、大数据、物联网、区块链、AI 等新技术蓬勃发展作为支撑。数字经济为中国经济发展模式转型以及新旧动能的转换、中国经济"变道超车"提供了重要机遇。数字技术的出现催生出线上零售、线上点餐、网约车等新型经济业态。与此同时，人们日常生活方式与工作方式的改变，生活的便利性大幅度提升，企业的生产与运营模式改变，中小企业进入市场的门槛降低，政府的管理和监督模式也随之发生改变。但是，随着数字经济的发展，也带来了市场垄断、个人隐私泄露、"技术性失业"等隐性危机。

　　数字经济与经济学紧密相关，在运用经济学理论与方法理解数字经济概念、分析数字经济的运行机制与发展规律的同时，也要了解数字经济与传统经济的区别，理解数字经济自身运行机制与发展的特点，更好地把握数字经济发展的新情况、新特点、新趋势。

一、数字经济的起源、内涵

20 世纪 40 年代，电子信息技术实现重大突破，数据存储和处理能力提升，信息经济开始进入人们的视线。除了农业、工业、服务业三大传统产业，信息业也成为国家经济发展的重要产业。随着互联网的出现及信息技术的逐渐成熟，互联网经济逐渐发展，并催生出电子商务、互联网金融等全新的商业模式。

数字经济最早由美国学者泰普斯科特（Don Tapscott）于 1996 年在《数字经济：网络智能时代的前景与风险》一书中提出，美国信息高速公路的普及以及随之产生的运行体制改变标志着数字经济时代的到来。Tapscott（1996）在《数字经济：网络智能时代的前景与风险》中首次提出数字经济的概念及其 12 个特征，并认为数字经济是一个以技术为核心，依托智能机器和网络系统的经济形态，它将智能、知识和创新紧密联系在一起，试图用数字经济解释出现的新经济、新模式、新技术相互之间的关系，旨在推动财富的增长和社会发展的创造性突破，技术创新和智能化应用成为推动经济增长和社会进步的重要动力。此时的数字经济更多被视为是互联网金币或信息经济的代名词。Negroponte（1996）则认为数字经济会对生产力、生产关系、经济发展产生重要影响，将促进产业升级、就业增加和社会福利的提升。

1997 年美国商务部发布的《浮现中的数字经济》指出，信息作为新的生产要素对经济发展将起到决定性作用，在信息技术的快速发展背景下，将从工业经济发展到数字经济，并认为数字经济的基础设施是互联网，核心是信息技术，支柱产业是信息产业，经济增长的动能是电子商务。1998 年和 1999 年美国商务部又发布《新兴的数字经济》和《新兴的数字经济 II》两份数字经济报告，报告中提出积极引导电子商务和信息技术产业的发展。

国外大多数文献认为，数字经济是通信技术和计算机技术在互联网基础上的融合，主要由信息技术和电子商务等组成。由此可见，早期关于数字经济的概念更多地集中在讨论"技术"的重要性，研究技术进步对不同行业的影响，然而对于"经济"关注不够。随着数字经济的发展，人们开始从强调技术的核心作用转向分析数字经济与经济体制之间的关系，转向探讨更深层次的生产力与生产关系层面。

数字经济在国内外学术界并未达成共识。OECD（Organization for Economic Co-operation and Development，经济合作与发展组织，简称经合组织）在 2014 年指出，数字经济在狭义层面主要指信息通信技术，在广义层面则包括信息通信技术基础上的所有数字经济活动。美国经济分析局（Bureau of Economic Analysis，BEA）2016 年认为，数字基础设施、电子商务、数字媒体共同组成了数字经济。2019 年，联合国贸易和发展会议（United Nations Conference on Trade and Development，UNCTAD）指出数字基础设施和基础创新、数字技术领域、数字化部门等是数字经济发展的核心。2016 年二十国集团领导人（Group of 20，G20）杭州峰会，习近平总书记提出的《二十国集团数字经济发展与合作倡议》

中明确界定了数字经济的定义，即数字经济是以数字化的知识和信息作为关键生产要素、以现代信息网络作为重要载体、以信息通信技术的有效使用作为效率提升和经济结构优化的重要推动力的一系列经济活动。数字经济具体可分为数字产业化和产业数字化两个部分。数字产业化是数字经济发展的基础，指为产业数字化转型提供数字技术、产品、服务等以及以数字技术、数据为核心的经济活动，主要包括数字产品制造业、数字产品服务业、数字技术应用业、数字要素驱动业、数字化效率这五大类，主要为电子信息制造、软件服务、信息通信、卫星传输、互联网接入、软件开发等业态。产业数字化是指通过数字技术和数据的应用带来了传统产业的数字化转型，实现了实体经济产出的增加及效率的提升。中国信通院（2017）完善了数字经济的内涵：数字经济是经济社会发展的更高级阶段，数字技术创新是核心驱动力，现代信息网络是载体，数字技术与实体经济融合是发展路径，数字经济主要包括与数字技术直接相关的数字产业化部门和数字技术融入后产生的产业数字化两个方面。Bukht 和 Heeks（2018）认为，数字经济包括数字部门、窄口径的数字经济领域、宽口径的数字经济领域三个方面。随着我国数字经济深入发展，中国信通院（2020）再次界定了数字经济的"四化"：数据价值化、数字产业化、产业数字化、数字化治理。

为贯彻落实党中央、国务院数字经济和信息化的发展战略，科学界定数字经济及其核心产业统计范围，国家统计局依据《中华人民共和国国民经济和社会发展第十四个五年规划和 2035 年远景目标纲要》《国家信息化发展战略纲要》等政策文件和国内外相关统计分类方法，基于《国民经济行业分类》对数字经济产业范围明确界定，编制了《数字经济及其核心产业统计分类（2021）》。数字经济产业主要包括五大类：数字产品制造业、数字产品服务业、数字技术应用业、数字要素驱动业、数字化效率提升业，其中前四类是为产业数字化发展提供数字技术、产品、服务、基础设施和解决方案等和依托数字技术及数据要素的各类经济活动，是数字经济的核心产业。数字产业化与产业数字化的互补关系在该文件中充分体现。以制造业为例，数字产业制造业与数字化提升效率业中的智能制造是制造业在数字经济的全部表现形态。数字产业制造业属于制造业中"数字产业化"部分，主要指计算机制造、通信及雷达设备制造、数字媒体设备制造等支撑数字信息处理的终端设备、电子元件、数字化技术智能设备的制造业。智能制造属于制造业中的"产业数字化"部分，主要指数字化通用、专业设备制造、数字化运输设备制造等将先进信息技术与制造业技术相融合，促进制造业发展和质量提升的生产方式。

根据中国信息通信研究院发布的《中国数字经济发展研究报告（2024）》可知，2023年我国数字经济规模达 53.9 万亿元，比 2022 年增加 3.7 万亿元，数字经济占 GDP（Gross Domestic Product，国内生产总值）比重稳步上升至 42.8%。数字经济的主要组成部分数字产业化和产业数字化规模也进一步扩大，占数字经济比重分别为 18.7% 和 81.3%；数字产业化占 GDP 的比重为 8.01%，规模达 10.09 万亿元；产业数字化占 GDP 比重为34.77%，规模达 43.84 万亿元。产业数字化在数字经济以及 GDP 所占规模的持续提高，反映出产业数字化是数字经济发展的主要推动力，数字经济与实体经济的融合是经济发展的主要方向。表 1-1 为 2017—2023 年中国数字经济发展规模情况。

表 1-1 　 2017—2023 年中国数字经济发展规模 　 　 　 　 单位：万亿元

年　份	数字经济规模	数字产业化规模	产业数字化规模
2017	27.2	6.2	21
2018	31.3	6.4	24.9
2019	35.8	7.1	28.8
2020	39.2	7.5	31.7
2021	45.5	8.4	37.2
2022	50.2	9.2	41.0
2023	53.9	10.09	43.84

数据来源：中国信息通信研究院数据统计时间等详细信息。

二、数字经济的相关概念界定

数字经济是一个不断演化、与时俱进的产业概念，随着数字经济的发展，人们对其的认识也不断深化。由早期的信息经济、知识经济到网络经济、互联网经济、智慧经济等概念的出现，都体现了人们在不同时期，不同阶段对数字经济发展和实践的认识。

（一）信息经济

信息经济的形成和发展主要集中于 20 世纪 40 年代至 80 年代。20 世纪 40 年代，信息技术快速发展，低成本电子元器件出现，以信息技术创新集群、信息技术为主导的新兴产业集群开始形成。20 世纪 60 年代，信息经济得到了较快发展，在 70 年代逐步成型并在发达国家的国民经济中占据重要地位。1962 年美国经济学家弗里茨·马克卢普在《美国的知识生产与分配》一书中界定了信息经济的概念，并构建出信息产业的核算体系并对美国信息产业进行测算。20 世纪 70 年代，石油危机爆发，石油产能下降，依托原油的高能耗工业经济开始衰退，信息产业快速发展并成为工业、农业、服务业之后最重要的产业。美国经济学家马克尤里泼拉特提出了将信息业纳入产业划分之中的四次产业划分方法。四次产业划分方法是以信息技术为基础的互联网的迅速发展，对经济结构、社会发展、居民生活等各个领域产生了深远的影响。信息经济已成为一种新的经济模式，以信息产业为主导，主体是信息产品和信息服务。

20 世纪 80 年代，信息经济成为美国、欧共体（European Communities，欧洲共同体）及日本等发达地区经济增长的核心推动力。现代信息技术是信息经济的物质基础，知识和技术的创新是信息经济发展的基石，以高技术含量的信息成分为主的产品和服务在经济运行中占主导地位，经济发展中信息成分所占比重是影响经济繁荣程度的重要因素。信息经济的发展应以信息产业为主导，依靠信息、知识等因素协同发展。

（二）知识经济

19世纪90年代，一部分发达国家虽然人力、资本等传统生产要素相对充分，但创新能力不足。1996年，经济合作与发展组织（OECD）基于此背景提出了"知识经济"这一概念，并界定其内涵。知识经济在信息经济基础之上发展而来，国民素质和经济发展水平的提升是知识经济产生和发展的前提。知识经济是建立在知识及信息的生产、分配、交换、消费等环节之上的经济运行形式，其核心是创新和现代科学技术。知识经济从信息经济时期依靠信息发展，转而强调知识创新，认为创新能力是一个国家国民经济增长的重要推动力。知识的使用者能够借助认知能力将信息转化为知识，不仅要了解知识是什么，更需要掌握知识产生的原因以及如何运用知识。

21世纪以来，创新能力的重要性越来越凸显，知识经济的发展也成为我国经济与社会持续发展的源泉。通过不断的技术创新，对于知识的应用和拓展越来越深入。注重国民创新能力的提高，建设国家创新体系，积极营造良好的创新环境，提升我国国际竞争力。

（三）网络经济

网络经济的形成和发展主要集中于1990—2010年。1990年约翰·弗劳尔提出"网络经济"并对其概念进行界定。网络经济是依托于互联网展开的与电子商务紧密连接的生产及分配的经济活动新形式。互联网技术的产生与快速发展驱动了网络经济的快速迭代。1990年以后，基于电子商务平台、电子邮件、社交媒体平台、门户网站的互联网商业模式实现了信息整合。而伴随着互联网信息呈现爆炸性增长趋势，搜索引擎应时而生。搜索引擎的出现提高了用户获得自身关注信息的效率，而搜索引擎也通过记录用户查阅的话题，分析数据并以此对网络信息进行排序，也成为互联网公司的另一个高收益点。在这个过程中，用户参与了内容的创造和企业价值的创造。1998—2003年期间，美国商务部虽然已反复提出数字经济的概念，然而由于此时互联网在全球范围蓬勃发展，因此这一阶段数字经济发展的核心仍然是网络经济。

我国的网络经济在1994年中国接入国际互联网之后快速发展。20世纪90年代后期，我国互联网用户增长率快速提高，新浪、网易、搜狐三大新闻门户网站创立，阿里巴巴、京东等电子商务平台也逐步进入市场，以百度和腾讯为代表的搜索引擎和社交媒体平台呈现跨越式发展。进入21世纪后，以淘宝、京东为代表的电子商务平台快速发展，以支付宝、微信为代表的第三方支付平台的出现，更为网络经济的发展注入活力。与此同时，基于互联网平台的新浪微博、人人网等社交网站和社交媒体的出现，也在悄悄改变着人们的社交及联络方式。

（四）互联网经济

1997年，麦克奈特和贝利（McKnight and Bailey）提出互联网经济学的主要研究内容为互联网服务，并对互联网经济中的"云"概念进行了经济学解释，分析其存在的原因、经济学特征。随着互联网经济的发展，互联网逐渐渗透到传统产业的同时，大量新兴行业不断涌现，优化了资源配置；同时，互联网经济与实体经济相互渗透，传统的交易活动转变为通过虚拟网络交易模式进行，生产和经营方式由过去的线下运行转变为线上平台+线下运营相结合。

（五）智慧经济

早期对于智慧经济的理解多集中于单个方面，例如"智慧地球""智慧城市""智慧产业"。2007 年，"十七大"报告中提出发展"智慧经济"，大力推进信息化与工业化相融合；2011 年多部门联合印发的《关于加快推进信息化与工业化深度融合的若干意见》中指出要"智能发展，建立现代生产体系"。"智慧经济"一词多次出现在各类政府文件之中，其核心是知识和技术的创造性和创新性，是在云计算、大数据、物联网等新兴信息技术的技术基础上，以个性化、多样化的智慧产业为主导的经济形态。

三、数字经济核心要素

（一）大数据

据 IDC（Internet Data Center，互联网数据中心）数据统计，2022 年全球数据总量 81 ZB（1 ZB 约等于 10 亿 TB），连续五年平均增速保持在 25%以上。越来越多的领域依赖庞大的数据量，开始进入量化阶段，依靠数据分析做决策。大数据的定义至今未有统一的界定。麦肯锡全球研究所则认为，大数据是大量的数据集合，其获取、储存、管理、分析等规模远超主流分析方法以及数据分析软件的工作能力。2013 年，香山科学会议界定了大数据的内涵：大数据是量多且杂、来源多样、类型丰富、在合理时间内无法处理和分析的数据的集合；大数据是数字经济时代的重要战略资源，是关键性的生产要素，是不断创新的内驱力，对人类的生产和生活方式产生深刻的影响。大数据具备规模巨大、数据多样、处理高速、价值巨大四个特点。

大数据的来源众多、类型多样，几乎涵盖了我们日常生活的各个方面，例如邮件、微信、微博、通信、医疗、气象、社交、信用、电力等都在通过应用程序不断产生数据。根据不同的标准，大数据有以下几种分类方式。

根据数据不同的开放程度，大数据可以分为开放型数据和内部型数据。开放型数据是指所有人均可见的数据，例如门户网站、电视、书籍，手机 App 里的信息数据公开的大众媒介数据；内部型数据是指只有某些特定机构和少量企业掌握的数据，例如银行征信数据、户籍信息、犯罪记录、淘宝的用户注册及消费数据、微信的社交数据、抖音的浏览数据、高德的出行数据、咨询公司的调查数据，等等。

根据结构化程度的水平，大数据可以分为结构化、半结构化、非结构化数据。结构化数据是指数字或者统一的结构能够完全直接表示的数据，例如财务系统数据、视频浏览量数据等；半结构化数据是指数据具有一定的结构性但是其结构需要进行大量转化的数据，例如 XML 文档、JSON 文档、邮件、网页等；非结构化数据是指数据无法实现用统一的结构来表示的数据，例如音频、视频、图片、办公文件等。

大数据分析的核心是大数据技术，是指与大数据采集、预处理、存储、分析、应用等过程相关的技术。大数据采集是通过数据库采集、网络数据采集、文件采集的方式对结构化和非结构化的数据进行采集；大数据预处理是指为提高数据质量，将采集到的原始数据通过数据清理、数据合成、数据转化、数据精减对数据进行处理；大数据存储是指通过存储器，以数据库的形式，通过新型数据库集群、技术扩展和封装、大数据一体机将采集的数据存储的过程；大数据分析包括数据的可视化分析和数据挖掘分析两个方面，数据可视化分析是指借助图表清晰直观传达和沟通信息的手段，数据挖掘分析是指通过构建数据挖掘模型，对数据进行计算的数据分析方式。

近 20 年来，大数据由非结构化向结构化转型的方法不断创新。但是，大数据分析的发展仍存在一定的困境：一是如何将非数据化的结构数据化并进行分析，二是如何多角度还原数据的复杂性，三是如何平衡数据异构性和决策异构性的关系。

（二）人工智能

人工智能是通过生产出一种新的能以人类智能相似的方式做出反应的智能机器，具备一定的解决问题的能力，承担人类才能完成的工作。现阶段，人工智能更多地集中在弱人工智能方面，例如大数据分析、智能算法、传感器感知、计算机视觉、机器学习等。其中，ChatGPT 和 Sora 的出现，对人工智能具有里程碑的意义。通过在 Sora 中输入关键词，在较短时间内可生成多角度镜头的视频，实现文字即可生成视频的人工智能技术。

（三）云计算

云计算是依托互联网而形成的能够满足用户个性化需求的系统，该系统可实现计算机资源的存储、整合以及按需配置，是大数据、人工智能、物联网等领域发展的基础。云计算已经成为信息技术发展和国际竞争力的助燃剂，全球云计算产业快速发展。美国推出多个云计算产业发展战略，例如"云优先""云敏捷"，出台《国家竞争力面临的十年中期挑战》支撑云计算产业发展；欧盟为带动云计算产业发展鼓励成员国在公共服务部门使用云计算，并出台《欧盟云行为准则》指导云服务的安全性和隐私性；我国也将云计算产业纳入新兴数字产业和重点发展产业，并发布《扩大内需战略规划纲要（2022—2035 年）》《关于推动能源电子产业发展的指导意见》《关于推进 IPv6 技术演进和应用创新发展的实施意见》等政策支持云计算产业发展。

实现云计算需要满足以下两个条件：一是完善的云计算基础设施，二是有整合、开发、拓展资源的技术能力。企业通过云计算一方面可以减少购置和维护相关硬、软件基础设施的成本和日常工作，另一方面具有更强的灵活性，能够及时根据存储需求和算力需求进行调整，无须根据需求峰值来建设基础设施，避免资源的闲置和过高的成本投入。

根据开放程度，云计算可分为公有云和私有云。公有云开放程度高，安全性和成本相对低，各类用户均可访问使用。私有云用户针对性更强，安全性和成本相对更高，仅对企业、部门内部人员或特定机构开放，只在内部网站提供云计算服务，外部人员无法使用。

根据中国信息通信院发布的《云计算白皮书（2024）》，2023 年全球云计算市场规模同比增长 19.4%，为 5 864 亿美元，在大模型和算力等需求的刺激下，云计算市场仍能保持快速稳定增长。以表 1-2 和表 1-3 为中国信息通信院预测的全球及中国云计算市场规模及增速情况。

表 1-2　全球云计算市场规模及增速

年份	市场规模/亿美元	增长率
2020	3 114	13.6%
2021	4 126	32.5%
2022	4 910	19.0%
2023	5 864	19.4%
2024	7 022	19.7%
2025	8 355	19.0%
2026	9 894	18.4%
2027	11 606	17.3%

我国云计算市场整体规模仍保持快速增长，2023 年增速高于全球增速，市场规模达 6 165 亿元，较 2022 年增长 35.5%。在全球通胀压力和宏观经济下行的大经济预势下，仍保持了快速发展。

表 1-3　中国云计算市场规模及增速

年份	市场规模/亿元	增长率
2020	2 091	56.7%
2021	3 229	54.4%
2022	4 550	40.9%
2023	6 165	35.5%
2024E	8 378	35.9%
2025E	11 780	40.6%
2026E	15 985	35.7%
2027E	21 404	33.9%

（四）区块链

传统的互联网交易多是需要借助中介机构来促成交易的中心化交易机制，这种交易的达成是以双方均对中介机构有较强的信任程度，并且中介机构自身不存在道德风险和效率问题。然而，现实并非如此。近些年中介平台出现了用户评价不实和产品质量问题，中心化信任问题日趋凸显。而区块链则是基于互联网的、不可篡改的分布式记账技术，基于时间戳依据特定的认证机制将数据区块连接起来，构建去中心化的信任机制。

区块链的特征有两个：一是去中心化、不可篡改和可追溯；另一个是透明度高、可匿名。在区块链上的共识信息分布和存储在各个节点的账本中，这些共识信息是难以被篡改，且每个数据都可以进行溯源；在保证信息的真实性的同时，区块链的信息透明度高且可匿名，通过区块链能够实现参与人对共享信息的信任度提高，不需要信任实体的背书，用户也可以采用匿名形式保障用户的隐私。

区块链是实体经济和数字经济融合发展的重要数字基础设施，全球主要发达国家和地区都在积极布局区块链产业，提升区块链技术，完善区块链基础设施。受多重因素的影响，2023 年全球区块链企业增速放缓，共有 10 291 家，而中国和美国占比超过 50%，分别为 2 802 家和 2 697 家。我国区块链产业格局基本稳定，区块链企业主要集中在北京、山东、上海、浙江等数字化发展较快的地区，同时积极健全完善区块链技术应用标准的相关制度。

四、数字经济的特征

数字经济的特征主要体现在以下几个方面：

一是数字化。数字化是数字经济的基本特征，即数字化知识与信息是数字经济发展中的关键要素，充分运用计算机将信息数字化表达，并与各个生产环节相融合，促进传统产业升级。

二是融合性。随着技术进步和互联网快速发展，数字技术将三大产业融合，促进产业升级，使产业间的界限逐渐模糊。

三是创新性。数字经济通过对结构化和非结构化信息的架构抽象化，使信息转化为图形界面。

四是普惠性。随着数字经济的发展，人们的生活更多地融入互联网中，可通过互联网平台工作、学习、购物、外卖、打车、办理银行及金融业务、处理与公共服务相关的问题，工作方式、学习方式、生活方式多样化、便捷化。

五是可持续性。合理引导和利用数字经济在社会、科技、生活、自然等方面的应用，推动社会可持续发展。

第二节　数字经济的产生与发展

计算机和互联网的出现，引领人类进入了信息时代。新一代信息技术的快速演变，带来了大数据、人工智能、云计算以及移动网络技术的出现和应用。在全球经济增长放缓的背景下，数字经济仍然逆势增长，并且与传统经济深度融合，带动传统经济的转型升级。

一、美国数字经济的产生与发展

最早将数字经济发展确定为国家战略的是美国。1999 年美国发布网络与信息技术研究与发展计划，通过深入计算机、互联网、软件等方面的科研带动信息技术相关产业的发展。美国商务部每年发布数字经济报告以推动数字经济相关理念的普及和引起社会关注。2006 年颁布《国家信息化发展战略》正式提出发展数字经济战略，将数字经济定位为国家发展战略。"数字国家"于 2010 年由美国商务部提出，并且美国国家电信和信息管理局联合经济和统计管理局围绕数字经济的核心领域开始统计并发布"数字国家"报告。2012 年发布《大数据研究与发展计划》布局发展大数据战略，并在此基础上于 2016 年发布《联邦大数据研究与开发战略计划》，对围绕大数据研发的关键领域进行指导，进一步促进美国在数字经济方面的领先地位。2018 年为保持美国在科技和网络空间发展中的绝对影响，《国家网络战略》再一次明确数字经济发展的具体方向。2021 年《美国全球数字经济大战略》报告中提出，美国必须保持在全球科技领域的领先地位，限制中国在数字领域的发展，逐步开始布局本国数字经济全面发展战略。

在数字技术方面，美国也在积极抢占核心领先地位，布局新兴技术和关键技术发展战略。2020 年美国开始积极推进 6G 和数字经济相关技术，《关键与新兴技术国家战略》提出构建技术同盟，积极推动网络技术、数据技术、区块链技术等，并借助现有的技术优势，跨越式发展 6G 移动通信。同时，在半导体产业，美国也试图持续保持主导地位，一方面出台法案向半导体制造商给予补贴，另一方面持续提高半导体研究的研发投入。

除出台宏观政策指导数字经济发展之外，美国也在加强数字基础设施建设。2018 年美国发布《美国重建基础设施立法纲要》，纲要中规划了美国未来的基础设施方案，重点关注新能源、宽带网络、大数据等数字经济发展的基础建设相关领域。同时，为数字经济基础设施提供资金支持，2017 年和 2019 年美国发布"数据中心优化计划"，在财政政策方面给予倾斜。2020—2021 年，分别公布了《5G 安全国家战略》《5G 网络安全实践指南》《加速美国 5G 发展》等，积极推动 5G 网络部署、提高 5G 信号覆盖率、提高 5G 网络安全能力，同时加强国家间的合作。

美国互联网企业发展迅速，并且在全球保持巨大影响力。2021 年，全球市值最大的 10 家公司中 5 家为美国互联网公司，分别为全球第一大搜索引擎公司谷歌、占据全球主要 PC 端操作系统的微软、电子商务平台亚马逊、全球最具价值公司苹果、全球社交平台龙头 Meta。

与此同时，美国借助信息技术的发展优势，建立并完善国家创新生态系统，发展前沿技术和先进制造业，保持制造业在全球价值链中的核心地位。2012 年美国进一步明确先进制造业在国民经济中的地位，提出建立长期的创新政策支撑制造业发展，通过增加中小企业投资、提高劳动力技能、建立健全伙伴关系、调整优化政府投资、加大研发投资力度五个方面逐步推动先进制造业发展。2016 年美国多部门联合发布《国家制造创新网络战略计划》，提出提升美国制造的竞争力；促进创新技术向规模化、经济和高绩效本土制造能力的转化；加速先进制造劳动力的发展；支持帮助制造创新机构稳定、可持续发展的商业模式等发展目标。2018 年美国白宫发布国家科学技术委员会编写的《先进制造业国家领导力战略》，为实现美国国内制造业供应链弹性和能力的提升，提出"技术、劳动力、供应链"三大战略目标。

美国积极参与数字经济国际规则和标准的制定，争夺数字经济全球话语权。美国政府通过美欧峰会、G7、美日印澳联盟等多边机制建立以美国利益为核心的数字与科技政策。在制定数字经济国际标准方面，美国保持强大的话语权，在多个国际技术标准组织中保持主导地位。

二、中国数字经济的产生与发展

中国的数字经济发展经历了萌芽、创新、发展三个阶段。

萌芽时期从 1995 年 5 月 17 日开始，中国电信开始接通美国专线，并对国内开放计算机互联网接入服务，意味着中国进入了早期的数字经济发展阶段。此时，数字经济发展主要是以互联网为基础。企业开始了各种形式的商业探索，多个互联网平台出现。搜狐、网易、新浪三家门户网站出现，在线票务服务公司携程也在 1999 年成立，出现了第一个电商网站 8848。1996 年，国务院信息化工作领导小组及办公室成立，政府层面开始关注信息化建设和互联网发展。1997 年，国务院在深圳召开第一次全国信息化工作会议，此次会议提出了中国信息化建设指导方针。此次会议后，中国开始加快互联网基础设施建设。1999 年，由中国电信和国家经贸委（2003 年改为国家发展和改革委员会）信息中心联合多个国家部委发起"政府上网工程"，推动各级政府建立政府官方网站，开展信息共享并基于互联网平台向居民提供便民服务。

2004—2013 年，中国进入数字经济创新阶段，此时中国互联网网民数量快速增长，计算机普及率提高，互联网公司发展空间不断拓展。基于中国的人口基数、计算机和手机普及率提高，网购用户规模快速扩展，2008 年中国网民数量超过美国，跃居世界第一。巨大的用户规模形成良好的市场基础，中国电子商务行业迅速发展，成为囊括信息技术、在线交易、物流配送、金融支付、网络广告等多个领域的完整的产业生态体系。企业方面，京东、腾讯、掌上灵通、空中网、"前程无忧"网、盛大等互联网公司 2004 年上市；美团、拉手、窝窝等团购网站于 2008 年上线；2008 年第三方支付平台支付宝开启手机移动支付，2013 年即时通信软件微信新增了公众号和微信支付功能，移动支付出现并逐渐取代现金支付，成为主要的支付手段。政府方面，2006 年信息化纳入国家战略，2008 年，《中华人民共和国政府信息公开条例》正式发布，规范政府信息，公开相关工作。

2014 年至今，中国数字经济进入快速发展阶段，中国互联网经济占 GDP 比重快速上升并超过美国，数字经济成为我国经济发展的主要方向。这一时期，网络打车软件、网络直播、新零售等数字经济与传统经济融合催生出的新模式和新业态快速发展。2022

年我国数字经济发展质量进一步提升，数字经济规模达到 50.2 万亿元，比 2021 年名义增长 10.3%，数字经济增速连续 11 年高于同年 GDP 增速，数字经济占 GDP 比重为 41.5%；2022 年数字经济全要素生产率为 1.75，国民经济全要素生产率为 1.35，生产率水平显著高于整体国民经济生产效率，第一产业数字经济全要素小幅提升为 1.04，第二产业数字经济全要素生产率为 1.69，第三产业数字经济全要素生产率大幅提升至 1.9，成为数字经济全要素生产率增长的关键力量。

数字基础设施建设方面。一是固定宽带和移动宽带的覆盖率、网速均得到大幅提升。据 2023 年工信部通信业统计公报显示，新建光缆线路长度 473.8 万千米，全国光缆线路总长度达 6 432 万千米；其中，光纤接入（FTTH/O）端口达到 10.94 亿个，比上年末净增 6 915 万个，占比由上年末的 95.7%提升至 96.3%。100 Mbps 及以上接入速率的用户提高了 0.6%，共为 6.01 亿户，全年净增 4 756 万户；1 000 Mbps 及以上接入速率的用户提高了 10.1%，共为 1.63 亿户，全年净增 7 153 万户。二是 5G 加速布局，6G 研发启动。2023 年，5G 基站提升率为 7.8%，共为 337.7 万个，占移动基站总数的 29.1%。与此同时，2019 年，工信部成立 IMT-2030（6G）推进组，组织移动、联通、电信、通信设备制造商、高校、研究所等正式启动 6G 研发。三是推进卫星规模化研制生产。2022 年西昌卫星发射中心用长征二号丙运载火箭成功将我国批产卫星送入预定轨道，验证了我国已具备建设卫星互联网所必需的卫星批量研制、组网运营的能力。

数字产业发展方面。一方面，电子信息制造业、软件业、互联网等传统数字产业近年来保持稳定增长。据工信部（中华人民共和国工业和信息化部）统计，2022 年，电子信息制造业运行稳步向好，营业收入为 15.4 万亿元，增加值较 2021 年相比增长了 7.6%；软件和信息技术服务业务营业收入超过 10 万亿元，同比增长 11.2%，规模以上企业超过 3.5 万家。软件业利润总额比 2021 年增长 5.7%，为 12 648 亿元。另一方面，人工智能、大数据、区块链、云计算等新兴数字产业也进入了稳步增长阶段。人工智能核心技术不断突破，产业规模不断扩大。据中国信息通信研究院统计数据可知，2023 年我国人工智能核心产业规模达 5 784 亿元，增速 13.9%；人工智能算力市场规模将达到 664 亿元，同比增长 82.5%，人工智能算力需求快速增长。2022 年我国大数据产业规模达 1.57 万亿元，同比增长 18%。我国区块链产业格局稳定，2023 年中国区块链企业 2 802 家，占全球比重 27%。云计算产业保持快速发展，市场稳定增长，2022 年我国云计算市场规模为 4 550 亿元，同比增长 40.91%。

产业数字化转型方面。一是农业数字化转型。根据中国互联网络信息中心数据显示，截至 2022 年 6 月，我国农村地区互联网普及率达 58.8%。根据工业和信息化部统计可知，2022 年开通 5G 基站 80 多万个，实现全国"村村通宽带"和"县县通 5G"。《面向 2035 年智慧农业发展战略研究》预计到 2025 年，我国农业数字化转型取得重要进展。种植业、畜牧业、渔业等数字化水平以及农村互联网普及率等逐步提高。大田生产数字化水平超过 25%，设施栽培数字化水平超过 45%，畜禽养殖数字化水平超过 50%，水产养殖数字化水平超过 30%，生鲜农产品冷链流通率超过 40%，实现质量安全追溯的农产品占比超过 25%，农业数字经济占第一产业国内生产总值的比重超过 15%，行政村电子商务站点覆盖率不低于85%。二是制造业数字化转型方面。制造业数字化转型虽然处于发展初期，但是仍取得一系列成果。2022年工业互联网网络、平台、数据、安全体系不断完善，核心产业规模超1.2万亿元；"5G+工业互联网"项目数超过7 000个，标识解析体系服务企业超30万家，重点平台工业设备连接数近9 000万台（套）；工业互联网应用已拓展至45个国民经济大类，覆盖工业大类的85%以上。数字平台加速发展，由中国信通院数据可知，我国有影响力的工业互联网平台为240多家，跨行业跨领域平台为28个。智能制造持续推进，据《国家智能制造标准体系建设指南》发布，305个智能制造试点示范项目和420个新模式应用项目，700多个智能工厂、数字化车间，智能制造系统解决方案企业6 000余家。2022年第二季度，我国网络化协同占比为39.5%，服务型制造占比为30.1%，个性化定制的企业占比为10.8%。三是服务业数字化转型方面。数字技术拓展了服务业的应用场景，催生出新产品、新模式和新业态，数字技术与生活服务业深度融合，提升了服务的品质和服务能力。截至2021年12月，我国网民规模为10.32亿人，网络购物用户规模为8.42亿人，网络支付用户规模为9.04亿人。全球最大的数字社会是我国服务业数字化转型良好的基础。2022年我国电子商务同比增长3.5%，交易额为43.8万亿元；全国网上零售额同比增长4%，交易额为13.79万亿元，占社会消费品零售总额比重的27.2%。伴随着即时零售渗透的行业和品类的持续扩大，即时零售市场销量强势增长。据中国连锁经营协会预测，2025年我国即时零售开放平台模式市场年复合增长率将高于50%，市场规模将增长至1.2万亿元。与此同时，我国生活服务业的数字化水平在生活服务业内部各行业差异较大。2021年，酒店业数字化率为44.3%，餐饮业数字化率为21.4%，宠物业数字化率为19%，家政业数字化率为4.1%，养老服务业数字化率为1.3%。生活服务业数字化水平仍有较大的提升空间。

第三节　数字经济的研究对象和发展意义

数字经济是不断拓展、不断演化的产业概念，研究对象十分广泛，涉及面极广。数字经济的研究对象主要有认识数字经济的基本内容，把握数字经济的基本规律，掌握数字经济的发展范畴，探索数字经济发展过程中不断涌现的新业态、新现象、新模式。

一、数字经济的研究对象

（一）数字经济的基本知识

对数字经济的基本概念、理论基础及运行机理进行分析。

随着知识与信息数字化程度逐渐提高，人们对经济发展有了更为清晰的认识，数字经济的概念逐渐浮显出来。数字经济的定义是动态的，随着数字技术的进步、经济的发展，数字经济的内涵和外延也随之深化。因此，对数字经济的认识，首先需要理解它的内涵、产生与发展过程，之后再把握数字经济的理论基础、如何统计测算数字经济，在此基础上更好地理解数字经济的运行机理。

（二）数字经济市场的关键要素——数据生产要素

对数据要素的价值、数据资产、数据要素市场化配置进行经济学解析，对数据及数字技术商业化应用而形成的数字产业化深入研究。

数据能作为生产要素是数字经济交易市场形成的原因之一。数据也并不是天然的生产要素，而是经过数据采集、数据存储、数据加工、数据流通、数据分析、数据应用、生态保障等环节被存储、加工，最终进入流通和应用环节。生态保障则是为数据要素市场构建良好的市场生态，最大可能发挥数据生产要素作用的保障。因此，数据要素产业链的七个环节必不可少，数据在数据要素产业链的各个环节是否能信息流通、自由流动，直接影响着数据生产要素的质量。数字技术转化为生产要素，并进行商业化应用、产业化拓展而形成的数字产业链条和相关新兴产业是数字产业化的过程。数字产业化是数字经济和产业数字化发展的基础，是产业数字化发展的基础支撑，因此需要重点分析人工智能、区块链、云计算、大数据等数字技术的经济学特征。

（三）数字化转型

对产业数字化、企业数字化内容进行了介绍。

数字经济向传统产业的渗透，推动着传统产业的数字化转型和企业的数字化转型。数字技术与传统产业的深度融合，传统产业生产效率和生产数量大幅提升，产业的数字化程度已经成为影响产业竞争力的关键因素之一。农业、工业、服务业数字化转型的路径与特点，如何更有效地推进不同行业的数字化转型是我们需要持续探索的课题。作为市场经济的重要主体，在数字经济快速发展的背景下，我们有必要对企业与数字经济深度融合如何实现、产生哪些影响进行深入研究。

（四）数字经济的新业态、新现象

分别对数字经济发展中出现的新业态、数字货币、数字贸易、数字化治理等内容进行详细探讨。

随着数字经济的发展，数字技术渗透在各个领域。网络经济、平台经济、共享经济等新业态接连涌现，需要深入研究其有哪些特点、哪些制约因素、未来发展趋势等。数字技术对货币体系最终产生影响是数字货币的出现。数字货币是什么，与电子货币、虚拟货币有何区别，数字货币是否会改变货币传导机制，值得进一步地深入思考。网络平台和信息技术的发展也推动着数字技术对传统贸易模式的影响，新的贸易模式——数字贸易快速发展，推动着全球贸易的互动交换、资源共享和全球经济增长；与传统贸易相比，数字贸易有哪些新特点，交易流程和环节发生了哪些变化，对国际贸易活动将带来哪些影响值得进一步探讨。数字技术和数据应用在政府机构、公共服务等领域是数字化治理的表现方式，数字化治理是推进国家治理体系和治理能力现代化的重要环节，需要深入研究如何推进数字化治理，促进政府治理和公共服务的水平和效率提升。

二、发展数字经济的意义

近年来，数字经济快速发展，已成为世界各国经济发展的重要引擎。2022年，美、中、德、日、韩五个主要国家的数字经济总量为31万亿美元，数字经济占其GDP的58%。中国数字经济规模居全球第二位，为7.5万亿美元。数字经济发展迅速，推动着全球生产方式、生活方式、治理方式变革，成为改变全球竞争格局的关键力量。

（一）数字经济发展促进共同富裕

数字经济通过以下几个方面促进社会财富增加，推动共享发展，促进共同富裕。

一方面，数字经济发展促进经济增长。数据成为主要生产要素，通过数字技术应用于金融、教育、贸易、能源等行业，促进了数字经济的快速发展；数字经济通过数字技术的产业化和市场化，改变原有的生产方式和组织管理方式，推动新旧动能转换，有利于提升全要素生产率。从消费角度来看，数字经济发展能更好地满足消费者个性化、多样化的需求，提升消费的量和质。数字技术的应用，厂商、商家、消费者之间的信息不对称和信息局限逐渐被打破，厂商和商家能更好地掌握消费者的购物心理和产品偏好，而消费者在关注商品效用的同时，也能更好地享受到消费的过程。从投资角度来看，数字技术有利于企业创新，新型的商业模式和有效的资本市场的建立。数字技术的应用，能减少生产者与消费者之间的信息不对称，拉近两者之间的距离，改变中国生产者在传统生产经营模式中长期处于低附加值的生产加工环节的位置，促使企业提高研发和设计水平；同时数字技术也更利于资本市场参与主体之间的市场信息交换，监管部门也可利用这些技术更有效地监管资本市场，提高风险识别能力。从出口角度来看，发展数字经济有利于提升我国在全球数字经济发展中的话语权，提高我国在国际市场的主动性，有利于我国的进出口贸易，同时，数字经济发展也有利于我国创新能力的提升，提高我国在全球价值链中的地位。

另一方面，数字经济发展弥补数字鸿沟，推动财富共享。数字经济发展能更好地均衡区域间的经济发展，推动区域间财富共享。数字技术的应用缩小了距离在行业分工和贸易中的影响力，降低了生产对于原材料和消费者的依赖度，企业空间集聚性下降；同时，通过数字经济平台，传统市场的时间和空间限制被打破，企业能够公平地参与市场竞争。数字经济发展会带来更多的就业和创业机会，城乡之间的收入差距、财富差距逐渐缩小。互联网普及、数字经济发展使得农村劳动力能更好地获得就业信息，促进就业率提高；数字经济发展推动了农业的数字化转型，农业生产效率提升，农业及农民收入水平提高。

互联网普及和数字经济的发展逐渐改变着增长和收入分配。数字经济通过数字技术和信息化手段促进价值增长。以农村为例，一是互联网普及构建了农村数字经济发展的基础，2022年，我国已实现了"村村通宽带"和"县县通5G"，5G基站数量为231.2万个；二是农业数字化成为农村生产发展趋势，农业新业态出现，通过数字化、电商和物流的融入，农业生产和经营的质量和效率都得到提升；三是数字经济和金融的融合提高了农村金融服务水平，居民可以通过线上方式选择个性化的金融产品，也通过移动支付、线上购物等方式改变着农村居民的生活方式。然而，数字经济的发展也存在一定的挑战。相对贫困的农村地区由于数字基础设施不够完善、政策落实缓慢，数字经济对农村收入分配调节作用有限。而由于农村居民受教育水平、贫困等因素的影响，数字经济农村红利无法完全实现，农村地区日益扩大的数字鸿沟问题也逐渐成为社会关注的焦点。学者认为数字鸿沟对城乡收入差距及农村内部收入差距的影响呈倒 U 型。以农村内部收入差距为例，一部分暂时未掌握数字技术的农村居民无法抓住数字经济发展的机会，与掌握数字技术的居民收入差距扩大，但随着数字经济发展和基础设施的完善，数字技术技能培训增多，数字资源覆盖范围扩大，更大范围的农村居民受数字经济发展影响，其收入增加，农村内部收入差距将会逐渐缩小。

（二）数字经济发展促进产业转型升级

数字经济发展促进产业结构升级。数字经济的发展，改变着传统生产方式的生产要素的地位和组合方式，改变着各要素的资源配置方式、规模和效率，促进产业结构升级。数字技术的应用，能更有效地降低企业的信息、议价、监督等成本；通过对信息的筛选、甄别，能提供给企业更加完备的用户需求信息，实现更精准的服务和定制化产品，减少交易成本和资源错配；通过大数据分析，企业能更准确地掌握用户的满意度、偏好、是否回购，精准匹配产品与客户的需求。同时，数字技术通过大数据分析，反馈在产品研发、制造等环节，切实解决信息资源在所有权、收集、利用等环节存在的信息分散化、割裂化、信息不畅等问题，提高企业管理的效能和产品制造的效率。数字经济的发展，推动技术创新，促进产业结构升级。在数字经济的新纪元，数据已然成为连接各类生产要素的纽带型资源，极大地降低了技术的研发成本，缩短了技术的研发周期，激发了产品研发的创新活力。同时，通过减少信息不畅问题提升了研发资本和创新人才等创新资源的供需匹配效率，对技术革新和产业升级具有决定性的影响。一方面，基于信息技术的数字金融显著减少了信息不畅，优化了资金配置，有效解决了企业融资问题。另一方面，数字技术能协助企业更好地整合市场资源，提高协作效率，促进研发创新。

数字经济发展促进现代化产业体系建设。《中华人民共和国国民经济和社会发展第十四个五年规划和 2035 年远景目标纲要》中指出，要充分发挥海量数据和丰富应用场景优势，促进数字技术与实体经济深度融合，赋能传统产业转型升级，催生新产业、新业态、新模式，壮大经济发展新引擎。数字经济对现代产业体系构建的影响主要通过以下两个途径实现。一方面，数字产业化丰富了现代产业体系内容。数据作为生产要素参与到生产过程中，激发了数据要素充裕、共享、边际成本低廉的特点，与数字技术相融合催生出更多的新模式和新业态。据《数字中国发展报告（2023 年）》（以下简称《报告》）统计数据可知，2023 年数字经济核心产业增加值占 GDP 比重约为 10%。其中，电子信息制造业增加值同比增长 3.4%；电信业务收入为 1.68 万亿元，同比增长 6.2%；互联网业务收入 1.75 万亿元，同比增长 6.8%；云计算、大数据业务收入较 2022 年增加 37.5%，物联网业务收入较 2022 年增加 13.4%。数字企业加大创新研发投入，创新型数字企业融资支持力度持续加大。2022 年，科创板、创业板已上市的战略性新兴产业企业中，数字领域相关企业占比分别接近 40%和 35%。工业互联网领域新增上市企业 53 家，首发累计融资规模 581.34 亿元。信息领域相关 PCT（Patent Cooperation Treaty，专利合作条约）国际专利申请近 3.2 万件，全球占比达 37%，数字经济核心产业发明专利授权量达 33.5 万件，同比增长 17.5%。信息技术管理、计算机技术等领域有效发明专利增长最快，分别同比增长 59.6%和 28.8%。另一方面，产业数字化促进传统产业转型升级，再构产业体系。当前，我国产业数字化规模远超数字产业化规模，是数字经济发展的重要内容，数字技术与传统生产要素的融合，推动着生产方式和组织结构的革新。就具体产业而言，2022 年我国工业数字经济渗透率 24%，5G 行业虚拟专网数量突破 1 万个，移动物联网连接数占全球总数的 70%。工业信息化与智能化的发展，推动了新型工业化进程，加快了工业化的现代化进程。

思考题

1. 论述数字经济的特征。

2. 论述我国发展数字经济的意义。

3. 简述数字经济与信息经济、知识经济、互联网经济、智慧经济等相关概念的区别和联系。

第二章　数字经济理论基础

本章导读

　　数字经济是一门新兴的经济学科,掌握这一学科首先要理解数字经济相关基本理论,深入研究数字经济发展规模及其对宏观经济运行的贡献程度。但随着数字经济规模的扩大和地位的提升,传统的国民经济核算体系与方法已经不能满足当前实践的需要。本章结合数字经济的相关理论和统计测算的基本概念,系统讨论数字经济测算的方法、重难点以及可能的发展方向。

本章知识点

1. 理解数字经济相关理论基础;
2. 掌握数字经济测算的范围、方法;
3. 理解数字经济测算的重难点;
4. 了解数字经济测算可能的发展方向。

第一节　相关理论基础

一、数字经济的测度研究

　　随着数字经济的迅速发展,数字经济日益成为各国未来战略发展的方向之一。传统的国民经济核算体系已无法满足当前经济发展的需求,系统且完善的数字经济测算系统的构建,可以准确度量数字经济发展水平,有利于更好地了解数字经济的发展水平,是数字经济研究和制定合理战略政策的前提。

(一)数字经济核算范围

　　美国人口普查局(2001)指出,数字经济的核算范围主要包括用于支持电子商务流程及开展的电子商务基础设施方面的份额、企业组织通过计算机进行的商业活动的广义电子商务份额、以计算机媒介销售的商品及服务产生的价值的狭义电子商务份额这三个部分。关于数字产业核算，美国商务部（2008）界定其具体包括硬件制造业、软件及计算机服务业、通信设备制造业、通信服务业四大类。美国经济分析局（2018）从生产角度将数字经济核算内容划分为数字技术基础设施、依赖数字技术系统而产生的商业交易和数字媒体。根据中国现有统计分类标准，数字经济核算范围可分为五大类，即设备制造、信息传输、技术服务、数字内容与媒体、互联网应用及相关服务。中国信息通信院（2019）则将数据治理化纳入数字经济核算的三分类框架中。

（二）数字经济测度

国际组织、政府部门以及学界关于数字经济的测算通常有数字经济规模测算和数字经济水平测算两个方面。数字经济规模测算基于界定清楚数字经济的相关行业和部分特定指标后，统计测算出某个特定区域的数字经济规模和结构。国外对数字经济规模测算主要在两个方面，一是以数字经济卫星账户和交易类型为基础，测算数字经济总量和结构。二是基于国民收入和生产账户行业分类标准对数字经济规模进行测算。近些年，随着我国数字经济的发展，国内关于数字经济规模测算方法的研究也越来越多。我国主要是基于增长核算账户和国民收入产出表的相关指标测算，也有一些学者通过不同角度对产业进行界定，在此基础上进行数字经济测算。一些是基于生产、流通、交换、消费四个方面对数字经济核算范围进行划分，还有一些基于《国民经济行业分类》对数字经济及其核心产业进行划分。数字经济水平测算是在确定数字化转型发挥作用的领域基础上，构建多维度指标的数字经济水平评价体系，对比区域间的数字经济发展情况以确定该区域数字经济发展的相对情况。

数字经济水平评价体系可分为两种方式。

一是基于数字经济综合发展指数构建的数字经济水平评价体系。2014年OCED构建了数字经济指标体系，其构建基于智能化基础设施投资、社会赋权、创新能力提升、经济增长与就业岗位的促进四个方面。此后，国际组织、政府机构、研究机构和学者们从数字经济的核心内涵出发，基于多元化视角，制定了符合各自国情或地区特色的数字经济发展指数。2020年欧盟发布了数字经济与社会指数，涵盖了连接性、人力资本、互联网应用、技术融合和公共服务等多个维度。在国际上，一些组织发布数字经济指标体系后，国内关于数字经济指标体系的研究也逐渐深入。2020年中国信息通信研究院选取创新要素、基础设施、核心产业、融合应用、经济需求与政策环境等指标构建了数字经济竞争力指数。2020年，腾讯研究院依托企业产品用户的数据，从产业、文化、政务与生活四个方面对数字经济进行专家打分，以此确定各个部分的指标权重，并对数字标准化处理，最终测算国内各省市数字经济指数。2020年，赛迪研究院选取传统数字基础设施与新型数字基础设施、产业规模与产业主体、工业和信息化融合、农业数字化与服务业数字化、政务新媒体、政务网上服务与政务数据治理四个方面的指标测算中国数字经济发展指数。刘军等（2020）从信息化、互联网、数字交易三个角度构建了中国省际数字经济发展水平体系。

二是基于数字经济投入产出视角构建数字经济发展水平评价体系。陈亮（2022）结合我国产业分类情况和数字经济活动情况，构建数字经济分类体系，采用投入产出分析方法测算我国数字经济发展水平。陈梦根、张鑫（2022）基于中国投入产出序列表数据，建立数字经济规模和全要素测算框架，以此测算中国数字经济规模和结构。

二、数字化转型

（一）产业数字化

新一轮科技革命推动着数字技术快速发展，我国传统产业也随之而发生着巨大变革，数据这一生产要素对产业发展及经济增长的贡献也越来越大，产业数字化水平日益提升。学术界也开始关注产业数字化发展。

关于产业数字化概念界定方面。研究初期，产业数字化的概念主要围绕产业间融合来界定。李晓华（2016）认为数据要素是驱动产业数字化的核心，通过数字技术应用于传统产业和业务，以驱动企业动能转换、企业资源利用率提高和产业融合。祝合良和王春娟（2021）则将产业数字化划分为内涵和外延两部分，生产业务与创新技术的结合能促进产业转型升级。有些学者则认为产业数字化并非某一阶段的经济发展情况，认为产业数字化是产业变革的过程，数据资源和数字技术是产业数字化过程中的核心要素，通过信息通信技术与传统产业的业务相融合推动其生产方式、经营模式、组织架构的变革，从而提高企业和行业生产效率和数量。

关于产业数字化测算方面。1962 年，产业数字化的测算最早由 Machlup 在《美国的知识生产和分配》中提出，通过测算信息产业产值在国内生产总值中的比重作为信息技术产业发展水平的衡量指标。国内关于产业数字化方面的测算多是基于应用水平、基建实力、赋能效果、创新活力、效益水平、数字融合规模、数字基础设施、人才储备、数字化产业应用以及数字产业投入等方面的指标构建产业数字化指数体系并测算产业数字化发展水平；而学者关于产业数字化水平的测算也多集中在制造业。王瑞（2019）通过构建综合性评价模型深入探讨了制造业企业数字化成熟度，并详细阐述了商用车企业数字化成熟度评估流程。范合君和吴婷（2020）基于 2015 年和 2017 年的数字化数据构建了指标评估体系，衡量我国运输、消费和政府数字化方面的数字化水平。李腾等（2021）基于投入产出角度，从供给和需求两个方面分析我国产业数字化，发现受数字融合推动作用最明显的是金融业及数字相关服务业，其次是采矿业、资源加工类制造业。在探讨地区产业数字化水平的测算体系时发现我国地区间数字化水平差异较大，且呈现出南方高于北方、东部地区明显高于其他地区的特征，各个省份之间也存在正向的溢出效应。针对长江经济带，刘钒、余明月（2021）选择了九个二级指标，这些指标涵盖了数字融合规模、产业数字化应用的实际效果以及产业数字化的投入等多个方面，以度量该地区的产业数字化程度；傅为忠、刘瑶（2021）则考虑区域层面的广泛覆盖性和数据完整性，从数字化基础和数字化能力两大核心维度出发，构建了评价产业数字化能力的指标体系。

关于产业数字化影响因素方面。学者们关于数字化发展对经济发展的研究较为集中，主要围绕在数字经济对创新提升、效率提高、就业结构、投资、高质量发展等方面，关于产业数字化影响因素方面研究较少。信息技术的广泛应用正在改变传统产业的生产方式和产业结构，这不仅提升了产业的竞争力，还推动了产业的数字化进程，数字技术和消费端的数字化转型、集成互联、国家政策、人才建设、环境、资源、历史等外部条件都会影响产业数字化的进程。

（二）企业数字化

关于企业数字化内涵的认知起源于传统信息技术运用于生产过程，随着信息技术应用到企业的各个环节，对其内涵的理解更加深入。学者对于企业数字化转型概念的理解各有侧重。企业数字化转型本质上是企业摆脱对传统工业化管理模式的依赖，系统性地更新其信息架构、管理方法、运作体系和生产过程，实现管理模式由"工业化"至"数字化"的转变（黄群慧，2019）。企业数字化转型也可视为企业追求利润增长的战略行动，企业采用大数据、云计算等数字技术，全面应用于生产、管理和销售等环节，实现经营数字化进而提升效率，扩大市场占有率和产品竞争力（戚聿东、蔡呈伟，2020）。学者们对企业数字化转型的认知不仅有技术层面也包括组织变革层面，企业数字化转型不仅是数字技术的产物，更包含数字技术的应用引起的企业战略、商业模式、管理模式等方面的变革。

企业数字化转型对企业经营产生了深远影响，尤其在企业绩效和企业运营两大领域。首先，在企业绩效方面，对于非高新技术制造业企业而言，企业数字化转型主要通过优化经营管理和销售流程来提升绩效。然而，销售中商业模式创新的正向效应，在数字化转型初期可能因管理上的不适应而被部分抵消。其次，企业数字化转型对企业的生产率具有显著的促进作用，主要通过提升创新能力、完善人力资本结构以及促进先进制造业与服务业的深度融合来实现，从而成为推动企业提升生产效率、迈向高质量发展的核心动力。而在企业运营方面，数字化转型带来的变革更为显著。企业数字化转型将重新构建企业组织、生产和营销等多个环节并重新划定组织边界，不仅优化了企业的运营模式，还为企业带来了更大的市场机遇和竞争优势。

第二节　数字经济统计测算

在数字经济时代，对数字经济客观、科学、安全的统计测算也越来越重要。而颠覆性的新技术带来了生产模式、消费模式、服务模式的改变，进而影响着人们的工作和生活方式，也对数字经济规模产生影响。本节将具体介绍数字经济统计测算相关的理论方法，探讨数字经济测算中面临的困难与挑战。

一、数字经济规模测算

（一）数字经济测算范围

根据数字经济研究维度和方法的不同，数字经济测算范围也略有差异。目前数字经济核算范围，学术界还未形成统一的观点。数字经济测算的核心范围是信息和通信技术领域，广义范围不仅包括信息和通信技术还包括数字产业化和产业数字化的相关领域。因此，数字经济测算从投入角度，其范围可包括数据要素、数字基础设施；从生产角度，其范围可包括数字产业化、产业数字化。

数据要素。在数字经济发展大背景下，数据已经从单纯的数字标识或存储标记，进化为承载经济价值的信息核心，成为带动数字经济循环的核心生产要素和经济社会发展的重要组成部分，推动着人类社会财富的快速增长。在国民经济核算框架下，数据要素不仅是简单的数据集合，更是通过技术处理已经转化为可存储、传输或处理格式的数字化观察结果，这些观察结果将为企业和组织提供决策所需的关键信息。在人工智能、大数据、云计算等技术的作用下，数据要素通过生产、收集、存储、加工和应用环节，最终以多样且具有特色的分析方式和工具成为数据资产实现价值。当前，建立在海量且高质量的数据之上的人工智能和大模型，经过技术处理最终形成文本、图像和视频，数据形式的多样化和高质量，能促进人工智能技术在更多行业中发挥价值。当前对数据要素规模及价值的测算主要采用的是收益法、市场法和成本法。

数字基础设施。数字基础设施建设是包括了 5G 互联网、数据中心、人工智能、工业互联网等多个领域的信息基础设施建设。基础设施是数字经济发展的基石，涵盖了支撑计算机网络和数字经济运转所必需的基本物质资源、组织架构和建筑构造，主要围绕 ICT（Information and Communications Technology，信息与通信技术）相关的商品与服务生产活动展开。具体而言，包含三大类别：一是硬件，即计算机系统的物理组成部分，如显示器、硬盘驱动器、半导体等；二是软件，涉及计算机、服务器等设备运行及操作的内容，包括企业为销售目的开发的软件及企业内部自用软件；三是建筑物，指的是在数字产品和服务生产过程中不可或缺的设施以及支持数字产品运作的建筑，例如数据中心、半导体制造工厂、光纤电缆安装室等。当前，关于数字基础设施建设的测度研究，主要集中在直接指标衡量和综合性指标评价两个方面。一是直接指标衡量，基于信息传输、软件和信息技术服务业的相关数据，评估数字基础设施的建设能力；二是综合指标评价，通过多维指标建立综合评价指标全面评估数字基础设施的建设水平。

数字产业化。数字部门作为数字经济的核心领域，其范畴界定明确，涵盖了生产数字技术产品和提供技术服务的各个环节。这些产品和服务是数字技术在经济体系中发挥关键作用的桥梁和媒介。而数字部门在制造和服务过程中所累积的价值，成为直接反映数字经济繁荣程度的重要标尺。数字部门不仅包含电子器件、计算机制造、通信设备制造、软件和信息技术服务业等传统行业，还涵盖了数字媒体这类充满活力的新兴行业。具体而言，数字产业化核算的范围包括以下三部分。一是基础设施生产部门及其相关服务部门，二是货币形式以及非货币形式的数字化交易内容，三是涉及数据、搜索引擎、浏览器、文字处理和电子表格软件、地图、电子邮件、多语言翻译、照片存储、社交网络应用以及大量其他服务等相关内容。

产业数字化。产业数字化作为数字经济的重要分支，深刻体现了数字经济作为新兴经济形态的核心本质。在经济社会各领域，数字技术作为关键生产要素，尤其在非数字部门的价值创造中扮演了举足轻重的角色。数字技术的发展使信息技术产品成本迅速下降，逐渐替代了传统产品。同时，这些技术产品在运用过程中产生的数据经过处理和提炼形成了有价值的信息，这些信息应用于生产服务既优化了生产要素的协同又提升了生产效率。因此，通过对产业数字化的精确客观地测算，可以准确评估传统产业的数字化水平及其内部结构。从数字技术与信息对经济活动影响的不同方式角度，产业数字化可以包括产品交易、服务交易的数字化以及生产过程的数字化。产品或服务交易的数字化主要依托互联网等信息技术的普及，基于互联网平台使供应商与客户之间的连接更高效，供需匹配更精准，有效减少了信息不对称带来的交易成本。同时，平台商家凭借丰富的交易数据，实施差异化定价策略。根据现有的统计分类标准，这包括 B2B（Business to Business，企业与企业）、B2C（Business to Customer，企业与消费者）以及 P2P（Peer to Peer，个人对个人）的电子商务。生产环节数字化则是互联网、大数据、人工智能等数字技术应用于生产过程，改变传统生产组织方式，提升生产技术和生产效率，最终推动传统产业的数字化和智能化转型。因此，产业数字化主要包括以农业精准化生产为核心的农业数字化、工业智能化转型为核心的工业数字化以及服务数字化三个方面。

（二）数字经济测算方法

数字经济以多元化形态存在，因此数字经济统计核算方法也是多种多样的。不同学者在审视数字经济时，其观察视角、核算策略以及指标体系的搭建均有差异。为了更精确地量化数字经济活动的规模，本节将聚焦于数字产业化和产业数字化的双重视角，具体介绍数字经济的测算方法。表 2-1 反映了几种数字经济测度方法的优势和不足。

表 2-1　数字经济测度方法比较

数字经济测度方法	优　势	不　足
数字经济指数测度方法	构建指标简易，统计资料需求少，操作性强，计算简便，支持多维比较分析	非直接衡量标准，指标变动可能影响准确性，权重设定差异大，仅反映发展趋势
联合国、布鲁盖尔数测度方法	核算范围界定清晰，方法简便易行	核算范围相对狭窄，数字经济规模测度有限
美国经济分析局	基于国民经济核算视角，全面考量数字经济	不能全面覆盖数字经济全貌
澳大利亚统计局测度方法	国家统计，操作性强，国际比较便利，定义明确，核算范围明确	数字贸易需最终需求估算，测度范围有限
IMF 测度方法	涵盖狭义与广义数字经济，增长核算框架理论性强	模型应用条件受限，理论与实际差异较大

数字经济测度方法	优 势	不 足
中国信通院	精确测算数字经济规模,影响因素明确,方法成熟	数据需求量大,获取困难,替代指标多,异常值处理复杂,季度规模测算,非年度全面评估
腾讯研究院	广义数字经济全面核算	存在指数测度法潜在问题,模型应用条件受限

1. 数字产业化核算方法

中国互联网经济研究院对 ICT 基础设施和服务相关的经济活动,采用国民经济统计体系中的行业增加值进行综合计算。具体包含以下方面:数字经济基础设施与服务,这一领域是数字经济顺畅运行的核心,涵盖电子信息制造业和软件、信息安全服务等,为其他数字经济活动提供必需的基础设施和服务,与数字技术和信息紧密相连;数字化交易内容,涵盖数字化媒体服务、数据处理服务等,其交易方式和主体均与数字技术和信息紧密相关,因此其增加值也纳入数字经济统计范畴。

信息产业不仅包括传统的信息行业的相关领域,也包括云计算、大数据、互联网金融等新兴行业。在计算增加值时,中国信通院采用国民经济统计体系的方法,直接加总各行业的增加值。2018 年中国数字经济总规模达到 31.1 万亿元,其中数字产业化规模为 6.4 万亿元,占 GDP 的 7.1%。2019 年中国互联网经济研究院对我国数字经济基础设施及服务测算,其总增加值为 7 719.1 亿元,数字化交易内容增加值约为 678.8 亿元。

OECD 强调数字经济投资中的智能化基础设施,包括服务基础设施和安全基础设施,如宽带普及、移动数据通信、互联网发展等,以及网络安全和隐私保护的指标。OECD 现阶段并未针对某个国家选取其数字经济相关数据对数字经济规模进行测算。

美国商务部 BEA(Bureau of Economic Analysis,经济分析局)则侧重于支持计算机网络运行的基础设施,如计算机硬件、软件、电信设备、服务以及建筑等。他们通过 NAICS(North American Industry Classification System,北美工业分类系统)框架和专家意见识别了 200 多种数字商品和服务,进而计算出美国各行业对这些数字产品的总产出和增加值。2016 年,美国数字经济增加值总计 1.302 2 万亿美元,其中基础设施部分占比高达88.7%,包括计算机硬件、软件、电信设备、服务和支持服务等。

麦肯锡全球研究院利用经合组织的数据库,通过支出法来计算数字产业化的组成部分,涵盖了私人消费、公共支出以及私人投资中与互联网相关的部分。首先,私人消费部分主要包括消费者为接入互联网而购买的商品和服务,以及通过互联网平台进行的消费,例如电子设备、电信运营商在零售市场的电子商务宽带服务、移动互联网市场消费、软硬件消费以及智能手机消费等。其次,公共支出指的是政府在互联网领域相关的消费和投资。最后,私人投资是民营企业在互联网技术相关部门的投资。数据显示,2009 年中国数字经济占 GDP 的比重为 2.6%,其中私人消费占比 32%,私人投资占比 23%,公共支出占比 6%,而贸易平衡则占据了 39%。而在美国,数字经济占 GDP 的比重达到了 3.8%,其中私人消费占据了数字经济总体的 60%,私人投资占 24%,公共支出则占 20%。

2. 产业数字化部分

产业数字化部分的核算是把数字技术对各个传统产业产出影响分离出来并加总。经济产出的实现源自多元化的经济投入，这些投入涵盖资本、劳动力、中间产品及自然资源的投入。具体来讲，经济投入可被细化为资本性投入和非资本性投入两大类别。每种投入在产出中都占据一定的比重，并贡献相应的价值。举例来说，在某一行业中，若其他投入条件保持不变，仅信息投入的单位量增加，该行业的产值也会相应提升。通过对全国或特定地区所有行业资本投入边际贡献的累加计算，可以精确地评估出该地区产业数字化发展的规模。

产业数字化部分的测算尚未形成相对一致的看法，因此这里主要介绍这三种核算方法。

第一种方法通过计算数字技术对各个产业增值情况来核算。以跨境电商产业为例，通过评估跨境电商平台的中介功能来估算其数字经济的价值。跨境电商平台交易涉及进出口双方及中间平台三方，跨境电商平台在中间搭建其买卖双方交易的平台，促成双方的交易，以此获得平台收入，这部分平台收入则可以纳入跨境电商增值核算部分。

第二种方法是增长评估法。基于增长模型从资本、劳动、生产率三个方面量化 GDP 增长。因此，基于增长核算模型，产业数字化核算也可从这三方面来衡量其对经济增长的影响程度。资本可分为信息与通信技术资本和非信息与通信技术资本，再测算信息与通信技术资本对经济增长的影响程度。

第三种方法是指数法。在探讨经济变量变动的分析途径时，指数法无疑是最为常见的手段，这一方法同样适用于评估信息通信技术和信息资本存量的边际产出。针对数字经济的数字产业化领域，其指数特指在特定时期内，一个生产单元的数字经济活动中总产出与总投入之间的比率。在实际应用中常常依赖于诸如拉氏数量指数（Laspeyres）、帕氏数量指数（Passche）和费氏指数（Fisher）等总量指数。然而，在特定的数字经济产业化部分指数的计算上，Tornqvist 指数被视为一个更为合适的工具。

二、数字经济发展水平测算

除了数字经济规模的统计和测算，还有很多研究重点关注建立数字经济指标体系来衡量数字经济发展水平。基于多维度指标，建立合理的指标体系，对不同国家、不同地区间的数字经济发展水平进行对比，更好地预判数字经济的发展趋势。从国内情况来看，国家工业信息安全发展研究中心则是建立数字基础设施、数字产业、产业数字化转型、公共服务数字化变革、数字经济生态环境五个方面的数字经济评估体系，通过逐级加权计算结果来反映数字经济发展水平；上海社会科学院发布的《全球数字经济竞争力报告》通过构建数字设施、数字产业、数字创新、数字治理四个维度的综合性评价体系来反映数字经济发展水平。

国家工业信息安全中心建立的数字经济测度工具箱，以五个方面为视角，建立起包括 5 个一级指标、15 个二级指标、44 个三级指标的指标体系。数字基础设施，包括固定宽带、移动宽带、新一代信息基础设施三个二级指标，主要衡量地区数字经济基础。数字产业，包括数字先导产业和数字支柱产业两个二级指标，主要衡量数字技术发展水平。产业数字化转型，包括农业、工业、服务业三个二级指标，主要衡量数字技术融入传统产业的效果。公共服务数字化变革，包括电子政务和公共服务数字化能力两个二级指标，主要衡量数字技术对公共服务的影响。数字经济生态环境，包括经济环境、创新环境、营商环境、安全环境、人才环境五个二级指标，主要衡量数字经济发展环境。通过对五个方面各级指标的逐级加权来衡量数字经济发展水平。

下面主要从数字技术、数字基础设施、数字市场和数字治理四个角度的介绍来衡量经济发展水平。

（1）数字技术方面。数字技术多是从科研产出、人力资本和创新水平等多个维度进行考量。科研产出是衡量数字经济发展水平的关键指标，直接反映了资金、技术、人才等方面投入的成果，可通过数字技术相关的专利和论文数量来衡量；人力资本是数字技术发挥作用的基础和制约因素，可通过高等教育普及度及教育质量来衡量；创新水平是数字经济持续发展的核心动力，可通过前沿技术可得性指标相关数据来衡量。

（2）数字基础设施方面。数字基础设施主要衡量数字基础设施覆盖广度、建设质量情况和使用成本。数字基础设施覆盖广度反映电信基础设施是否覆盖广，是否形成互联互通，可通过固定宽带、移动宽带及移动电话的普及率来衡量；数字基础设施建设质量主要反映在互联网的便利性和安全度两个方面，可通过网络宽带速度衡量，数字基础设施安全性可通过国际电信联盟发布的网络安全指数来衡量；数字基础设施使用成本主要反映手机、平板、电脑等移动设备使用的成本。

（3）数字市场方面。关注整体规模、细分市场及数字贸易。由于当前缺乏统一的市场规模界定和动态测度，一方面是基于供需情况，通过互联网用户数量和数字经济企业数量来反映市场情况；另一方面可通过分析各类细分市场的发展情况和各国之间的数字贸易的进展。

（4）数字治理方面。数字经济发展的制度环境的优劣主要通过数字经济治理情况来反映。数字治理主要通过数字政府建设水平、经济发展环境、相关法律等三方面来反映。数字政府建设水平反映着政府的数字化水平，可通过政府在线服务和公众电子参与来衡量；数字经济发展环境影响着数字经济能否健康发展，可通过营商指数和知识产权保护程度来衡量；相关法律法规是数字经济健康发展的框架，可通过数字经济相关的法律建设水平来衡量。

三、数字经济测算的其他议题

（一）数据要素的规模测算

1. 数据要素的测算思路

数据要素的规模测算涉及多方面因素，其分类与流动交易模式具有多样性。这种多样性决定了数据安全体系所涵盖的范围具有多种可能的衡量标准。为了科学准确地评估数据要素的规模，深入理解数据资源和数据要素市场运作的规律，首先要测算对象的明确口径和标准。在测算数据要素规模时可以从不同角度切入：仅从数据要素的生产与存储规模出发，直接测算数据要素规模；还可从数据要素流动交易规模来测算数据要素的使用情况。

2. 数据要素的资源规模和流动规模测算

（1）数据资源规模的测算。据国际知名数据研究机构的测算，自2000年以来，全球数据生产量呈爆发式增长，从初始的 1 000～2 000 PB 迅速跃升至 2010 年的 2 ZB，实现了千倍以上的增长，2020 年全球数据存储介质的出货容量达到约 2.2 ZB，而同年全球新产生的数据总量高达 64.2 ZB。根据数据显示，虽然每年数据存储的绝对量在增加，但是仍滞后于数据生产速度；2020 年实际存储下来的数据不超过新生数据总量的 5%。这主要是因为数据资源存储仍然以机械硬盘为主，虽然固态硬盘技术提升，但是价格和容量上仍是机械硬盘占优势。因此，可通过机械硬盘的生产供给量来测算全球新增存储容量，间接反映每年新增的数据资源规模。

（2）数据流动的规模测算。数据流动的规模测算主要以数据流动交易量来衡量，主要包括大数据硬件、分析软件及相关服务业等方面的数据流动交易情况。然而数据流动交易额无法精确反映数据流动情况。这是因为数据分为公共数据和私人数据，公共数据虽然是共享的但仍然是数据流动交易的重要组成部分，可是公共数据的流动共享通常并未采用货币交易，因此无法统计公共数据流动交易额。

（二）数字鸿沟

数字鸿沟问题作为当今时代的核心议题，其讨论历史可追溯至 20 世纪。随着经济的迅猛增长，关于数字鸿沟的讨论在企业界和国际组织如 OECD 中愈发受到重视。OECD 认为，数字鸿沟是不同社会经济群体在获取信息通信技术机会及互联网应用上的差距。数字鸿沟可从信息通信技术设备的获取、使用及效果三个维度将数字鸿沟分级。初级数字鸿沟主要是指数字基础设施和服务上的差距，集中表现在电话、广播、电视、手机、互联网等信息通信技术设备的可获得及连接差异。中级数字鸿沟主要是受使用者能力和技能差异影响，地区差异、社会经济发展水平差异、家庭差异、企业差异使得信息通信技术使用者的获得机会和使用上存在差别。高级数字鸿沟主要是国家之间、地区之间的信息不平等的信息技术接入差异所产生的社会鸿沟和民主鸿沟。数字鸿沟主要通过以下两个指标来反映。

1. 国家信息化水平指数

在追求以信息产业为引擎推动工业化的战略背景下，我国于 2001 年由信息产业部（后于 2008 年整合入工业和信息化部）正式推出了国家信息化综合评估指数（National Informatixation Quotient，简称 NIQ），旨在科学量化评估国家和区域的信息化水平，并进行国际比较。该指数是一个综合体系，由六个关键领域下的具体指标共同构成（见表 2-2）。

表 2-2　国家信息化水平总指数指标体系

总指数	分类指标	分类指标权重	具体指标
国家信息化水平总指数	信息资源的开发和应用	15%	广播和电视广播小时/1 000 人
			人均宽带
			人均电话使用频率
	信息网络建设	16%	长距离电缆的总长度
			微波通道
			卫星站点总数
			每 100 人的电话线数
	信息技术应用情况	18%	每千人有线电视台数量
			每百万人使用互联网人数
			每千人拥有的计算机数量
			每百人拥有的电视机台数
			电子商务贸易额
			企业对信息产业投资占固定资产投资总额的比重
	信息产业发展情况	15%	信息产业对 GDP 总量的贡献增加值
	信息化人力资源	20%	每千人中高校毕业生所占比例
	信息化发展的环境	16%	信息产业研发支出占国家研发总预算的比例
			信息产业基础设施建设投资占国家基本建设总投资的比例

2. 信息化发展指数

信息化发展指数，作为国民经济和社会信息化进程的综合评价指标，其设计旨在评估社会在信息通信技术运用中创建、获取、应用和共享信息及知识的能力，同时揭示信息化如何促进社会经济的持续发展。信息化发展指数既反映了我国信息化发展战略与规划，也能满足国际组织对信息化发展的相关要求。《信息化发展规划》先提出信息化发展指数 I 来衡量国家信息化建设情况，之后结合"十一五"信息化发展综合性指数以及"十二五"信息化发展目标构建了更为完善的信息化综合评价指标——信息化发展指数 II。此指数从信息化基础设施构建、信息产业与技术革新、信息化消费水平、发展环境制约因素以及发展成效等多个维度，全面而系统地衡量与展现了一个国家或地区信息化发展的整体状况。信息化发展指数 II 由五个细分指数和十二个具体指标组成，为信息化发展提供了全面的量化依据（见表 2-3）。

表 2-3　信息化发展指数 II

总指数	分类指标	分类指标权重	具体指标
国家信息化发展指数	基础设施指数	22%	电话拥有率
			电视机拥有率
			计算机拥有率
	产业技术指数	17%	人均电信业产值
			每百万人发明专利申请量
	应用消费指数	21%	互联网普及率
			人均信息消费额
	知识支持指数	19%	教育指数
			信息产业人数
	发展效果指数	21%	信息产业增加值
			信息产业研发经费
			人均国内生产总值

四、数字经济测算的重难点及前景

（一）数字经济测算的重难点

1. 数字经济的界定与边界的模糊性

随着数字技术的持续革新与演进，数字经济这一融合型经济形态展现出不断变化的特性。其涵盖的内容广泛，且跨越地域和行业边界，使数字经济的本质与外延不断被重塑。鉴于这些变化，完整界定数字产品的边界和清晰分类其类别变得尤为复杂，因此，精确界定数字经济的定义和范畴成了一个颇具挑战性的任务。

2. 数字经济核算数据的获取挑战

在数字经济规模的精准测算中，对数据的质量标准尤为严格，首要任务是确保原始数据和关键数据的准确性。然而，当前数据收集手段相对单一，数据资产尚未被纳入实际的核算体系中。若忽视这一类型的资产，则无法精确核算数字经济规模。例如网站向消费者提供的是免费数字服务，但通过广告获得收入，这部分收入就无法清晰界定是属于数字服务还是广告。另外，电子商务数据的采集与分离过程复杂，直播、网络广告等新兴经济活动也未纳入数字经济测度体系，这些都将影响数据的质量和测算的精确度。同时，数据的可复制性也带来了个人隐私数据被滥用的风险。这一系列因素共同构成了数据收集在核算过程中的难点。

3. 数字经济规模与发展进展的评估复杂性

数字经济是不断发展的，伴随新业态、新模式的出现，数字经济的分类和核算指标也需要不断地优化。然而，传统国民经济核算方法已经无法满足当前经济发展的形势，现有的核算方法和标准无法及时跟进数字经济发展情况来调整和变动，因此这些因素都增加了数字经济规模核算的复杂性。

尽管多数数字经济产业已纳入现有统计核算体系，但仍有部分数字产品与服务，如Airbnb、闲鱼、滴滴出行等数字平台及数据资产，尚未被传统统计核算体系所涵盖。数字平台的崛起使得消费品与资本品的界限变得模糊。以现行 GDP 核算为例，私家车通常被视为消费品，但当车主将其用于共享以获取租金时，该车便转化为投资品，参与生产活动。这种情况在国民经济核算中可能导致重复计算，且难以准确界定私家车作为消费品或投资品的比例。

数字经济与传统经济的融合已深刻改变了经济运行模式。一方面，数字技术与信息在传统经济中的应用极大地推动了生产方式的革新和生产效率的提升。例如，在机械制造行业，程序控制系统的自动化机床已普遍应用，显著提高了生产效率。另一方面，数据资本作为一种新型生产要素，不仅促进了企业生产效率的升级和经济结构的优化，还增强了数据处理和分析能力，即数据资本的积累效率。以电商平台为例，通过大数据分析，电商平台能够精准把握消费者购买习惯，为精准推送和增值服务提供有力支持，从而实现数据资本的增值。但是现有的核算方法在剥离数字经济规模时存在一定困难，难以准确评估其价值，这类数据资本对产业增加值的贡献也尚未明确，其在数字经济规模中的测算仍是一个待解的问题。

4. 数字经济带来的经济变动分析的困难性

数字技术的更新迭代会影响对物价的评估，物价水平通常高于实际的产出水平。从消费、贸易和投资三个角度测算产出水平时面临多重挑战："新兴数字经济形态"在消费核算中存在一定难度，如广告价值的准确计量和时间成本的合理评估；"无形资产投资"的核算难度在投资领域尤为突出；在贸易核算中，"跨境电子商务流动、知识产权和数字贸易的模糊界定"成为一大障碍；此外，"产品更新换代的高频率"亦对物价水平的精确测算提出了严峻挑战。因此，如何科学地衡量数字经济中涌现的新型产品、新型消费模式的物价和产出，将成为未来研究的关键。

5. 免费产品价值的统计挑战

当今社会，人们广泛受益于各种免费数字产品，如搜索引擎、浏览器、文档处理软件、地图应用、电子邮件服务、翻译工具、云存储、社交网络和诸多其他服务。然而，现有的统计体系难以全面评估这些免费产品对经济的整体贡献。免费平台的广告收入并不直接等同于其实际价值。在数字经济中，不同平台在其生命周期的不同阶段，其广告收入所能代表的价值存在显著差异。以腾讯公司为例，其微信应用作为一款领先的免费社交软件，拥有庞大的用户基础，为用户提供了极大的便利。微信不仅为化妆品、金融、游戏等多个行业提供了广告展示的平台，进而为这些行业创造了巨大的商业价值，而且其盈利模式已超越了传统的产品销售模式，将免费产品的生产融入了企业创新的盈利模式之中。然而，现有的生产统计未能全面反映这一变革，从而低估了这些免费产品的实际价值。

此外，由于许多互联网服务是免费提供给用户的，这也导致了用户在这些服务上的消费被忽视或低估。以腾讯为例，尽管其网络广告收入主要来源于网络视频和网络效果广告，但微信所带来的广告收入相对较小。因此，仅仅依靠广告收入来衡量微信的价值是远远不够的。

同样，这也影响到了居民的可支配收入评估。一些免费产品为用户带来的价值远超其标价，可以通过测量用户愿意为这些产品支付的金额来感知其真实价值。这种免费产品和服务的市场价值对数字经济规模的准确测量构成了重大挑战。

（二）数字经济测算研究的展望

基于上述定义，结合本章关于数字经济测算内容的讨论，对数字经济测算研究提出以下展望：

（1）分行业核算，优化核算流程。为了更精确地量化数字经济的规模并优化其核算流程需要采取一系列策略。先将分行业核算确立为数字经济规模评估的核心策略，以确保核算的精准性和行业针对性。同时，应致力于提升数字经济物量核算、价格核算的精确度，并深入研究计算数字经济渗透率、融合率及其贡献率等关键指标的有效方法。最后，面对数字经济领域的不断变化，需要灵活调整核算方法，确保核算框架的时效性，针对各行业和各测算方式，建立数字经济核算体系。

（2）构建数字经济多维度指标体系。为了构建一个更加全面和逻辑严密的数字经济核算指标体系，通常从以下两个方面入手：一是建立多维度指标体系。多维指标体系既要注重核算的实用性、可操作性、完备性和可持续性，也要保障核算内容的包容性、全面性和有效性。二是将涉及数字贸易的信息专利、跨境资产等要素纳入综合核算指标体系，明确数字产权。

（3）丰富数据来源。在数字经济核算的领域中，数据的全面性和合理性构成了其不可或缺的核心。缺乏这样的数据基础，将无法准确衡量和分析数字经济的规模。鉴于数字经济涵盖的广泛经济活动，在核算过程中必须确保数据源的丰富性。然而，传统核算方式往往受限于数据获取的限制，导致大量估算成为常态，这无疑极大地制约了数字经济规模测度的准确性与全面性。因此，是否能够采用适当方法对数字经济活动数据进行系统、全面的统计将直接影响数字经济规模测度结果。一方面，重视数据驱动。数据创新性和全面性成为推动数字经济核算发展的关键路径，它不仅能够支持数字经济的动态监测，还能推动核算方法的持续进步。另一方面，扩大数据涉及的领域和种类。充分利用互联网、大数据以及政府数据，确保宏观层面和微观层面的数据的可获得性及全面性。此外，数据的准确性及可靠性也同样重要。因此要建立科学有效的数字经济调查方法与制度，及时跟进数字经济发展的最新动态。

（4）扩大数字经济核算研究范围。当前，关于数字经济核算的讨论主要聚焦于理论和框架层面。为了更全面地衡量数字技术对社会经济的广泛影响，需要采取一个更加宏观和包容的视角。在免费商品和数字资产迅速崛起的新时代，将社会福利的变化整合进现有的 GDP 核算框架内，是对传统核算框架的必要扩展。学术界及政府应对数字经济核算相关理论，结合数字经济最新发展情况及时进行研究，以提高数字经济核算体系与数字经济发展进展的适配度。

思考题

1. 试论述测算数字经济规模的理由。
2. 数字经济的出现给我国传统经济核算体系带来了哪些挑战？
3. 比较数字经济的测算维度和方法，论述不同方法的优缺点。

第三章　数字经济的运行机理

本章导读

数字经济的运行是一个复杂的系统工程，它不仅涉及大数据、互联网、云计算、机器学习、物联网、区块链等人工智能技术的融合，更是对整个产业链进行了深度变革和优化。数字经济时代的到来将引发一场以淘汰过剩产能为核心内容的大洗牌，那些没有适应数字化转型的企业将面临生存危机，而那些能够充分利用数字技术优势的企业将迎来更广阔的发展空间。

本章知识点

1. 理解数字经济降低经济运行成本、提高经济运行效率；
2. 掌握数字经济推动组织创新；
3. 掌握数字经济提高经济运行效率；
4. 熟悉数字经济重构经济形态。

第一节　降低运行成本

随着科技的快速发展，企业数字化转型成为当前企业发展的必然趋势。企业数字化转型通过运用先进的技术和数字化工具来改善企业的运营和管理，从而提高效率和降低成本。本节从以下四个方面探讨数字化转型如何降低运行成本。

一、提高生产效率

在数字化转型的背景下，企业可以利用自动化、智能化等手段，不断提升生产效率。比如，在企业中引进机器人、自动装置等，可以代替一部分劳动力，这样就可以降低劳动力的消耗。此外，数字化改造还能使企业对生产流程进行可视化、实时监测，通过对数据的分析与预测，及早发现问题并作出相应调整，降低生产中断与报废带来的损失。

二、优化供应链

数字化转型可以帮助企业实现供应链的全面协调和优化管理，从而降低物流成本和库存成本。通过数字化平台和物联网技术，企业可以实现供应链各环节的信息化和数字化，提高采购、生产和物流等各个环节的协同和效率。同时，数字化转型还可以帮助企业实现智能化的库存管理和预测，避免库存过剩或不足造成的资金浪费和销售缺货的问题。

三、强化企业管理

通过对企业进行信息化改造，使其能够对整个供应链进行整体协调与优化，进而达到减少物流与库存费用的目的。在此基础上，提出了一种基于网络的供应链管理模式，即基于数据驱动的供应链管理系统。同时，信息化改造也有助于企业对库存进行智能管理与预测，防止因存货过多或过少而导致资金浪费、销售短缺等问题。

四、提升客户体验

通过数字化改造，企业能够为顾客提供个性化、精确化的服务，增强顾客的满意与忠诚，从而增加销售量与市场竞争力。借助数字平台与大数据分析，企业能够深度理解顾客的行为与需求，进而为顾客提供更为个性化、满足顾客需求的产品与服务。此外，数字化转型也有助于企业构建更有效、更灵活的顾客交流途径，为顾客提供 24 小时的线上支援与回馈，加强顾客与企业的交互与互信。

总之，企业的数字化转型能够为企业减少成本，包括提高生产效率，优化供应链，强化企业管理，提高顾客体验。然而，企业的数字化转型不是一朝一夕之功，它要求企业制订清晰的战略计划，循序渐进地进行。在此基础上，企业要重视人才培养、技术支撑等方面的工作，使数字技术的潜能得到最大程度的发挥。最后，借鉴成功的数字化转型实例，为企业带来更多启发与借鉴，为企业的可持续发展与营利提供有益的借鉴。

第二节　提升经济效率

一、数字化技术提升经济效率

算力、算法和数据是数字化生产力的三大要素。算力为机器的智能化程度提供了强大的基础支撑，而数据是机器学习系统不断演化的关键资源。这三个部分共同作用，大大提高了设备的运行速度，并解决了一些复杂的问题。与此同时，这些数据可以反复利用，不断地进行迭代，具有可成长性。通过数字化技术的应用，降低了制造成本，提高了生产效率。

数字化技术使生产、销售和流通环节在网上实现了无缝对接，大大缩短了流通周期，降低了流通成本。利用数字化技术，物流企业能够对需求的变化和市场的波动进行及时分析和判断，并且能够对供应链的上下游进行精确了解，从而使流通的各个环节更加顺畅。最终，各个领域的参与者通过对流通渠道、流通链和流通情景的创新，构建了一个现代化的数字化流通系统。

数字化可以使整个经济体系中的要素配置结构得到最大程度的优化和最大程度的利用。从宏观角度看，数字化技术可以促使流通行业的智能化转变，从而实现各类市场主体的交互、对接和共享。数字化技术的出现，打破了空间和时间的限制，打破了实物市场的地域和边界。在微观层次上，通过工业互联网、数字化平台、企业内部信息化等手段，实现了企业的全过程信息互通，提升了企业的微观决策与管理的灵活性。

技术层次包括大数据、云计算、物联网等，还有区块链、人工智能、5 G 通信等。具体应用方面，以新零售、新制造等为代表的是数字经济，这是一个广义的概念，任何通过数据直接或间接地引导资源、促进生产力发展的经济形式均可被包含在内。比如，对货架上货物的缺货率等进行数字识别，对企业、机构的数字化转型计划与实施等。

数字经济是一种新型的经济形式，是以信息通信技术的融合应用和全要素数字化变革为动力的。在资讯科技飞速发展的今天，许多企业已逐渐认识到网络化的重要性，并将其作为提升营运绩效的重要战略。数字化转型既能提高企业生产效率，降低成本，又能推动各商业环节间的协作和集成，增强企业在市场上的竞争能力。这一部分将对数字转型给公司运营带来的影响进行分析，并提出实现数字化转型所需要采取的几项主要措施。

二、数字经济赋能新质生产力发展，提升经济效率

数字经济是以数字技术为基础，通过互联网、大数据、人工智能等技术手段进行生产、交换和消费的经济形态，具有高度信息化、高度智能化、高效便捷等特征，推动传统经济向新经济转型。数字经济作为一种新型经济形态，其核心特征与新质生产力高度契合，成为推动新质生产力发展的重要引擎。

（1）数字经济使数据成为新的生产要素，与新质生产力的核心是新生产要素的形成和运用天然契合。随着新型基础设施建设的快速推进，以 5G、人工智能和区块链为核心的技术正在为数据这一新兴生产要素赋予更强大的活力。数据以其开放性、跨时空和共享的特性，正在加速信息流通，优化资源配置，进而显著提升生产效率，为新质生产力的发展注入源源不断的动力。这些创新技术的融合，不仅改变了数据的处理和应用方式，也为经济社会发展带来了机遇和挑战。

（2）数字经济孕育了大量新兴产业和创新型企业，如共享经济、云计算、人工智能等，这些产业以其高度智能化、高效便捷的特点，成为推动经济增长的新引擎；数字经济发展催生出的大量创新型企业，它们以技术创新为核心，通过数字技术的运用，不断推出具有差异化竞争力的产品和服务。

（3）数字经济推动了传统工业的绿色、高效的转变和提升，这与新质生产力的高质量发展要求高度契合。进行数字化改造之后，传统的工业可以对生产、管理、营销等各个方面进行优化和提升，提升了工作效率，减少了对资源的使用和对环境的影响，在市场上取得了更大的竞争优势。而网络环境下的数字化经济则突破了区域界限，通过线上网络平台的搭建，使得企业可以在世界各地进行资源的调配与流通。这样有效的资源分配，有利于各地区、各行业之间的协作和交融，推动新质生产力的不断涌现。

（4）数字经济具有较强的规模收益递增特性，与新质生产力内在的高效能、低消耗要求高度匹配。数据要素是数字经济的核心生产要素，具有非竞争性、边际成本极低、规模经济等特征，在投入过程中能够加速资源流转，提高要素配置效率，并且在积累过程中愈加丰富，直接驱动数据要素实现规模收益递增。

三、数字经济推动需求侧变革提升经济效率

中国社会经济结构的战略转型已然显现，表现为消费主导的新格局。一方面，城市化进程的强力推进和人民生活水平的显著跃升，共同孕育出一个无比庞大的消费市场；另一方面，消费的力量如同引擎，引领着中国经济的稳健前行。数字科技的深度渗透和广泛应用，正以前所未有的方式重塑需求链的各个环节，引领人们步入了全新的数字化消费时代。因此，数字经济在驱动需求侧的革新过程中，起到了显著的优化经济效能的作用。

1. 数字经济提升了需求侧的消费者福利

在传统的经济发展模式中，关注点常常落在提升生产效率以促进产业的迅速扩张上。然而，消费作为最终需求，是推动国内经济循环的核心因素，对实体经济产生持久的推动力。数字经济在刺激消费欲望方面发挥着至关重要的作用，为消费驱动型的经济增长奠定了坚实的基础。它为消费者提供了丰富的免费商品和服务，显著提升了消费者的福祉。此外，数字技术正逐步渗透到各种传统的消费情境中，推动数字经济向更多实体领域拓展和深化。

目前，大数据在企业运营中的广泛运用，正在促使生产模式从供给驱动转变为需求驱动。企业依据消费者的特定需求进行定制化生产，以满足多样化和个性化的消费者期望。这种以消费者为主导的模式涉及渠道、营销、供应链等所有环节，以及整个产业链和企业的数字化转型。产业的价值创造方向从传统的生产者导向转变为强调消费者需求导向，从而催生新的市场需求，进一步提升消费者购买产品或服务所获得的满意度。因此，许多企业开始采用用户驱动的数据驱动研发创新策略，利用用户反馈的数据改进产品开发。借助人工智能技术，通过收集和处理数据，结合复杂的分析模型，可以实现这一目标。例如，一些智能手机制造商邀请用户深度参与新版本的讨论，使他们成为研发过程的一部分；再如，有的设备供应商为发电厂提供发电机，并通过收集和分析设备运行数据提供维护服务，大数据的实时监控和分析能及时发现设备问题，提供更高效、质

量更高的维修服务，从而极大地提高了用户的使用效率，增强了用户购买产品或服务的实际效益。

2. 数字经济为消费升级注入新动力

（1）数字经济在提升居民收入水平上发挥着关键作用，进而驱动消费结构的优化升级。从理论上讲，收入是消费的基础，居民收入的增长是消费升级不可或缺的驱动力。首先，数字技术的普及极大地增强了社会生产能力和经营效率，提高了人力资本的投资回报，并减少了运营成本。其次，数字经济的创新形态不断出现，突破传统的时间和地域束缚，创造出新的职业领域和就业机会，为居民收入增长提供了更多可能。再次，利用算法等数字工具的高效资源调配和匹配功能，数字化的就业服务能显著提高劳动力市场的匹配效率，减少交易成本。最后，各种职业技能培训平台的兴起有力地促进了劳动者技能的提升和数字素养的积累，使他们更好地适应新技术的快速发展，进而提升人力资本价值，确保收入水平的持续增长。

（2）数字经济对产业结构的改进促进了消费的升级。生产是消费的前提，它不仅产生消费品，赋予消费目标，而且决定了消费的方式，同时持续刺激新的消费需求。数字经济的发展能够有效地改进供应端的产业结构，从而驱动消费的升级。首先，数据作为新兴的生产要素，正逐步深入并广泛影响社会经济的各个层面，通过加速产业整合，重塑产业链和价值链，极大地提高了资源分配的效率，同时也催生了新的业态和模式，激发了新的需求。其次，坚实的数字基础设施为各种生产要素的迅速聚集、流动和高效匹配提供了便利，有助于提升供给体系的质量和效能，推动产业结构的优化升级。最后，数字技术通过改革企业内部流程，革新传统行业的生产模式，以及调整产业组织结构，促进了传统产业向高端、智能、绿色的方向转型，进而推动现代产业体系的构建。

（3）数字经济的发展有力地促进了消费的升级，以更有效地响应和实现新的市场需求。消费作为经济发展的核心驱动力，本质上体现了人们对理想生活的渴望和追求。伴随着我国经济社会阶段的变迁及居民收入的稳步增长，消费者的焦点正逐渐从物质消费转向服务消费，更加重视精神层面的感受、体验和情感满足。同时，伴随着物质富裕和互联网的广泛普及，新一代消费者展现出独特的消费模式，他们倾向于数字化、个性化以及社交化的消费行为。数字经济在这股新潮流中展现出其不可替代的优势。它利用数字技术，能精确把握消费者的需求动态，推动生产模式的创新，调整供应链，重构价值链，进而催生出更多新颖的产品和服务。另外，数字经济还构建了多元化的消费场景，通过科技的创新应用，为消费者营造更智能、更便捷且更安全的消费空间，从而全面满足从基本生活到享受型、多层次、多类型的消费需求。

四、数字经济推动供给侧调整提升经济效率

1. 与供需精准匹配

经济增长的评价指标不仅局限于增长速度，更应该注重经济增长质量。数字经济在

促进经济增长的过程中，也带来了供应侧结构的持续变革。回顾全球经济历程，发掘和提升潜在生产效率的核心策略在于推进供应侧改革。供应侧结构改革的焦点在于通过合理配置资源和改进生产结构，提升供给体系的质量和效能，增强供给对需求变化的适应性和敏捷性，有效解决过剩产能问题，加速产业升级，降低成本，促使传统产业转型升级，同时催生新兴产业和现代服务业，增加公共产品和服务的供给。产业体系中的各种因素相互作用，共同决定了产业结构的演变路径和供应侧调整的速度。数字经济在供应侧改革中扮演着重要角色，借助数字技术的力量和数据作为核心要素，加速了经济体系内部互动，促进了产业体系内的调整和变革，优化了资源配置和组合模式，以最大限度地激发产业结构调整和经济增长的动力。

2. 供给体系优化、高效、多样化

数字经济作为当今时代的经济新引擎，不仅催生了新技术、新产业、新业态和新模式，更极大地拓展了市场的产品种类与供给主体。这一变革主要归功于实体经济的全面数字化进程，它为社会孕育了无数商机，从而引导了大量的生产资源向新兴领域流动。数字经济的崛起显著地降低了各行各业的进入门槛。这一变化为中小企业提供了前所未有的机会，它们凭借新颖的商业策略和运营手段，成功地突破了传统的市场限制。这些新兴企业的涌现，不仅丰富了市场的供应主体，还加剧了市场上的产品和服务竞争，为消费者带来了更多的选择和更好的体验。技术能力无疑是影响市场供应者的核心要素。随着技术的进步，可以看到中间产品或消费产品日益多样化。数字技术和数据元素已经深入到传统产业的每一个角落，为实体经济注入了新的活力，使其展现出前所未有的高质量、高效率以及多样化的供给特性。此外，数字经济还极大地推动了生产的专业化分工。在原有的产业链基础上，新的价值链层出不穷，为企业创造了更多的增值机会。在数字经济的推动下，生产者不再局限于单一的设计和大规模生产方式，而是更加注重与市场各主体间的互动。他们开始采用多元化的定制生产模式，通过与消费者进行精确的供需对接，实现了生产与消费的深度融合。这种转变不仅显著提高了供给系统的整体效率，还有效地解决了过度生产带来的资源浪费问题。可以说，数字经济正在重塑生产方式和消费模式，为社会的可持续发展注入新的动力。

数字经济以其强大的推动力，助力传统行业实现迅速转型。在网络化、数字化和智能化的浪潮中，这些行业正经历着一场前所未有的革新。这一变革不仅深刻地重塑了制造业的内部管理和外部运营模式，更显著地提升了生产效率，同时也大幅增强了产品质量。产品质量的优劣，往往与技术实力的强弱紧密相连。在这个竞争激烈的市场环境中，持续的产品创新和技术升级成为了确保供应品质、赢得消费者信任的关键。只有当产品不断创新，技术持续进步，企业才能在激烈的市场竞争中站稳脚跟，赢得更大的市场份额。特别是在新兴产业的初创阶段，每当一项新技术或新一代技术崭露头角，都为某个国家或地区提供了开辟独特技术路径的机会。这种机会是难能可贵的，因为它能让一个国家或地区实现技术上的跳跃式发展，从而在全球竞争中占据有利地位。对于后发国家或企业来说，他们有可能通过技术的飞速进步和颠覆性的创新，减少对传统路径的依赖

和大量初期投入，直接采用行业前沿的技术手段，从而在市场中迅速崛起，占据一席之地。这种策略不仅高效，而且具有极强的市场竞争力。新技术的突破性进展，往往意味着市场格局的重新洗牌。当所有市场参与者都面临新兴技术经济模式的挑战时，这正是一个采取战略行动、抢占先机的黄金时期。谁能更快地适应新技术、新模式，谁就能在市场中占据更有利的位置。数字技术，作为新一轮技术革命的杰出代表，正以其颠覆性的力量引领着传统产业向价值链的高端攀升。它不仅改变了传统产业的生产方式和运营模式，更在不断地满足和适应着人民日益增长的消费需求。在数字经济的推动下，可以期待一个更加高效、高质和多样化的未来市场。

在数字经济的背景下，产品市场的供求关系正逐步展现出更为和谐与协调的态势，有效地缓解了长期以来存在的供需不匹配问题。在这一过程中，数据作为关键的驱动要素，其价值日益被市场所认可和重视。数据的广泛应用确保了供给与需求在数量和结构上能够实现无缝对接，大大提升了市场的整体运行效率。数据的价值不仅体现在对需求的精准预测上，更在于它能够打破各阶段之间的信息隔阂。在数字技术的助力下，国内外生产要素的流通变得更加畅通无阻，资源配置的效率得到显著提升，市场化的供需匹配程度也随之增强。这种变化对解决区域间生产要素分布的不协调和不均衡具有重大意义，有助于推动经济的均衡发展和区域间的合作。在数字时代，生产者与消费者之间的界限日益模糊，他们之间的深度融合成为新的趋势。消费者通过各种数字平台实时表达自己的个性化需求和偏好，而生产者则能够利用先进的大数据分析和人工智能技术迅速捕捉这些变化。这种互动不仅使生产者能够更准确地把握市场需求，还为他们提供了实现个性化生产和精准推广的可能。通过这种方式，市场能够保持高水平的供需动态平衡，满足消费者日益多样化的需求。以红领集团为例，它通过对大数据和物联网技术的创新应用，成功重塑了服装制造业的传统模式。在红领集团的流水线上，个性化产品能够像标准化产品一样高效生产，这一变革打破了传统制造业的局限，满足了特定市场中消费者对定制化产品的迫切需求。红领集团的案例充分展示了数字经济在推动产业升级和满足消费者需求方面的巨大潜力。

3. 创新体系网络化、开放化和协同化

中国经济的转型与升级，以及提升全球市场竞争力的核心策略在于创新能力的构建。数字经济发展为产业创新开辟了新的道路。理论上，创新意味着引入一个改进的生产函数，即将不同的生产要素以崭新的组合融入生产系统。在数字经济时代，数据作为一种独特的生产要素，简化了要素重组的过程，推动了企业运营模式和商业策略的革新，从而为实现经济的持久和稳固增长创造了条件。

现代化创新体系的发展，其根本驱动力在于生产能力和社会关系之间的相互影响。随着生产力的提升，特别是那些与生产关系相适应的新兴行业得以迅速发展，同时，生产关系的变革也在不断优化创新体系的能力。

首先，数字经济以其独特的动力机制，极大地推动了企业内部创新体系的协同演进。在工业化时期，企业的组织架构往往呈现为垂直、层级分明的形态，如直线型、职能型、直线职能型，或是事业部制、矩阵制等，这些结构在应对环境变化和资源调配时往往显得相对僵化。然而，随着数字化浪潮的兴起，企业的组织架构开始发生深刻变革，逐渐转向网络化和扁平化的模式。这种变革不仅加强了部门间的协作，还使得企业能够更灵活、更快速地应对市场动态。在数字经济的影响下，设计和生产部门之间的界限逐渐模糊，二者能够更紧密地合作。通过共享创新资源和改进产业链分工，企业能够显著降低创新成本，从而促进了大规模的协同创新。更重要的是，这些创新成果能够迅速转化为实际生产力，为企业带来实实在在的效益。

其次，数字经济创造了一个开放、包容、充满活力的创新网络和市场环境。数字技术和大数据的广泛应用，促进了创新生态系统的聚合与策略性融合。这不仅提升了产业的原始创新能力，还增强了集成创新能力和引进吸收再创新能力。通过数字化的信息平台，全球的优秀人才、先进技术、充裕资金、宝贵信息以及优质服务等创新资源得以高效整合，确保了创新要素的自由流通和共享。在这种环境下，创新活动不再局限于个人或单一组织，而是逐渐转变为群体网络化创新。众包、众创、众筹、众扶（统称四众）以及线上线下融合等新型创新模式被广泛应用，使得创新活动更加多元化、高效化。同时，政府、企业、学术界、研究机构、行业协会及消费者等多元化的创新主体积极互动，形成了一种分工明确、利益共享的政产学研用创新体系。这种体系有效地推动了跨领域的创新资源整合，最大限度地激发了创新活力，为经济社会的持续发展注入了强大动力。

4. 生产方式模块化、柔性化、社会化

数字经济堪称一场深远的"经济转型"，它鲜明地展现了经济体系的三大转变：首先，社会生产潜力的革新；其次，知识储备的本质演变；再次，组织结构的根本性变革以释放生产力。技术革命的飞速发展明确指出，数字化转型不仅是可能的，而且是未来发展的必然系统性改革。面对多样化和个性化的市场需求，企业需具备灵活调整生产线的能力。因此，生产流程需转化为模块化，依据预设规则进行组合和重构，以构建更复杂的思维体系或生产流程。模块化设计包含两个核心组成部分：共享的基础模块和体现产品独特性的定制模块。企业通过整合这种模块化的、具有部分自主性的子系统与其他生产资源，构建新型的生产架构，以高效快捷的方式生产出满足各类人群特定功能和性能需求的产品与服务。特别是，可组合模块化（Sectional Modularity）实现了最大限度的多样化，它允许各种构建单元以标准化接口任意组合，就像乐高积木一样，其组合的可能性仅受限于创新的想象力。

在传统的经济模式下，大规模的集中流水线生产是制造业的主导方式，它以高效、标准化的生产流程为特点。然而，随着数字经济的蓬勃发展，企业的运营环境发生了翻天覆地的变化。数字经济不仅显著降低了企业在搜寻、复制、运输、追溯和验证等方面的成本，更重要的是，它极大地提升了生产的灵活性和供应链之间的协同效率。这一变革使得企业能够更加迅速地应对市场变化，更有效地管理生产风险。网络化的协作方式和云制造等创新型制造模式的广泛采用，正在深刻地重塑产业的组织形态。传统的集中式生产逐渐让位于更为精细、分散的生产结构。小型化、网络化的生产模式日益成为主

流，这不仅提高了生产的敏捷性，也使得企业能够更快速地适应市场的多样化需求。

在数字经济的推动下，企业现在能够无缝结合线上与线下的操作，打破了地理空间的限制，实现了跨地域的资源共享和业务协同。这意味着，无论企业身处何地，都能高效地调动全球资源，优化生产流程，从而提升整体运营效率。此外，借助丰富的市场信息，企业可以更加灵活地制定生产策略，优化资源配置。它们能够根据市场需求迅速调整生产能力，加快库存流转，进而降低生产体系的复杂性和不确定性。这些新兴的生产模式不仅提升了产品的附加值，更使企业在激烈的市场竞争中脱颖而出，成为增强市场竞争力的关键策略。总的来说，数字经济正在引领一场制造业的深刻变革，为企业带来了前所未有的发展机遇。

五、数字经济促进内循环提升经济效率

在促进经济发展的同时，必须兼顾供给面和需求面的改革力量。在数字经济的背景下，驱动需求增长的三大支柱——投资、消费和出口的驱动力已经显著转型，正逐步转化为新型基础设施建设、消费品质升级和数字贸易的新形态。值得注意的是，数字经济作为新型基础设施的核心部分，因其正面的外部性和溢出效应，成为促进内循环的重要动力。

1. 数字经济推动经济改变

数字经济的迅速崛起，推动了社会经济全面向数字化转变，政府的精准政策扶持也刺激了该领域的投资热潮。数字经济投资在短期内展现出强大的经济增长推动力，对提高整体生产效率、产业结构优化和技术创新有深远影响。这一领域的投资活动提振了市场投资者的热情和信任，逐渐成为民间资本和政府投资的焦点。近年来，数字经济相关领域的投资增长率远超其他行业。数字经济的投资主要涵盖两大部分：一是对数字产业的投资，二是产业的数字化转型投资。

面对当前世界经济的复杂局势，数字经济设施的投资显得至关重要。自从 2018 年中央经济工作会议强调了"新型基础设施建设"（新基建）的重要性以来，从中央到地方政府都积极出台了一系列政策和策略，大力推动这一领域的快速发展。数字经济已经对全球的投资模式产生了深刻的影响，正在重新塑造全球产业链的布局。对于发展中国家来说，投资于互联网等数字经济的基础设施建设，已经成为一个能够快速改善国内投资环境的有效手段。这种新型基础设施建设，简称新基建，其重要性不仅在于直接拉动了投资需求，为经济增长注入了新的动力，更在于它能够通过触发新一轮的产业与技术创新投资，推动经济的转型升级。新基建在转换发展动力和优化产业结构中发挥着至关重要的作用。通过加强数字经济基础设施建设，发展中国家可以更有效地融入全球经济体系，利用数字技术提升国内产业的竞争力。同时，新基建还能够间接引导社会资本流向数字经济和新兴技术相关的行业，进一步加速这些领域的发展。随着数字技术的不断进步和应用，新基建的潜力正在被不断挖掘。它不仅有助于提升国家整体的基础设施水平，更

能够助力发展中国家在全球产业链中占据更有利的位置，实现经济的可持续增长。因此，对于发展中国家而言，积极投资于数字经济基础设施建设，无疑是推动经济发展、提升国际竞争力的重要途径。

"稳投资"在"六保""六稳"政策体系中扮演着举足轻重的角色，而数字基础设施建设更是其中的核心组成部分，其建设的紧迫性和重要性不言而喻。这种基础设施不仅是当前经济逆周期中的投资重点，更是未来稳定经济增长的关键动力之一。它与公路、铁路、航运、机场等传统基础设施具有异曲同工之妙，都在推动经济高品质发展中发挥着不可或缺的支柱作用。特别是在数字经济日益崛起的背景下，数字基础设施的重要性愈发凸显，它已经成为各国在全球竞争中争夺优势地位的战略要地。

从实践经验来看，传统基础设施投资中有大约40%的需求能够转化为工资等形式的消费支出，有效地拉动了内需。而新基建，由于其技术密集型的特性，所涵盖的产品和服务范围更为广泛，预期其投资需求转化为消费的比例将会更高。这不仅有助于提升消费水平，还能进一步推动相关产业链的升级和发展。在庞大的政策资金的扶持下，新基建投资有望引发新一轮的"新消费"热潮。这笔资金将极大地推动新基建项目的落地实施，进而带动一系列相关产业的发展，形成一个良性的经济循环。可以预见，随着新基建的不断推进，新的消费模式和消费热点将层出不穷，为经济增长注入新的活力。

2. 数字经济推动消费升级

数字技术的进步和数据要素等外生变量逐渐衍生为消费扩张的驱动因素，产业与服务质量的提升、消费方式的便捷性、交易成本的压缩和供需的跨区域匹配等因素正成为影响消费升级的诱因。

消费升级对于发展生产力，促进经济发展至关重要。马克思指出消费升级的具体路径包括三个方面：第一，要求扩大现有的消费量；第二，要求把现有的消费量推广到更大的范围，以便造成新的需要；第三，要求生产出新的需要，发现和创造出新的使用价值。从马克思的这些论述中可以引申出消费升级的主要途径，包括三个层次的升级。一是消费结构升级。数字经济中消费需求正在向多样化、个性化、高层次发展，这就是列宁概括的"需要上升规律"。马斯洛的需求层次理论指出，需求可分为精神和物质两类，不同层次的需求对个体行为产生不同程度的影响。当基本物质需求得到满足后，人们会追求更高层次的精神满足和自我价值体现。二是消费模式的变革。随着物流、移动支付和平台等数字经济基础设施的成熟，消费模式正转向线上和多平台化，传统的购物方式正在经历重构。线上线下市场相结合，拓宽了传统市场的界限。在线消费作为一种跨越地域和时间限制的方式，减少了地区市场的隔离，推动市场全球化，加速商品流通，同时扩大了市场规模，减少了买卖双方的距离。此外，线上市场还减少了信息不对称，降低了交易摩擦和成本，提升了交易效率。三是消费业态的扩充。数字经济降低了企业进入市场的壁垒，经济的数字化转型为企业带来了新的竞争、市场和机遇。企业能够更轻松地进入新市场，全球市场的连接变得更加紧密。数字技术与传统消费领域的深度融合催生了大量的创新产品、模式和服务，激发了消费升级的内在动力。

3. 数字经济培育出口新优势

我国历来是一个传统贸易大国，在国际贸易市场中占据着举足轻重的地位，拥有巨大的国际市场需求。数字经济正在以前所未有的速度重塑着国际贸易的版图和规则。它为中国与全球各地的经济合作注入了新的动力，使得各经济体之间的联系更为紧密，合作更为深入。在数字经济的影响下，原本分散的小市场得以整合，市场的边界得到了前所未有的拓展，资源分配的效率也得到了显著提升。正如恩格斯在大工业时代所指出的那样，各国的小市场已经逐渐被联结成一个统一、庞大的全球市场。而数字经济则在这一基础上，进一步推动了市场的整合与优化。数字技术和数据要素的推动及渗透，催生了一种全新的贸易方式——数字贸易，它代表了数字经济时代贸易方式的数字化转型，预示着未来贸易发展的新方向。

数字贸易为国际贸易领域带来了全新的变革，它为中国对外贸易的进步铺就了一条创新之路。这种贸易新模式与传统贸易相比，在参与者多样性、交易对象的广泛性、时间效率的高效性以及法规监管的现代性等方面均呈现出鲜明的差异。数字贸易所展现的高度整合性、无国界限制以及平台化运营等特点，极大地推动了全球生产要素的优化配置。

在数字贸易的推动下，谈判、合同签署以及资金流转等关键环节均已实现数字化操作。无纸化和虚拟化的新型交易方式极大地简化了传统贸易的烦琐流程，显著提升了交易的便捷性和效率。在过去，仅有规模庞大、资本雄厚且技术领先的大型企业才能涉足出口贸易领域。然而，数字贸易的兴起打破了这一局面，为中小企业提供了通过 C2C（Consumer to Consumer，消费者对消费者）、O2O（Online to Offline，线上到线下）等多元化交易模式参与国际贸易的新机会，使它们能够更顺畅地融入全球供应链网络。

再从贸易结构的角度来看，数字贸易对于优化贸易结构起到了积极的推动作用。它强化了全球生产网络的一体化趋势，助力中国在价值链中向更高层次攀升。同时，数字经济赋予了商品和服务更强的可贸易性，像在线教育、版权交易以及金融服务等数字化产品与服务得以轻松跨越国界进行交易。数字技术与金融、医疗、教育等传统产业的深度融合为我国外贸增长注入了新的活力。

第三节　推动组织创新

现代社会中，科技的迅猛发展给企业带来了前所未有的机遇与挑战。面对市场动态的变迁，众多企业选择拥抱数字化变革以获取战略优势。这个过程，即数字化转型，意味着企业借助先进的信息科技，将原有的生产、运营及管理活动转化为数字驱动、网络互联和智慧自动化的方式。这种转型不仅提升了效率、减少了成本，更关键的是，它极大地提升了企业的创新潜力。

一、数字经济提升组织创新能力

1. 数字化转型能够为组织提供更广阔的创新空间

利用数字技术，企业能进行更迅速且精确的市场洞察和数据探索，有效揭示顾客的需求和行为习惯。此外，数字化变革也促进了企业内部数据的流动与共享，增强了各部门间的协同合作和信息交流，消除了信息断层。科技的支持使得企业对市场的理解更为立体和深刻，为创新活动提供了丰富的参考素材和坚实的基础。

2. 数字化转型能够提高组织的创新效率

数字化技术的应用使得企业的各个环节更加高效、智能。在产品开发环节，企业借助虚拟现实技术进行仿真和展示，大大节省了实体样机生产和测试的费用，有效提升了产品创新的速度。在制造流程中，数字化改造促进了智能制造，使生产线具备更高的灵活性和效率，减少了对人力的依赖。同时，通过数字化转型，企业能够实现对供应链的全方位管控，有效压低物流成本，提升物流运作效率，为企业创新赢得了宝贵的时间和资源。

3. 数字化转型能够提升组织的创新能力

随着企业逐步迈向数字化变革，内部创新思维日渐受到重视。借助数字技术的力量，创新概念、见解和经验得以更高效地积累、传播和普及。企业可构建创新平台，编织创新网络，激发员工的创新思维和行动。此外，数字化转型还能促进企业与外部创新源头，如科研机构和高等教育机构，建立合作关系，开展技术协作和知识交流，为企业创新注入更多活力和支撑。

然而，企业数字化转型之路并非一帆风顺。首先，转型需投入大量资金和资源，伴随着一定的风险。其次，成功运用数字化技术依赖于企业的技术基础和专业人才储备。再次，转型期间可能遭遇员工的抗拒心理和组织结构调整的难题，这要求企业有决心和耐心去克服。

综上所述，企业通过数字化转型可以增强创新实力，为自身发展创造更多可能性。数字化技术的运用拓展了创新领域，提升了创新速度，助推创新潜能的释放。尽管转型过程中存在困难，但只要企业深刻理解其重要性，并采取有效策略应对，就能在竞争激烈的市场环境中立于不败之地。

二、数字化技术对创新的作用

1. 数字化技术促进了创新

数字化技术是数字经济的基础，数字化技术的不断发展和创新推动了数字经济的发展。数字化技术为创新提供了更多的可能性，包括人工智能、云计算、大数据等各种技术，这些技术的运用可以大大提升企业的效率和竞争力，为企业的创新提供更广阔的空间。

2．数字化技术降低了创新成本

数字化技术的不断发展和普及，使创新成本不断降低。数字经济为创新提供了更为便捷和高效的手段，通过数字化技术，企业可以更快更精准地获取市场信息，更好地理解消费者需求，从而更快地推出符合市场需求的新产品和新服务，提高生产效率和降低生产成本，有效降低创新的成本。

3．数字化技术为创新提供了更广阔的市场

数字经济的快速发展，带来了全球信息交流的便利化，将全球各地联系在一起，为企业提供了更广阔的多种形式的市场，包括互联网、移动平台等，实现全球范围内的资源配置和市场开拓。

4．数字化技术推动了商业模式的创新

数字经济的快速发展，驱动了商业模式的不断创新和变革。数字化技术的不断创新为企业提供了更多的新商业模式，这些新模式更加符合市场需求和消费者的心理需求，更具有前瞻性和可持续性。

三、数字经济万向生长的创新方式

数字经济发展速度之快、辐射范围之广、影响程度之深前所未有，爆发出异常旺盛的创新能力，为认识世界、改造世界提供了更多可能性，但也呈现出迥异于工业经济、农业经济的更高创新要求。

1．由算力堆叠的蛮力创新

所谓蛮力创新是大数定律的创新版本，是大量投入低成本要素，通过反复试验和组合，产出具有商业价值的创新成果。工业经济时代，蛮力创新的代表性案例是，爱迪生尝试了上千种材料，最终找到通电后耐用明亮的钨丝作为灯丝，发明了可规模化生产、作商业用途的灯泡。数字经济时代，随着信息和数据的爆炸性增长，越来越需要强大的算力进行处理、分析和存储，比如人工智能领域的图像识别、机器学习、自然语言处理等，又如区块领域的加速计算、分布式记账等，都是由算力堆叠和支撑蛮力创新的典型案例。

2．由跨界产生的融合创新

数字经济作为一种独特的经济形态，游离于传统实体与虚拟经济的划分之外，它源于数字技术的深度渗透与广泛应用，构建起一个高度复杂的经济体系。这个系统通过数据的开放、流通与整合，催生了前所未有的跨界合作，打破常规的企业界限、行业分类以及商业版图，为创新提供了广阔的施展空间。实际上，数字经济的内涵远不止于技术创新，而是涵盖了组织结构、管理模式和商业模式的全面革新。一方面，数字经济包含诸如知识经济、平台经济、社交经济和共享经济等新型经济模式的崛起，依托于互联网、

物联网、人工智能和区块链等前沿技术的深度融合。另一方面，它推动了制造业和服务业的深度融合，形成了制造业服务化、服务业制造化的新型产业结构，比如产品即服务、软件即服务等创新性商业模式的实践。因此，数字经济不仅是一个技术驱动的进程，更是一场全方位的经济转型和升级。

3. 由龙头引领的分布创新

数字经济一般遵循梅特卡夫定律、摩尔定律、达维多定律等基本规律，具有超高强度、快速迭代、频繁变道等竞争特性，没有哪一家企业能够"孤军奋战"而保持领先优势。国际上，由龙头企业牵头、高校院所支撑、各创新主体相互协同的创新联合体，已成为数字经济重塑创新资源配置的关键力量，如 SpaceX 打造太空产业生态"星链计划"，Meta 携手微软、高通发布免费开源大模型等。在国内，也不乏领军企业开展协同创新的案例，如华为积极推进与各国政府、企业及机构合作，在全球设立研发中心、合作实验室、联合创新中心等分布式创新节点，共同推进数字化转型和技术创新。

第四节　重构经济形态

数字经济是一种基于数字技术的经济模式，它利用信息化、网络化和智能化工具，驱动社会经济活动向数字化、网络化和智能化的方向演进。这种新型经济形态正在迅速重塑经济结构和管理模式。"十四五"期间的数字经济规划明确指出，数字经济是继农业经济、工业经济之后的主导型经济形态，其核心要素是数据资源，依托的是先进的信息网络，驱动力在于信息通信技术的集成应用和所有要素的数字化转型，其目标是实现更公平与效率的统一。数字经济对传统经济形态的重构体现在以下几个方面：

一、数字经济重构经济运行的底层逻辑

数字经济以数据资源为关键要素，以现代信息网络为主要载体，以信息通信技术融合应用和全要素数字化转型为重要推动力，是一种新的经济形态。作为继农业经济和工业经济之后的又一次技术-经济范式升级，数字经济从宏观、中观和微观三个层面重构了经济运行的底层逻辑。

1. 宏观层面：改变经济生产函数

（1）扩大生产要素投入。以索洛经济增长模型为基础重建数字经济生产函数 $Y=T*F(D, A*L, K)$，其中数据要素（D）既作为新的生产要素，扩大了要素投入的数量，也与劳动力要素、资本要素等传统生产要素结合，提高了传统生产要素的投入效率，进而扩大了生产要素的总体投入。

（2）改变生产要素和资源配置效率。数据要素应用于生产、分配、流通和消费的各个环节，改变了生产要素的配置方式和效率（F），提高了生产函数的边际报酬增长率。

（3）提升生产技术水平。数字经济催生了一系列创新技术的产生，让更多技术手段得到应用推广，通过技术进步提升了生产函数的全要素生产率（T），实现经济效率变革。

2. 中观层面：改变产业演进规律

（1）赋能传统产业改造升级。数字经济通过推进数字产业化和产业数字化，改变了传统产业的生产方式、经营模式和组织结构，促使传统产业由封闭化、流程化向开放化、智能化、高附加值转变。

（2）催化更多新的产业方向。数字经济颠覆了传统产业的经营模式和盈利机制，吸引越来越多的市场主体利用数字技术寻求新的突破方向，衍生出了网约车、在线办公、远程医疗、在线教育、在线直播等数不胜数的新产业、新业态、新模式。

（3）颠覆产业物理空间形态。在数字经济尤其是数字贸易带动下，大大提高了交易匹配效率和信息选择效率，降低甚至消除了物流成本、运输成本等中间成本，促使许多产业空间形态由"协同式地理集聚"转向"分离式地理集聚"。

3. 微观层面：改变个体经济行为

（1）改变企业生产者行为。数字技术以其独特的魅力，通过削减交易费用和提升匹配效能，全面优化企业的运营模式、市场推广、研发投入等多个领域。数字经济的崛起激发了规模效益、多样性收益、网络效应以及长尾理论等现象，从根本上重塑了企业的竞争环境，使得市场结构呈现出更强的灵活性和多元性。

（2）改变个人消费者行为。数字经济具有数据依赖、共享普惠等特点，能够精准识别和激发消费者需求，提高消费品供给效率和匹配性，改变消费者行为和预期，已渗透到大众生活的方方面面，不仅为个人就业创造了新的机会，也为个人生活、工作学习带来了便利。

二、数字经济重构生产方式

当前，在数字经济时代，以制造业的"数字化"为基础的"智能制造"和以产业互联网为依托的"精准定制"将成为未来工业生产的主流，产品生产方式发生了重大转变。

1. 自动化生产转向智能化生产

自数字化转型深入，商品交易的维度日益清晰，缩短了生产者与消费者的时空界限，使得市场环境动荡不定，竞争压力剧增。为此，企业需灵活应对，创新产品设计、生产和营销策略。传统自动化手段已不足以应对这一挑战，智能工厂与智能决策策略的融合成为了制造业升级的关键路径。在智能工厂层面，物联网技术的广泛采用和深度普及是核心，它推动了全程数据可视化，实现了产品生命周期的全程服务与管理，并整合了供应链中的各个环节，构建了全面的信息管理体系。另一方面，智能决策则聚焦于利用先进的数据分析，帮助企业更精准地洞察市场和消费者需求。这体现在产品研发与工艺优化中，以及通过用户行为和消费模式的智能分析，提升市场营销策略和产品推广效果。此外，智能决策还能促进产业链上下的无缝协作，从而优化库存控制和物流管理，实现效率的显著提升。

2. 标准化生产转向个性化生产

传统工业经济时期，企业的核心策略在于追求效率与成本效益，通过标准化和规模化生产来最大化利润和价值。这种模式依赖于对生产流程和产品形态的统一规范，规模效应被视为降低成本、获取丰厚利润的关键手段。然而，步入数字经济时代，市场环境和消费者需求发生了深刻变革。个性化和差异化的产品定制逐渐占据主导，以满足粉丝群体和社群化运营的多元化需求。与此同时，社会分工协作网络的深化使得生产方式朝着精细化和模块化发展，原有的刚性大规模生产体系正逐步让位于灵活的可重构系统。这不仅催生了新的生产模式，也为个性化规模定制提供了技术支撑和创新空间。

3. 集中化工厂生产转向分布式生产

随着制造业对个性化和灵活生产体系的追求日益增强，某些生产阶段逐渐从原有的生产线中独立，转而依靠外部资源，通过外包或众包等形式来实现。这种方式打破了传统集中生产模式中，企业员工局限于特定地理空间进行大规模生产的约束。此外，当企业建立起与用户及社会资源的互动桥梁，自身的生产需求得到显著提升时，开放的创新平台允许企业引入社会化的生产要素，通过模块化生产和社交化协作，不仅增强了企业的生产能力，也拓宽了其业务范围。

三、数字经济促进企业管理模式的创新

当前，伴随着社会信息的飞速进步和科技的急剧演进，企业迈入数字化转型的浪潮已成各行业普遍面临的关键议题。这一转型意味着企业借助先进的信息技术和数字策略，重塑其运营流程、组织结构、管理模式及商业策略，旨在追求更高的经济效益、更低的成本以及更强的市场竞争力。数字化转型的本质，超越了单纯的技术应用，更蕴含着对企业管理模式的深刻创新与变革。

1. 数字经济为企业提供了更丰富的数据支持

在数字化转型过程中，企业逐渐弃用手动记录和人工收集数据的传统方法，转而采用自动化和智能化的设备直接获取数据，并在大规模的数据平台上进行存储和深入分析。这种转型使企业能够更全面、更精确地洞察市场趋势、顾客行为以及竞争对手的动向，为管理层提供了更为细致入微且基于数据的决策支持。在完成数字化转型后，企业能借助数据分析来掌握消费者需求、产品喜好等关键信息，进而迅速调整产品开发方向和市场营销战略。同时，数字化转型也促进了企业的全员参与和全员管理，领导层利用数据分析能更有效地激发员工潜力，改革组织结构，提升整体运营效率。

2. 数字经济推动了企业管理模式的变革

传统的企业运营模式通常基于严格的层次结构，导致信息流通受阻，决策过程缓慢。然而，数字化转型颠覆了这一局面，使得信息传递和共享变得迅速而顺畅。借助于云计算、大数据和人工智能等先进技术，企业能够建立一个综合且高效率的信息基础设施，有效地打通了部门间的沟通壁垒，确保决策者能及时且精准地获取所需信息，进而提升决策质量和速度。另外，这种转型也推动了企业管理模式从线性的层级结构转向合作导向的模式。在协同管理模式下，各部门之间的协作与交流得到强化，利用互联网工具实现信息的及时分享和协同工作，大大增强了企业内部各单元之间的合作效率。

3. 数字经济推动了企业管理模式的创新

随着市场环境的演变和技术的革新，传统的运营模式往往无法满足当前的挑战和期望。数字化转型在此背景下展现了其强大的潜力和机遇。例如，运用移动互联网技术，企业能够将管理工作迁移到移动端，执行移动办公和在线会议等任务，极大地增强了管理效率和灵活性。借助人工智能，企业可实现智能客服解决方案和个性化推荐，从而提升客户满意度。区块链技术的应用则确保了交易的安全性、高效性和透明度。

总之，企业数字化转型在重塑企业管理模式方面扮演了决定性的角色。它为企业提供了更全面的数据基础，促进了管理决策的精确化和系统化。此外，转型过程促使管理模式从传统的层次结构转向协作模式，减少了组织层级，提高了信息流通性。同时，数字化转型激发了管理模式的创新，使企业能迅速响应市场需求变化，增强竞争力和创新力。因此，企业应当主动接纳数字化转型，视之为变革管理方式、提升业务效能的关键策略。

四、数字经济重构商业模式

数字经济催生了新的商业模式，如共享经济、电子商务、在线教育等，通过互联网和移动互联网技术，改变了传统产业的商业模式，提高了资源利用效率和市场效率。

在数字化时代下，商业模式重构主要体现在以下四个方面：

1. 供应商

如果组织对客户仅有部分且相对有限的认知，并通过其他组织销售他们的产品，则应该侧重于采用降低成本并渐进式或适度创新的数字化商业模式。这些组织面临着对客户失去掌控的风险。例如，通过代理商进行销售的保险公司或投资公司，以及通过零售商店销售其产品的公司。

2. 模块化的制造商

如果组织对客户的认知是部分且相对有限的，并是个广泛生态系统网络的一部分，则应该侧重于运用数字化商业模式使其能够快速地、轻松地适应不同的生态系统网络，与此同时应该生产创新产品或者服务。例如：PayPal 就是电子商务生态系统的一部分。这些组织需要构建数字化商业模式，来确保其开放性和轻松集成，并在其重要领域开展创新。

3. 全渠道业务

组织对客户及其需求有广泛的了解，并且它是一个更广泛的价值链的一部分。这种类型的组织非常了解客户，可以创建适合客户生命周期的产品或者体验，例如开始读大学的、结婚的、购车的客户等。该类组织的案例包括银行、直销保险公司、拥有客户俱乐部的零售连锁店等，这些组织需要开发全渠道的数字化商业模式、客户俱乐部、高品质的客户体验等。

4. 生态系统驱动

这些组织使用的是平台连接供应商和客户的商业模式，对客户及其所执行的交易有广泛的了解，并且是供应商、业主、信贷公司、银行及其所执行的交易广泛生态系统的一部分。

此外，数字化技术对商业模式创新产生了强烈的影响，并在很大程度上加快了新商业模式的发展，主要有以下三个价值加速器（见图 3-1）。

成本价值	体验价值	平台价值
免费、低成本 基于消费者定价 反响拍卖 买方聚合 价格透明	赋能给客户 个性化定制 自动化 即时满足 减少摩擦	数字化市场 众包社区 生态系统 数据集成

图 3-1　三个价值加速器

（1）降低成本（成本价值）。数字化商业模式可以降低组织用多种形式所提供的产品或者服务。例如：应用免费增值的理念、基于消费者定价、反向拍卖、买方聚合和价格透明，使客户能够货比三家。

（2）提升的客户体验（体验价值）。数字化商业模式可以通过提供高品质的客户体验来提高体验价值。例如，通过提供信息和简单或者快速的产品选择来进行客户授权。根据客户的需求，为每个客户提供独特的咨询，通过识别客户并传输个人信息来减小分歧并实现各种操作的自动化、个性化和及时服务。

（3）构建平台（平台价值）。数字化商业模式为开发数字市场提供了广阔的发展平台，组织可以运用"众人的智慧"研发和推广客户社区，发展生态系统，并通过控制信息成为市场的协调者。

五、数字经济重构就业结构

数字经济的发展深刻重塑了就业格局，促进了诸如互联网、人工智能和大数据等新兴行业的蓬勃发展，同时也孕育出全新的职业领域，给人力资源市场及教育训练体系带来了新的挑战。以经济结构转型为核心的改革策略为中国实现高品质发展打下了牢固根基。在这一过程中，经济中的资源分配模式、生产模式以及消费模式均呈现出鲜明的转变，相应地，就业结构也随之经历深刻的调整。数字经济不仅优化了产业架构，还提升了就业吸纳效应，从而积极推动就业结构的转型。

首先，根据著名的"配第-克拉克定理"，随着一个国家或地区经济水平的持续上升，其产业结构和就业结构会经历一个显著的变化过程。具体来说，这种变化表现为第一产业（农业）的占比逐渐降低，而第二产业（工业）和第三产业（服务业）的比重则逐步提升。尤其是当技术变革发生时，新兴的技术行业往往会迅速崭露头角，成为引领产业升级的主导力量。它们的影响不仅局限于某一领域，而是像涟漪般扩散至整个工业体系，推动整个产业链的升级和重构。数字技术与实体经济的深度融合，不仅极大地推动了产业结构的升级，使其向更高层次迈进，同时也引领了就业结构的优化和升级。随着数字经济的不断发展壮大，它已经成为推动产业结构转型的核心动力。

然而，值得注意的是，数字经济在三次产业中的融合程度及其对就业的吸纳能力存在着显著的差异。由于第三产业具有轻资产、快速回报以及与消费紧密相连的特点，其在数字化转型过程中相对容易，成本较低且速度较快。因此，随着数字经济的不断发展，第三产业的产值比重不断上升，同时也成为吸纳就业人口的主要领域。特别是在网约车司机、外卖配送员、快递员、网络主播等新兴职业领域，由于这些职业门槛相对较低，为大量劳动力提供了广阔的就业空间。

相比之下，第二产业由于其高固定资产投入和技术密集型的属性，在数字化转型过程中面临更大的挑战。企业需要进行大量的技术升级和员工培训，以适应新的生产方式和市场需求。这在一定程度上限制了第二产业吸纳就业的能力。然而，尽管如此，随着数字化技术的不断普及和应用，第二产业也将逐步实现转型升级，为劳动者提供更多的就业机会。

除了产业结构的变化外，数字经济的繁荣还深刻影响了劳动力在各行业的分布。随着大数据、云计算、物联网等数字技术的广泛应用，高科技产业和高附加值行业因其显著的生产效率和市场收益而备受青睐。这些行业往往需要具备较高技能和知识的劳动者，因此能够为从业者提供更高的劳动报酬。这种经济激励促使更多的劳动力流向数字化和高端的行业领域，从而推动了就业结构向高端化演进。

综上所述，数字经济在产业中的融入程度呈现出第三产业大于第二产业，第二产业大于第一产业的特征。同时，新兴技术产业正逐步替代传统产业成为主导产业。数字经济不仅推动了产业结构的升级和转型，还引导了就业结构的优化和升级。随着数字经济的不断发展壮大，未来将有更多的劳动力流向第三产业和新兴技术产业领域，实现就业结构向高端化演进。

六、数字经济重构政府治理模式

数字经济为政府管理带来了全新的挑战与可能性，催生了政府的数字化和智慧化转型，显著提升了行政效率和公开透明度。构建数字政府是构筑网络强国和数字中国的基石和前瞻性任务，是改革政府治理思维和手段、塑造数字治理新态势、推动国家治理体系及治理能力现代化的关键步骤。这一举措对于加速政府职能转变，打造法治、廉洁、服务型政府具有深远影响。

借助算法和数字规则，进行数字化进程搭建平台、整合信息、强化服务、提升效率，使数字政府得以生动运作，有效推动政府角色的转变。应以优化政府职责体系为导向引领政府的数字化变革，通过数字政府的建设来支持政府职能的快速转型，促进制度创新与数字技术应用的深度交融，进而持续改进政府的执行效能。以数字化改革助力政府治理转型，主要体现在以下三个方面：

1. 以数字化助力政府履职内容的精减与优化

在数字化改革中，要充分利用底层的算法技术，将政府履职内容按照内部支持、外部服务、半内半外，以及对接上级、对接下级等方式分别配置，进而将这些内容匹配到对应的政务网络平台。第一，构建"内部支持"平台来处理政府内部事务，为其他类服务提供支持。要升级原有的办公自动化系统，将分属各职能部门的内容整合到同一个系统，并建成内部共享的局域网来实现。要在"内部支持"平台与其他政府职能之间设置隔离墙，以防内部信息泄露。第二，建设"外部服务"所需要的对外服务平台。要充分利用区块链技术，打造由主平台构成的子平台体系，每个子平台体系都对应着某一类群众服务事项。对外服务平台要保证沟通的及时性、安全性，并在为群众处理各类公共服务的过程中，保证群众隐私信息的安全。第三，建设"半内半外"服务平台。要以算法为基础，根据服务属性在内外服务之间用算法来设置"安全阀"，防止内外信息的混杂泄露，进一步实现政府对群众的赋权和保护。第四，建设"对接上级、对接下级"的平台来弥补前三类政府履职平台的不足。在具体操作中，既可以与前三类平行设置，也可以在每一类之下设置"对接上级"与"对接下级"的副平台。

2. 以数字化助力政府履职方法的及时与有效

在政府履职过程中，时间与效率决定着为人民服务的质量与效益，数字化改革能够兼顾两者，将服务效能最大化。第一，以"全数字检索"方法将政府职能全部纳入数字系统，实现"全纳式政府管理"。这就需要将所有与政府履职相关的信息，包括人员、财务、设备、流程、进度、问责等信息全部通过计算机语言来数字化，不能有遗漏和"黑洞"。第二，为群众提供瞬时检索以获得政府提供所有服务和履行所有职能的通道。第三，探索将所有服务都转移到数字平台，通过"最大化数字政府"来为群众提供及时服务，同时保证履职的时间性与效率性。努力将能够数字化的服务全部搬上平台，将数字政府的职能范围最大化、服务范围最大化，力争使得群众需要的所有服务都能够在数字平台上实现，让数字政府建设成果更多更公平惠及全体人民。

3. 以数字化助力政府履职评价的科学性与标准性

数字化技术极大地增强了政府职能执行评估的精确性和规范性。首先，它促进了专业评价数据库和数据存储系统的构建，利用面向主体的技术整合数字政府运行中的海量数据。其次，数字化改革确保了评估依据的科学性、真实性和可信性，如同车辆行车记录仪一般，能追踪并记录政府履行职责的全程，提供反映实际工作状况的直接证据。再次，数字化也推动了评估主体的多样化，激励数字平台上各参与者和服务申请的公众等多元群体以不同视角参与政府绩效评估。最后，通过构建核心指标体系，运用数字化改革生成的特定单向数据来监控政府执行力，高效、快速、优质、节省地推进评估进程。

总的来说，数字经济通过推动生产方式、商业模式、就业结构政府治理的变革，重构了传统经济形态，提高了经济效率、创新能力和竞争力，同时也带来了新的挑战和风险，需要全社会共同应对。

思考题

1. 数字经济运行降低经济成本主要体现在哪些方面？
2. 数字经济重构经济形态的逻辑是什么？数字经济主要从哪些方面重构经济形态？
3. 谈谈数字经济对组织创新的作用。
4. 数字经济万向生长的创新方法有哪些？
5. 谈谈数字经济是如何推动供给侧调整进而提高经济运行效率的？

第四章　数字经济新业态

本章导读

以云计算、大数据、物联网、区块链、人工智能为代表的数字技术的加速创新与应用，催生出众多数字经济新业态，不仅推动了传统产业的数字化转型，还促进了数字经济和实体经济的深度融合，为经济社会发展注入新的活力。本章主要围绕网络经济、平台经济、共享经济以及智能经济等数字经济新业态展开，系统论述数字经济新业态的内涵、概念演进、主要内容以及应用场景和未来发展趋势等问题。

本章知识点

1. 了解网络经济的概念；
2. 掌握平台经济的特点与治理；
3. 了解共享经济的发展现状；
4. 掌握智能经济的应用场景。

第一节　网络经济

一、网络经济的概念

作为网络信息化时代的一种全新经济模式，网络经济无论在生产、交换还是在分配和消费环节都和传统经济模式具有典型的区别,突出表现在其对信息网络的高度依赖性，网络经济时代无论是在获取信息的来源上，还是经济主体在进行预测和决策的制定上，甚至很多交易行为本身都是在信息网络上进行的。因此，在网络经济发展形态下，网络的作用主要表现在直接拉近服务供给者与服务对象之间的距离，为企业参与价值链生产的各环节提供相应媒介和实现场所，从而能够更加快速、高效、系统地整合相关资源，并最终借助于互联网通过对传统经济的改造升级而提升为更加高级的一种经济发展形态。

纵观现有学者和研究机构对网络经济的阐释，可以分别从广义和狭义两个方面对网络经济进行界定。从狭义层面来看，网络经济主要是和互联网有关的经济活动的具象化，是指以信息通信网络和现代信息技术作为发展支撑，通过将互联网上分散的资源进行有机整合和全面共享，并在此基础上衍生出包含网络信息技术产业和网络信息服务产业为主体的相关产业，这是网络经济发展的初始阶段。从广义层面来看，网络经济是指由计算机技术、网络技术以及通信技术的系统融合作为发展驱动力，以卫星通信、光缆通信和数码技术等现代信息技术作为发展基础，以网络化企业、电子商务以及网络银行等作为发展载体，通过对经济行为主体的"集"和经济链的"集"进行融合，从而使得在竞争策略、组织结构以及业务处理流程等方面迥然不同于传统经济的产业群体。这是网络经济发展的高级阶段，既不能把它单纯地看成信息经济也不能将其单纯地理解为服务经济，而应该把网络经济看成是二者的有机结合。作为一种全新的经济模式，网络经济通过在技术、资源和产业等方面的网络化赋能对以往的生产方式和经济运行方式带来根本性的改变。

二、网络经济的特点

网络经济作为知识经济的具体表现形态，和传统经济相比主要具有以下特点。

1. 数据性

数据作为网络经济时代最核心的资源，具有高度的共享性、可复制性以及无限供给性等典型特点。作为与劳动、土地、资本等传统生产要素并列的数据，在推动整个社会经济发展中所起到的作用越来越重要，特别是在进入网络经济时代后，数据不仅成为基础性战略资源，同时也成为推动网络经济新产业、新业态发展壮大的重要支撑。网络经济的数据性特点还表现在数据生产要素和传统生产要素相比较可以产生倍增效应，通过对传统劳动、土地、资本等生产要素在生产过程中进行数字化赋能从而带来额外价值。另外，借助于互联网通过对所有物质资源的数据化处理，可以对商品实现图片化、视频化和声音化转换，不仅有利于有形商品的网络传播从而推动电子商务的快速发展，还可以让消费者更加直观和深入地感受各种物品特征，从而提升其消费欲望，进而促进商品在网络经济中的广泛流通。

2. 快捷性

网络经济的快捷性首先表现在其是一种全球型经济，以互联网为基础的网络经济不仅可以消除时空差异带来的要素流动障碍，同时还可以突破传统意义上国与国之间、地区与地区之间的界限限制，从而使得人们可以通过网络资源实时传递信息，信息运行的时间成本几乎接近于"零"，大大降低了人们对空间的依附性。另外网络经济还是一种速度型经济，由于信息技术的迅猛发展，使得信息成为网络经济时代参与全球价值链各环节的关键着力点，从而加快经济运行的节奏和速度。总之，网络经济的快捷性特征通过各种渠道渗透和影响到社会各行业和众多企业中，其对提升经济的运行效率和整个社会的福利水平的价值是无法估量的。

3. 增值性

在网络经济发展过程中，对信息和网络的持续投资不仅可以获得类似于一般投资的收益，同时还可以获得信息累积的增值收益，即网络经济呈现出典型的增值性。由于信息网络的特殊性，可以将大量零散、片面、无规律的信息、数据、资料进行有序整理，形成高质量的信息资源，从而有助于形成更加科学的生产决策，因此在信息网络建设过程中投资的货币和劳动力发挥的潜在效能就会更加深刻和持久。正如马克思在《资本论》中所指出的那样："劳动力在生产过程中的社会结合和各个单个工人积累起来的熟练程度可以不费分文地增大效能，并且投资在生产要素的货币在转化为生产资本之后，包含着生产的潜力。这些潜力的界限，不是由这个预付资本的价值界限规定的，这些潜力能够在一定的活动范围内，在外延方面或内涵方面按不同的程度发挥作用。"[1]

4. 边际收益递增性

边际收益是指增加单位产品销售所增加的收益，在农业经济和工业经济时代，由于适宜耕种的土地的有限性而导致的级差地租的存在使得土地的边际收益呈现出递减性。产业资本作为工业经济时代的主要投入要素，由于其随着生产规模不断扩大而损耗以及不同厂商无法共享相同生产线，因此其边际收益也是递减的。和传统经济理论呈现出的边际收益递减规律不同的是，网络经济则具有显著的边际收益递增性，意即网络经济时代其边际运行成本不像农业和工业经济时代一样呈现出边际收益递减特征，主要原因是网络经济时代信息网络的成本构成不同，一般主要由建设成本、传播成本和收集、处理、制作成本几部分构成，由于网络经济运行的特殊性，前两部分成本和入网人数之间的关系并不直接相关，入网人数的多少几乎不会带来信息网络额外成本的增加，因此可以说这两部分的 MC（Marginal Cost，边际成本）几乎为零，只有第三部分成本和入网人数有关，但从长期来看，其 AC（Average Cost，平均成本）会随着人数的增加而显著递减，MC 也会相应下降。因此综合来看，网络经济边际收益会随着信息网络规模的不断扩大而呈现出递增性。

三、网络经济的发展趋势

1. 人工智能技术将成为网络经济的重要驱动力

人工智能技术作为新一轮科技革命和产业变革的产物，通过技术赋能传统的医疗、交通、教育等领域，在提高社会生产力、创造就业机会以及丰富人们生活方面起着重要作用，已经成为网络经济的重要驱动力之一。通过机器学习和深度学习等技术，如神经

---

① 马克思. 资本论：第 2 卷. 北京：人民出版社，2004：394-395.

网络、卷积神经网络等，对用户和内容进行深度特征提取和匹配，可以为企业提供更加智能化的数字解决方案，从而进一步提高推荐准确性和用户体验。基于用户历史行为、兴趣偏好等多维度数据，构建个性化推荐模型，从而为用户提供精准的内容推荐。借助于互联网技术，人工智能还可以通过数据分析和预测，实现资源的优化配置，从而减少浪费和成本，辅助人类完成复杂、烦琐和危险的工作，释放人类的创造力和生产力，从而达到提高劳动生产率的目的。

2. 云计算的普及为网络经济奠定基石

云计算是一种基于互联网的计算模式，它通过网络提供的各种计算资源，将包括计算能力、存储空间、数据库和应用程序等相关服务进行增加、使用、和交付模式进行集成，通过将数据和服务存储在云端，实现资源共享和灵活扩展，它的日益普及已经使其成为网络经济的重要基石。云计算作为当今数字化时代的重要技术革新之一，在促进网络经济发展过程中扮演着重要的角色，对经济、社会和技术层面都产生了广泛而深刻的影响。首先，云计算为企业和组织提供了数字化转型的基础设施，企业在具体经营过程中可以将数据和基于数据提供的服务进行云迁移，从而创新了企业经营模式，降低经营成本，促进其数字化转型发展；其次，云计算已经成为推动产业变革和升级的重要引擎，传统产业可以通过云计算提供的技术支撑进行数字化转型，新兴产业诸如云服务供应商、云安全公司以及数据中心营运商在云计算技术的加持下也得到了快速发展；最后，云计算也为可持续发展理念的深入贯彻产生积极作用，基于云计算为基础的大规模数据中心运营技术的广泛应用将对降低能源消耗和碳排放带来显著影响，云服务供应商围绕节能减排、提高能源效率以及碳中和等问题采取措施，对推动经济绿色发展带来积极影响。

3. 网络经济将推动跨境电商的加速发展

随着互联网技术的加速普及以及全球化发展趋势，依托互联网平台和发达物流体系为基础的跨境电商将会呈现出加速发展的态势。通过跨境电商平台提供来自全球各地的优质商品，商家可以选择更具竞争力的商品，从而获得更大的利润空间；另外由于跨境电商打破了地域空间的限制，使得商家可以在全球范围内寻找更具价格优势的商品，从而降低其采购成本，提高盈利能力；由于基于互联网技术的跨境电商平台面临全球的市场空间，广阔的国际市场可以为商家进行品牌推广和销售增长提供有效助力。从消费者角度来看，借助于网络的跨境电商平台为其提供了更丰富、更便捷的购物选择和购物体验，消费者通过在线购物可以实现对同类多种商品的比较，从而节约成本，提升其效用水平。

4. 网络经济时代更加关注个人隐私和数据安全

随着网络经济的深入发展，人们对个人隐私和数据安全方面的关注将会越来越高。网络经济时代，病毒攻击、恶意软件以及黑客行为的日益猖獗给个人隐私和数据安全带来了巨大挑战。个人隐私的泄露在损害互联网用户合法权益的同时也可能会引发社会的不稳定。网络经济作为一种高度依赖数据驱动的经济发展模式，用户在获取信息的过程中也需要向平台或者商家提供大量的个人信息，如果这些信息被商家故意泄露或者不能得到有效保护，不仅影响用户的信任度，同时也不利于网络经济的健康长远发展。

因此，为了应对网络经济时代保护个人隐私和数据安全的需要，首先需要政府在制度层面加强立法工作，通过在现有法规的基础上针对个人隐私和数据安全保护制定出更加明确、具体的法规并进行及时的修订和完善；其次还应通过技术手段加强对网络安全和个人隐私的保护，通过设置加密技术、防火墙以及入侵检测等技术手段，有效减少恶意攻击行为带来的隐私泄露行为；最后还应加强对互联网用户的教育，通过形式多样的教育手段提高用户对隐私保护和数据安全的认知水平，知悉信息泄露带来的不利影响以及通过一些常用的技术手段增强其自我防护意识。

第二节　平台经济

一、平台经济的概念

平台经济是伴随着平台企业的出现和不断发展而兴起的。平台企业是指以互联网技术作为基础支撑，通过对商业模式的不断改进和创新，通过搭建平台为市场供需双方提供连接，并最终实现价值创造和交换的新的企业形态。平台企业通过数字化的运作方式，可以有效打破传统实体经济信息传输障碍和地理空间带来的限制，从而可以最大限度地拓展客户群体并有效降低交易成本，为平台经济的发展提供坚实保障。

以百度公司、阿里巴巴集团和腾讯公司为代表的互联网三巨头（BAT）的出现标志着中国平台经济的萌芽。分别成立于 1998 年、1999 年、2000 年的腾讯、阿里巴巴和百度围绕社交通信、网络游戏、线上支付、跨境服务、搜索引擎、智能云以及智能驾驶等业务领域积极拓展开放式平台的建设，并逐步形成具有各自特色的关系型数据、交易型数据和信息型数据。2008 年爆发于美国的金融危机给中国平台经济发展带来了至关重要的影响，为应对金融危机带来的突发性冲击，我国在平台经济基础建设领域进行了大量投资，另外部分向高端产业转型失败的中低端制造业由于利润空间的不断压缩带来的生存危机，纷纷向电商领域转型从而保持自身的持续盈利能力。同一时期中国网民规模数量也在显著提高，从而为平台经济的发展奠定了基础，《中华人民共和国反垄断法》（以下简称《反垄断法》）的颁布也为平台经济的高质量发展提供了相应的制度保障。

从以上平台经济的萌芽以及发展历程可以看出，平台经济作为产业经济的重要分支，区别于传统交易中只涉及买卖双方的单边市场，平台经济是一种可以同时容纳两种或两种以上群体的双边或多边市场。①国家发展改革委等部门发布的《关于推动平台经济规

---

① ARMSTRONG M. Competition in two-sided markets[J]. The RAND Journal of Economics，2006，37（3）：668-691.

范健康持续发展的若干意见》中也对平台经济进行了界定，认为平台经济是以互联网平台为主要载体，以数据为关键生产要素，以新一代信息技术为核心驱动力、以网络信息基础设施为重要支撑的新型经济形态。综上所述，我们认为平台经济是伴随着数字经济的发展而出现，以互联网和信息技术作为平台和支撑，双方或多方交易主体基于虚拟或真实的交易场所，通过本身不生产产品的"平台"作为中间商并收取适当费用作为收益来源的一种新型的经济业态。平台经济通过搭建新的价值链和产业链为供求双方的信息互通提供了便利，从而有效降低了交易成本，并借助于平台监管者的制度保障实现价值创造和利润获取，平台经济的具体运作模式如图 4-1 所示。

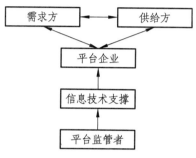

图 4-1　平台经济运作模式

二、平台经济的特点

平台经济作为数字经济时代的一种新型经济模式，和传统经济模式相比较，其特点主要表现在以下方面。

1. 外部性

平台经济是由包括供给方、需求方以及平台企业等构成的一个多主体参与的新型经济发展模式，另外由于其和互联网技术的紧密结合，所以使得平台经济呈现出典型的"网络外部性"特点。平台经济的外部性特征又可以分为直接网络外部性和间接网络外部性，直接网络外部性即用途的外部性，主要是指平台商品价值会随着用户消费产品数量的增加而增大的特性，特别是和用户消费平台商品的数量和频率有关，比如共享软件、电邮服务以及电话服务等。主要为用户提供通信功能，因此其价值主要体现在该产品的用户数量和使用频率，其中就可能会出现供需双方通过平台建立联系之后绕开平台进行直接交易等外部性行为。间接网络外部性即成员的外部性，其中一类用户的使用数量将会直接影响另一类用户的使用价值和体验，比如网络游戏交易平台。游戏开发商开发的游戏款式以及游戏种类越多就越有可能吸引更多的游戏玩家，游戏玩家数量的增加反过来会刺激更多的游戏开发商进入，由此形成的正外部性会更加有利于推动整个平台的发展。

2. 双边市场性

双边市场属性是平台经济和传统商业模式的又一个显著区别，传统商业模式中的供需双方的直接交易使得市场竞争尤为激烈，并且会存在市场竞争力和创新能力不足的现实劣势。而平台经济中的平台以中间商的角色直接联系市场供求双方，一方面要通过提供优质商品与服务、深入了解目标用户的需求以及进行社交媒体影响、内容营销、口碑营销等创新策略吸引消费者进入平台进行消费，从而确保平台的人流量；另一方面平台还要确保有足够数量的商家入驻平台，为消费者提供相应的产品和服务，诸如通过降低入驻成本、提供优质服务和技术支持、进行品牌推广等措施来满足消费者的各种需求。平台经济的双边市场属性可以确保平台的供给方和需求方都能够获得自身价值，并且通过对各种资源的高效整合推动平台经济的高质量发展。

3. 多属行为性

由于平台市场结构中存在较多功能相近或者具有一定替代性但又互不关联的平台，从而使得平台市场上某一方会在利益驱动下与其他多个平台之间发生一定的关联行为，这种关联行为策略就是平台经济的多属行为的典型表现。供给方的多属行为性允许其可以入驻多个平台提供自己的产品和服务，需求方的多属行为性也使得其可以在多个平台之间进行选择从而更好地满足自己的需求。比如商品和服务的供给方可以在京东、淘宝、抖音以及拼多多等诸多平台提供自己的产品，需求方也可以在以上任一平台注册账号，满足自己对商品和服务的需求。再如，对于应用软件的开发者而言，在其面对多个相互冲突、不兼容的软件平台时，一般会采取开发适合不同平台的软件版本的策略。伴随着数字经济的快速发展，平台市场中的供求双方会面临着越来越多的网络平台，从而使得其选择的余地也越来越大，市场中的参与者呈现出多样化和愈加复杂化的发展态势。

三、平台经济治理

平台经济作为数字经济时代一种新的经济形态，是我国在新发展阶段构建新发展格局和推动经济高质量发展的必然选择。数据作为平台经济的关键核心要素，在互联网信息技术的驱动下，不仅有效拓展了平台供需双方的市场活动空间，提升了资源配置效率，还为经济发展增添了新的活力。然而，平台经济在创造巨大社会财富的同时，因其而引起的平台垄断、隐私保护以及社会公平等问题也日益凸显，并且引起了人们的广泛关注。因此，加强对平台经济的监管和治理，打造具有创新活力、盈利潜力的良好平台生态圈具有重要的意义①。

1. 健全完善规则制度，构建平台经济发展制度体系

规则制度是平台经济规范健康发展最稳定最可靠的基础，既规范着市场主体的行为，也保障着市场主体的权利。《关于推动平台经济规范健康持续发展的若干意见》（以下简称《意见》）指出，要对《反垄断法》进行修订，进一步完善数据安全相关法律法规，应充分利用平台自身所具备的高水平计算机技术与高性能算法，通过建立自我监管体系约

---

① 国家发改委. 关于推动平台经济规范健康持续发展的若干意见，2022-12.

束平台行为，而政府通过有效监管该体系的运行，实现监管框架的优化，从而保障消费者权益、避免垄断行为[①]。制定出台禁止网络不正当竞争行为的规定，细化平台企业数据处理规则，制定出台平台经济领域价格行为规则，推动行业有序健康发展。在健全制度规范方面，要理清平台责任边界，强化超大型互联网平台责任。建立平台合规管理制度，对平台合规形成有效的外部监督、评价体系，加大平台经济相关国家标准研制力度。建立互联网平台信息公示制度，增强平台经营透明度，强化信用约束和社会监督。建立健全平台经济公平竞争监管制度，完善跨境数据流动"分级分类+负面清单"监管制度，探索制定互联网信息服务算法安全制度。

2. 突出监管重点，提升监管能力和水平

对平台经济的监管要瞄准重点问题和突出矛盾，着力提升平台经济的监管能力和水平。首先，要进一步完善竞争监管执法，对事关平台经济发展的重点行业和领域加强全链条竞争监管执法，严格依法查处平台经济领域垄断协议以及滥用市场支配地位和违法实施经营者集中等类似行为；其次，要加强对金融领域监管，断开支付工具与其他金融产品的不当连接，依法治理支付过程中的排他或"二选一"行为，严格规范平台企业投资入股金融机构和地方金融组织，完善金融消费者保护机制，确保披露信息真实、准确；再次，要加强对数据和算法安全监管，从保护个人隐私和数据安全的角度出发，对平台企业超范围收集个人信息、超权限调用个人信息等行为进行严格监管，在对商业秘密进行严格界定的基础上对算法等涉及企业的核心经营价值进行保护，并注重引导第三方机构开展公平的算法评估，督促平台企业做好算法透明度工作，对算法体现的结果要做到合理的解释。最后，还要不断改进和提高监管技术和手段，通过进一步强化数字化监管支撑，提升监测预警、线上执法、信息公示等监管能力。充分发挥行业协会作用，引导互联网企业间加强对严重违法失信名单等相关信用评价互通、互联、互认，推动平台企业对网络经营者违法行为实施联防联控。

3. 优化发展环境，培育平台经济创新发展能力

加强治理是为了平台经济更加健康发展，更加高效和创新发展。全社会要为平台经济发展营造良好的发展环境，根据《意见》相关规定，要持续推进平台经济相关市场主体登记注册便利化、规范化，进一步清理和规范各地于法无据、擅自扩权的平台经济准入等规章制度，从而降低平台经济参与者的经营成本。要推动平台企业间合作，构建兼容开放的生态圈，激发平台企业活力，培育平台经济发展新动能。要完善新就业形态劳动者与平台企业、用工合作企业之间的劳动关系认定标准，探索明确不完全符合确立劳动关系情形的认定标准，合理确定企业与劳动者的权利义务。引导平台企业加强与新就业形态劳动者之间的协商，合理制定订单分配、计件单价、抽成比例等直接涉及劳动者权益的制度和算法规则，并公开发布，保证制度规则公开透明。

平台企业唯有以创新才能应对创新发展环境带来的生存与发展挑战。培育平台经济

---

① 张蕴萍，栾菁. 建立健全平台经济领域反垄断治理机制. 学习时报，2022-05-23.

创新发展能力意义重大。首先，要支持平台企业技术创新。平台企业作为平台经济发展的依托，要充分发挥自身在技术、市场、人才、数据等方面的优势，致力于破解制约发展的关键核心"卡脖子"问题。《意见》明确指出，鼓励平台企业不断提高研发投入强度，加快人工智能、云计算、区块链、操作系统、处理器等领域的技术研发突破。鼓励平台企业加快数字化、绿色化，融合技术创新研发和应用，助推构建零碳产业链和供应链。营造良好技术创新政策环境，进一步健全适应平台企业创新发展的知识产权保护制度；其次，要鼓励平台企业开展模式创新。平台本身就是一种基于数字架构而产生的全新商业模式，它采用云端的组织方式为不同用户、供应商、消费者交换商品、服务和信息提供中介场所。《意见》明确指出，鼓励基于平台的要素融合创新，加强行业数据采集、分析挖掘、综合利用，试点推进重点行业数据要素市场化进程，发挥数据要素对土地、劳动、资本等其他生产要素的放大、叠加、倍增作用；最后，要赋能传统产业形态创新。数字经济的发展趋势将从数字技术赋能消费端转向赋能生产端，"互联网+"将向更大范围、更深层次、更高效率方向发展。产业数字化已成为驱动全球数字经济发展的关键主导力量。因此，应立足不同产业特点和差异化需求，推动传统产业全方位、全链条数字化转型，提高全要素生产率[①]。

第三节　共享经济

一、共享经济的概念

共享经济的概念最早诞生于国外，目前公认的说法是由美国得克萨斯州立大学社会学教授马科斯·费尔逊（Marcus Felson）和伊利诺伊大学社会学教授琼·斯潘思（JoeL.Spaeth）于 1978 年发表的论文 *Community Structure and Collaborative Consumption：A Routine Activity Approach* 中提出。后来由美国现代社会学家 Paul.Ryan 于 1984 年从人与自然和谐相处的角度对共享经济进行了进一步的解释，他认为共享经济的主要目的在于向人们传递一种新的健康绿色的生活消费观念，积极倡导要保持身体健康和日常生活方式的平衡，从而创造出一种可延续的健康绿色生命。英国学者雷切尔·布茨曼（Rachel.Botsman）以及茹·罗杰斯（Roo.Rogers）于 2010 年在其研究中指出，共享经济作为一种新的商业发展模式，和以往传统的商业模式相比，其最主要的特点表现在共享经济通过参与各种有组织的、可以分散和租借以及可以在市场供求双方之间进行交易的集体活动，节省对能源的消费、降低社会交易成本以及维护自然的协作消费。我国学者陈昊早在 2013 年就提出从节约社会资源消耗实现资源最大利用效率的目标出发，应该对全社会资源进行协调配置，从而建立一种公正、公开以及互惠互利的共享经济发展模式。余航在 2018 年提出共享经济的实质在于通过设计一种市场交易机制，使得拥有闲置资源

---

① 夏杰长，孙晓. 构建多元共治的平台经济治理新格局. 中国发展观察，2022（2）.

的群体有偿转让其临时使用权，或者通过第三方建立的资源共享平台对资源的所有权进行买卖，从而得到一定经济收益的行为。

和国外相比，近年来共享经济在国内呈现出更加迅猛的发展势头，特别是进入 21 世纪以来，伴随着互联网的快速发展和数字经济时代到来所导致的技术和创新水平的快速迭代升级，借助于第三方支付手段的快速兴起带来的交易成本的降低和交易机制的完善，如何通过科技手段对社会过剩的资源进行合理有效的配置，突破传统商业模式的限制成为一个亟待解决的问题。共享经济在云计算、大数据以及基于位置服务（LBS，Location Based Services）等数字创新技术的驱动下，有效地打破了传统商业模式受空间和关系因素的制约，从而成为一种新型的商业发展模式。综上所述，共享经济是指以获得一定经济报酬为驱动力，以社会范围内过剩和闲置资源为基础，在人们对社会产权理念发生转变的背景下，借助于互联网和数字技术的快速发展，通过商业组织或政府建立的第三方市场平台，将拥有闲置资源的供给方和需求方相互连接，从而实现资源的低成本和高效率配置的"过剩资源+共享平台+人人参与"为特征的新型商业模式。

从共享经济的概念界定可以看出，其内涵主要表现在一是共享经济更加强调资源所有权和使用权的相互分离，需求方更加强调的是能否获得闲置资源的使用权而非所有权；二是共享经济通过借助于信息技术建立的第三方交易平台将供给方和需求方进行直接连接，其主要表现是去中介化和再中介化；三是共享经济中可共享的资源是暂时闲置的，可共享的范围极其广泛，既包括传统的有形资源，也包括知识技术等无形资源的共享；四是共享经济的主体不仅仅局限于自然人，而是呈现出典型的多样化和无边界化特点，共享经济的主体可以是个人、企业甚至是国家和政府，并且由于共享经济借助科技手段重塑了供需双方的信任关系，所以使得资源能够以极低的交易成本进行配置，从而大大提高了交易效率，并使得参与共享经济的主体更加广泛。

二、共享经济的特点

共享经济作为数字经济时代一种新型的商业模式，通过资源的共享以实现价值的最大化，其特征主要表现在以下几个方面。

1. 资源的共享性

资源共享性是共享经济最显著的特征之一，从经济学的角度来看，人们按照竞争性和排他性的分类标准将物品分为公共物品和私人物品。竞争性强调的是以物品总体的有限性为基础，即自己在使用该物品时他人就无法使用的特性，排他性强调的是排斥，即对物品的占有权，是指能够排除他人同时使用该物品的特性。而共享经济作为一种新的商业模式，首先通过将自有物品通过交易平台进行共享从而削弱其竞争性，另外通过增强供需双方的融合性弱化物品的排他性，从而营造出一种"你中有我、我中有你"的共融共联关系。因此，在共享经济模式下，人们不再需要拥有对物品的所有权，供给方只需要暂时让渡物品的使用权即通过资源的共享满足资源需求方的需求，从而为资源供给方、资源需求方和资源交易平台三方之间创造更大的价值。

2. 平台的"去中介与再中介性"

和传统经济中大部分商业交易需要借助中介来完成的方式不同，共享经济表现出典型的去中介与再中介性。在互联网和数字经济时代，人们获取信息的渠道越来越多，获取信息的成本越来越低，从而使得共享经济中的供需双方可以通过交易平台直接接触而无须通过中介进行联系和沟通，这种交易方式不仅提高了交易效率，还降低了交易双方的成本和服务价格，并且在这种交易方式中，需求方直接支付给供给方相关费用，而不是传统模式中经过中介机构进行支付并被提取相关费用。另外在共享经济中，由于分散的个体资源供给方无法充分满足市场上众多的消费需求，而中介机构由于具备信息、物流、技术以及运营等方面的综合优势，可以实现对资源的整合协调，从而提供更为专业的服务支持，不仅可以降低交易中存在的各种风险，还可以通过信息互通降低交易成本，通过积累资源和消费群体从而占领更大的市场份额，使得共享经济又表现出再中介性的特征。

3. 参与的开放性

参与的开放性是共享经济的第三个典型特征，并具体表现为人员的开放性和信息的开放性两个方面。人员的开放性是指市场上的任何个人或组织都有可能成为共享经济中资源的供给方或需求方，或者同时成为资源的供给方与需求方，参与人员的开放性不仅可以有效降低共享经济的市场准入门槛，从而为共享经济的发展壮大打下人员基础，还可以为市场的活跃奠定基础。比如总部位于美国纽约的 We Work 共享办公空间，通过联合办公或独有共享办公空间为市场上众多企业或者自由职业者提供有差异化的独特需求。信息的开放性是指凭借不断发展的网络技术和通信技术，共享经济平台为供需双方提供了简单而直接的参与方式，由于其参与者都有可能同时扮演供给侧提供方和需求侧使用方的双重角色，因此每一方在平台中发布的信息都体现出典型的开放性，并且提供的信息的数量和准确性越高，越能带来较强的聚集效应。

4. 成本的低廉性

共享经济中的共享意味着个人或企业可以共享自己拥有的有形资源或无形资源，并通过第三方交易平台为他人提供便利的渠道从而获取相应的经济利润。根据诺贝尔经济学奖得主科斯的交易成本理论，市场交易中除了产品价格之外的其他诸如搜寻成本、信息成本以及议价成本等都属于交易成本，而降低交易成本的有效途径即通过企业内部的交易取代市场交易。在共享经济商业模式中，以信息技术和数字技术为基础的共享经济平台可以直接为买卖双方提供信息、协商以及支付等服务，从而使得供求双方可以更加直接、更加便捷地进行交易，从而达到提高交易效率、降低交易成本的目的。另外，共享经济平台存在的规模经济效应也会使得其长期运营成本不断降低，从而降低单个用户的平均成本，通过信任机制的重塑，降低市场交易中存在的风险，从而使得消费者可以更容易辨别市场交易中供给方的信誉度，进而提高交易的成功率。

三、我国共享经济的发展现状

1. 共享经济市场规模持续扩大

共享经济在数字化时代借助网络平台将闲散资源进行合理配置，提升了资源的使用效率，改变了传统的商业模式和生活方式。得益于生产和消费活动向线上的迁移，以及平台用户数量和交易量的快速增加，我国共享经济呈现出规模持续扩大、不同领域共享经济发展的不平衡性日益凸显的典型特征。从国家信息中心发布的《中国共享经济发展报告（2023）》相关数据可以看出（见表4-1），2021年和2022年我国各领域共享经济交易额分别为36 881亿元和38 320亿元，同比增长约3.9%，根据以往年份共享经济的市场规模和增长速度，预计2026年我国共享经济行业市场规模将超过50 000亿元。我国制造业共享经济发展速度明显加快，工业和信息化部数据显示，2022年我国制造业工业互联网平台超过1 000家，具有一定行业和区域影响力的工业互联网平台超过150家，重点平台的连接设备超过7 900万台（套），工业App数量突破59万余个，初步形成了多层次、系统化的工业互联网平台体系。

表4-1　2021—2022年我国各领域共享经济交易额　　　　　单位：亿元

领域	共享经济交易额		
	2021年	2022年	同比增速
交通出行	2 344	2 012	−14.2%
共享住宿	152	115	−24.3%
知识技能	4 540	4 806	5.9%
生活服务	17 118	18 548	8.4%
共享医疗	147	159	8.2%
共享办公	212	132	−37.7%
生产能力	12 368	12 548	1.5%
总计	36 881	38 320	3.9%

数据来源：《中国共享经济发展报告（2023）》。

从细分领域来看，我国共享经济发展呈现出显著的不平衡性发展特征。根据国家信息中心分享经济研究中心发布的相关数据（见图4-2），2022年我国共享经济市场规模位居前三位的领域分别是生活服务、生产能力和知识技能，三者的总和超过了我国共享经济市场总规模的93.69%，而位居后三位的领域分别是共享医疗、共享办公和共享住宿，三者的总和仅占当年我国共享经济市场总规模的1.05%。另外，在我国共享经济发展中占据绝对优势的生活服务比上一年增长超过8个百分点，共享医疗虽然总体规模还相对较小，但同比增长也达到8.2%，呈现出快速发展的良好态势。在占比最高的生活服务领域，根据QuestMobile数据显示，截至2023年8月，美团、饿了么、美团外卖去重用户分别为5.64亿人、3.12亿人、2.37亿人，用户在App的活跃度相较于小程序占比分别为 76.7%、29.9%、29.4%。交通出行类共享平台中，根据 QuestMobile 数据显示，截至 2023 年 8 月，滴滴出行、哈啰、T3 出行去重用户分别为 4.68 亿人、0.87 亿人、0.27 亿人，用户在 App 的活跃度相较于小程序占比分别为 19.5%、62.2%、21.5%。共享住宿类共享平台中，根据 QuestMobile 数据显示，截至 2023 年 8 月，马蜂窝、美团民宿、途家民宿去重用户分别为 732 万人、362 万人、349 万人，用户在 App 的活跃度相较于小程序占比分别为 66.9%、8.5%、30.6%。

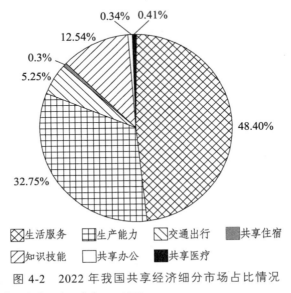

图 4-2　2022 年我国共享经济细分市场占比情况

数据来源：国家信息中心分享经济研究中心，2023。

2. 共享经济行业政策体系构建基本成型

共享经济符合"创新、协调、绿色、开放、共享"的发展理念，对于充分利用社会闲散资源、提高资源使用效率、拉动经济增长、促进社会公平正义具有重要的作用[①]。我国于 2016 年首次将共享经济写入《政府工作报告》，提出要推动新技术、新产业、新业态加快成长，以体制机制创新促进共享经济发展，打造动力强劲的新引擎。自此和共享经济行业相关的政府政策如雨后春笋般涌现，2018 年《关于做好引导和规范共享经济健康良性发展有关工作的通知》发布，2021 年发布的《"十四五"数字经济发展规划》表示要进一步引导支持平台企业加强数据、产品、内容等资源整合共享，扩大协同办公、互联网医疗等在线服务覆盖面。2022 年 12 月，《扩大内需战略规划纲要（2022—2035年）》强调打造共享生产新动力，鼓励企业开放平台资源，充分挖掘闲置存量资源的应用潜力。政府政策在促进共享经济发展过程中起到了重要的作用，我国共享经济平台企业在与发达国家保持同一梯度的同时，支持共享经济发展的政策支持体系构建也基本成型。根据前瞻产业研究院的相关分析，以下分别对 2017—2022 年国家层面和共享经济发展相关的政策分为规范类和支持类两种类型进行分别梳理（见表 4-2 和表 4-3）。

---

① 张影强. 借鉴国际经验促进分享经济加快发展. 经济日报，2016-07-31.

表 4-2   2017—2022 年我国共享经济规范类政策汇总

时间	文件名称	发布部门	重点内容
发布：2017.11 施行：2018.01	《网络餐饮服务食品安全监督管理办法》	国家食品药品监督管理总局（2018 年改为国家市场监督管理总局）	网络餐饮服务第三方平台提供者应当建立并执行入网餐饮服务提供者审查登记、食品安全违法行为制止及报告、严重违法行为平台服务停止、食品安全事故处置等制度，并在网络平台上公开相关制度。网络餐饮服务第三方平台提供者和自建网站餐饮服务提供者应当履行记录义务，如实记录网络订餐的订单信息，包括食品的名称、下单时间、送餐人员、送达时间以及收货地址，信息保存时间不得少于 6 个月
发布：2019.11 施行：2020.01	《网络音视频信息服务管理规定》	国家互联网信息办公室文化和旅游部国家广播电视总局	网络音视频信息服务提供者应当加强对网络音视频信息服务使用者发布的音视频信息的管理，部署应用违法违规音视频以及非真实音视频鉴别技术，发现音视频信息服务使用者制作、发布、传播法律法规禁止的信息内容的，应当依法依约停止传输该信息，采取消除等处置措施，防止信息扩散，保存有关记录，并向网信、文化和旅游、广播电视等部门报告

表 4-3   2017—2022 年我国共享经济支持类政策汇总

时间	文件名称	发布部门	重点内容
发布：2017.07	《关于促进分享经济发展的指导性意见》	国家发展改革委	坚持底线思维，通过落实加强部门与地方制定出台准入政策、开展行业指导的衔接协调、破除行业壁垒和地域限制、进一步取消或放宽资源提供者市场准入条件限制等要求，为分享经济发展打造公平竞争的市场环境
发布：2018.05	《关于做好引导和规范共享经济健康良性发展有关工作的通知》	发展改革委办公厅中央网信办秘书局	抓紧研究建立针对共享经济等新业态新模式的部门协调机制，构建信息互换、执法互助的综合监管机制，打造线上线下结合、部门区域协同的现代化治理体系。充分发挥地方行业协会作用，支持制定实施行业规范与自律公约
成文：2021.12 发布：2022.01	《"十四五"工业和信息化部办公厅数字经济发展规划》	工业和信息化部办公厅国务院	加快培育新业态新模式。推动平台经济健康发展，引导支持平台企业加强数据、产品、内容等资源整合共享，扩大协同办公、互联网医疗等在线服务覆盖面。深化共享经济在生活服务领域的应用，拓展创新、生产、供应链等资源共享新空间
2022.04	《中共中央、国务院关于加快建设全国统一大市场的意见》	中共中央、国务院	加强对平台经济、共享经济等新业态领域不正当竞争行为的规制，整治网络黑灰产业链条，治理新型网络不正当竞争行为
颁布时间：2022.05	《扎实稳住经济的一揽子政策措施》	中共中央、国务院	出台支持平台经济规范健康发展的具体措施，在防止资本无序扩张的前提下设立"红绿灯"，维护市场竞争秩序，以公平竞争促进平台经济规范健康发展。充分发挥平台经济的稳就业作用，稳定平台企业及其共生中小微企业的发展预期，以平台企业发展带动中小微企业纾困

时间	文件名称	发布部门	重点内容
印发时间：2022.12	《扩大内需战略规划纲要（2022—2035年）》	中共中央、国务院	促进共享经济等消费新业态发展。拓展共享生活新空间，鼓励共享出行、共享住宿、共享旅游等领域产品智能化升级和商业模式创新，完善具有公共服务属性的共享产品相关标准。打造共享生产新动力，鼓励企业开放平台资源，充分挖掘闲置存量资源应用潜力。鼓励制造业企业探索共享制造的商业模式和适用场景。顺应网络、信息等技术进步趋势，支持和引导新的生活和消费方式健康发展

3. 共享经济成为稳就业、促增长的重要支撑

共享经济在数字技术和精准算法的加持下，可以对劳动市场上供需双方进行高效率和准确的对接与匹配，不仅为自由职业者、兼职从业人员等不同层面的个体劳动者提供了就业需求，还通过多样化的用工需求和灵活的工作时间要求，打造了一个可以弹性吸纳就业的"蓄水池"，从而提高劳动市场效率，为更多人带来了增加收入的机会，成为我国稳就业和保民生的重要支撑。国家信息中心发布的《中国共享经济发展报告（2021）》显示，2020年共享经济参与者人数约为8.3亿人，其中服务提供者约为8 400万人。另据《中国网络视听发展研究报告（2024）》显示，截至2023年12月，全网短视频账号总数达15.5亿个，有1 508万人把直播当成主业，意味着平均每100人就有1人是职业主播。2022年和2023年我国农村网络视听用户规模分别达2.99亿人、3.20亿人，同比增长分别为12.6%、6.8%。短视频与电商的交汇，在打造出新的商业模式发展方向的同时，也在客观上拉动了我国相关行业就业人员数量的快速增加。

共享经济通过打破传统行业的垄断壁垒、促进资源的合理利用和优化配置对经济增长也产生了积极影响。当前阶段，受到经济周期等多重因素的叠加影响，消费力不足已经成为我国面临的一个严峻问题，从而在一定程度上制约了经济的平稳增长。国家统计局相关数据显示，2022年全年我国社会消费品零售总额约为43.97万亿元，同比下降0.2%；除汽车以外的消费品零售额约为39.4万亿元，同比下降0.4%；最终消费支出对经济增长的贡献率仅有32.8%。这种形势下，网络零售市场总体稳步增长，2022年全国网上零售额达13.79万亿元，同比增长4%。实物商品网上零售额11.96万亿元，同比增长6.2%；在社会消费品零售总额中的占比呈现新高，达到27.2%。共享经济作为顺应人类生产生活数字化趋势、依托互联网平台发展起来的新型业态，不仅成为弥补民生需求缺口的重要力量，也成为消费升级大趋势下满足人民多样化、灵活化、个性化消费需求的重要载体，并在共享经济发展较为成熟的交通出行、生活服务以及共享住宿等领域发挥着促进经济增长的重要作用[①]。

---

① 国际信息中心. 共享经济发展报告2023[R]. 2023-02.

第四节　智能经济

一、智能经济的概念

　　智能经济出现以前，人类认识世界的方法主要依靠经验、理性和直觉，在第一次工业革命之前，受到技术和对科学理解能力的限制，人类通过占卜和宗教来应对世界的不确定性。工业革命带来的重大技术进步使得社会的生产方式和阶级结构出现了巨大变化，人类开始基于理论推理、实验验证、模拟择优的方法来应对世界的不确定性，从而为世界百余年的繁荣发展奠定了基础。当前阶段，随着数字经济时代的来临和蓬勃发展，数据逐步从宏观到微观映射客观世界的变化，算法的持续改进和算力的不断提升为人类在数字世界完成理论推理、实验验证和模拟选择提供了基础支撑，而智能经济正是以下一代通信技术、云计算、5G/6G、数据中心、算力等作为基础支撑，以智能控制、虚拟现实、知识图谱、生物识别等为代表的智能技术为主要应用场景，并将产业智能化和智能产业化作为主要内容的新型经济形态，其决策机制主要是以数据作为基础要素，用"数据+算法+算力"三者的协同作用去解释客观世界的不确定性。

　　在 2019 年第六届世界互联网大会上，百度创始人、董事长兼 CEO（Chief Executive Officer，首席执行官）李彦宏提出了"智能经济"的概念并详细阐述了其发展趋势，他认为"数字经济在过去经历了三个阶段，当前正在进化到以人工智能为核心驱动力的智能经济新阶段，这是重新拉动全球经济的核心引擎。在充满不确定性的全球经济大背景下，数字经济对于带动全球经济复苏有着非常重要的意义，技术创新将是拉动新一轮经济增长的强劲动力"。数字经济在经历了数字化的起步阶段和网络化的发展阶段后，正在进入到以人工智能、大数据和云计算等为特征的智能经济阶段，在 AIGC（Artificial Intelligence Generated Content，人工智能生成内容）等技术取得革命性突破的前提下，智能经济不仅深刻改变了传统产业运作方式，还有效拓展了数字经济的发展边界，成为拉动新一轮全球经济复苏的重要驱动力。

二、智能经济的特点

　　智能经济是随着新一轮科学技术的发展而出现的，并且结合时代需求催生出众多的新业态，对于重构人类的生产、生活以及社会运行方式带来了诸多影响，结合相关研究[①]，可以看出其特点主要表现在以下方面。

1. 数据驱动性

智能经济作为数字经济发展的第三个阶段，在"数据+算力+算法"的决策机制驱动

---

① 阿里研究院. 结构与重组：开启智能经济. 2019-01.

下，其主要应用场景诸如智能控制、虚拟现实以及生物识别等无不以数据作为发展的核心驱动力。数据是物理世界在虚拟空间的客观映射，是智能经济的核心生产资料和生产要素。和传统生产要素相比较，数据的可复制性和无边界性等特征使其可以在更大范围、更宽领域、更深层次上实现与客观物理世界和数字世界的深度融合，无论人、事、物都在被实时数据化，从而使得数据化生存成为智能经济时代的常态。事实上，只有将行为数据化，才能在数字化时代将其运用于各种量化决策，并且通过数据的深度分析和挖掘带来更大的经济和社会效益。

2. 人机协同性

人机协同性是智能经济区别于其他经济形态的典型特征，作为人工智能技术发展的重要方向之一，人与机器之间通过相互合作与支持，不仅可以降低劳动成本，还可以实现更高效率的工作决策，人与机器的作用在人机协同过程中同等重要。虽然从长期来看，人工智能由于其不具备人类独特的智慧和情感，不可能取代人类在社会生产和生活中的地位和作用，但在未来发展中，人类的"机器化"和机器的"人类化"将成为一个不可避免并逐步趋同的变革趋势。人机协同是智能经济的"智能化"过程，与过去制造业追求的"自动化"过程有本质区别。"自动化"的本质是机器替代人，强调大规模的机器生产；而"智能化"追求机器的柔性生产，强调机器自主配合人的工作，自主适应环境变化①。

3. 跨界融合性

跨界融合是全球经济发展的大趋势，也逐渐成为各国提升产业竞争力的必然选择。智能经济的跨界融合主要是指以下一代信息技术、云计算、数据中心以及物联网等智能技术为依托，并将其与其他领域的要素进行资源共享和互联互通，通过打破原行业固有的界限，寻求多技术、多维度、多取向的跨界创新。和传统经济相比较，智能经济能够将人工智能和实体经济进行更好地深度融合，从而使得智能经济在融合传统行业时具备更强大的跨界整合能力。"智能+"作为"互联网+"的下一站，通过将人工智能技术与各行各业进行深度融合，从而衍生出不同的应用场景，正逐渐成为智能经济发展的新形态。传统产业借助数智化技术的赋能，生产制造全流程、全环节得以再造，例如工业机器人在汽车制造领域得到广泛应用，智慧矿区、无人矿井建设在煤炭行业得以蓬勃发展，从而促使传统产业加速向绿色化、低碳化转型。

4. 共创分享性

智能经济的共创分享性是指和传统的竞争模式相比较，智能经济更加强调对其构成要素的共同创造和价值分享。通过鼓励不同的主体共同参与合作，激发创新和创造力的发展，从而降低资源、信息、知识等智能经济生产要素在各经济主体之间自由无障碍地流动，这样不仅可以提高各种要素的配置效率，还可以为参与者创造出更大的价值。例如，对于智能经济时代最重要的数据要素来说，其类型和维度呈现出典型的多样性和差

---

① 李晓华."人工智能+制造"的本质是"人机协同".经济日报，2018-09-28.

异性，每个主体都会产生属于自己的独特数据，即使规模最大的互联网企业也不会掌握全部行业的数据要素。因此，不同企业之间通过构建诸如数据平台或数据创新中心等流通模式，可以从多个源头聚合并评估数据信息的准确性，在大数据应用场景下，不仅可以分析出整个产业链的发展情况，还可以实现跨企业、跨区域的优势互补和信息互通。

三、智能经济的应用场景

以人工智能技术作为重要战略资源以及关键生产要素的智能经济的本质是"人工智能技术+各行各业"，已经成为继市场、政府调节和信息之后的第四只经济调节之手[①]。在各级政府的高度关注以及大数据、云计算和现代信息网络技术的强力驱动下，从商品服务到各类具体解决方案，智能经济已经在交通、金融、零售、制造、能源、农业等多个领域得到广泛应用[②]。

1. 智慧城市

智慧城市（Smart City）是指基于创新理念基础上借助各种数字化信息技术为手段，以提升城市的管理效率和公共服务质量为目标，形成的一种新的城市形态，是智能经济的重要应用领域之一。智慧城市建设对于推进城市的数字化、智慧化发展，以及提升城市未来竞争新优势具有重要意义。欧美国家基于其雄厚的经济基础和发展实力率先开始了智慧城市建设，美国的底特律、英国的伦敦、意大利的佛罗伦萨以及法国的南特都是智慧城市建设的典型案例。早在 21 世纪初，伦敦为了缓解城市交通拥堵开始征收拥堵费，虽然在当时引发了巨大争议并遇到了种种阻碍，但该计划的最终实施不仅改善了公共交通系统，也给伦敦城市建设提供了环境收益。2009 年英国又根据数字化发展最新实践发布了"数字英国"系列计划，在数字基础设施建设、移动通信等领域制订了诸多具体规划，旨在将英国打造成世界数字之都。

在智能经济的驱动下，我国也开始加快了智慧城市的建设步伐，2012 年颁布的首批国家智慧城市试点名单达到 90 个，2019 年赛迪网评选北京市、丽水市、深圳市以及郑州市等城市为中国智慧城市十大样板工程。我国智慧城市建设在快速发展的同时，也面临着一体化规划建设前瞻性不够、产城联动协同度不足以及对数据要素在城市建设中潜能挖掘不够深入等问题，伴随着数字经济时代的到来和快速发展，未来我国智慧城市建设应该向着全域数字化方向转型，全领域、全方位、全过程推动数字化协同发展。随着中国城镇化水平的进一步提升，智慧城市的市场规模将会持续扩大。摩根士丹利发布的《中国城市化 2.0：超级都市圈》预计，到 2030 年，中国的五大超级都市圈的平均规模将达到 1.2 亿人，城际通勤铁路里程较目前增长 8.5 倍，万物互联和数据市场将达到 1 万亿美元。

① 纪玉山. 智能经济时代宏观经济管理面临新课题[C]//建国 70 周年与人的发展经济学——2019 年中国·人的发展经济学学会学术会议论文集. 中国·人的发展经济学学会，2019：16-18.
② 中国发展研究基金会. 新基建，新机遇：中国智能经济发展白皮书[R]. 2020-6.

2. 智慧交通

智慧交通（ICT，Intelligent Transportation）是在智能交通的基础上衍生而来的一种以智慧路网、智慧装备、智慧出行为主要内容的交通发展新形态，其主要特点是以交通需求为导向，通过信息技术作为基础支撑，在集合多种交通工具和协调多个部门的基础上实现信息系统的互联互通。智慧交通的发展离不开以 5G/6G、大数据、移动互联、物联网以及云计算等数字信息技术的革新和突破。智慧交通通过大量使用数据模型、数据挖掘等处理技术，可以实时提供交通数据下的通信服务，从而达到信息联通、实时监控、管理协同和人物合一的目的。智慧交通通过自学习的方式分析、消化、反馈交通数据，不仅可以优化出行路线，提升出行安全，并且可以实现节能降耗的绿色出行方式。相关数据显示，智慧交通可以提高道路使用效率，通过优化交通管理和信号灯操控体系，能够显著降低交通堵塞约 60%，通过移动支付、智能调度可以提升公共交通体系运行效率。

在人工智能和大数据技术的加持下，我国智慧交通也呈现出快速发展态势，为我国交通强国建设提供了重要的驱动力。根据中国智能交通协会的统计数据，2022 年中国智慧交通行业市场规模达到 2 133 亿元，2023 年市场规模达到 2 432 亿元，2024 年有望突破 2 600 亿元，五年内年均复合增长率（CAGR，Compound Annual Growth Rate）达 13.46%。在 2024 年"第二届未来汽车先行者大会——全球智能网联汽车商业化创新论坛"上，深圳新一代智慧交通系统产业联盟企业集体亮相，未来将致力于聚集智慧交通上下游产业链企业，在行业标准制定、前沿技术研发、关键装备创新等领域展开合作，为推进新一代智慧交通系统的升级和落地开创先例。

3. 智慧医疗

智慧医疗是指以云计算、物联网、人工智能技术为基础，以患者数据为中心，构建出以电子健康档案为主要内容的区域医疗信息平台，通过优化传统医疗机构运行模式从而提升运营效率的新型医疗模式。和传统医疗相比，智慧医疗通过将大数据、人工智能技术深度融入医疗服务，能够实现医疗信息跨区域、跨平台流动和共享，同时通过对医疗数据的深度挖掘和分析，可以实现个性化和精准化的医疗服务。当前阶段，由于国内公共医疗管理系统的相对滞后，医疗成本高、渠道少、覆盖面低等问题日益成为社会关注的焦点问题，不仅影响了人民群众的生活获得感和幸福感，也在一定程度上不利于社会的和谐稳定发展。而基于人工智能技术的智慧医疗通过利用最先进的物联网技术，实现了患者与医务人员、医疗机构、医疗设备之间的互动，使患者用较短的等待治疗时间，支付基本的医疗费用，就可以享受安全、便利、优质的诊疗服务。未来随着 AI 技术和数字化技术的广泛应用，智慧医疗将主要围绕数字疗法、智慧医院建设、医疗数据信息的互联互通以及 AI 药物研发等方面展开，通过不断的技术创新和模式变革，为患者提供更加便捷、更加高效的服务。

4. 智慧教育

当前阶段，随着数字化、智能化技术的加速推进，给人类生产生活的各方面都带来了深刻影响，智能化技术赋能教育变革与创新的步伐不断加快，从而开辟出教育创新发展的新路径和新模式。将人工智能技术与教育行业进行融合首先起始于国外，作为教育领域具有突破性技术的智适应学习在 20 世纪 90 年代已经出现。智适应学习通过模拟师生一对一教学的过程，赋予了学习系统个性化教学的能力，近年来，在强大的算法和算力的支撑下，智适应性学习技术发展的速度明显加快，海量的数据也有助于其发挥出更大的社会价值。在商业模式上，智慧教育主要以面向企业为主，客户包括考试机构、学校、企业，覆盖了早教、小学、初中、高中以及职业教育等多个阶段。根据华经产业研究院发布的《2024 年中国智慧教育行业市场研究报告》相关数据，中国智慧教育行业市场规模由 2017 年的 4 542 亿元增至 2022 年的 10 157 亿元，成功突破一万亿元。教育部在 2024 年 3 月 28 日也启动了人工智能赋能教育行动，通过上线"AI 学习"专栏、推动国家智慧教育公共服务平台智能升级、实施教育系统人工智能大模型应用示范行动以及将人工智能融入数字教育对外开放，搭建数字教育国际交流平台，提供了人工智能教育的中国方案。

思考题

1. 网络经济的特点有哪些？
2. 如何促进平台经济的规范健康持续发展？
3. 如何理解共享经济的内涵和特点？
4. 智能经济如何助力我国经济实现高质量发展？

第五章　数字产业化

本章导读

　　数字产业化是数字经济的重要组成部分和核心产业。数字产业化作为数字经济的根基和核心动力源泉，正日益成为我国经济增长和实现高质量发展的关键支撑力量。每当我国经济面临下行压力时，数字经济产业总能展现出强大的韧性和逆周期性，呈现波动上升的趋势。这种趋势不仅凸显了数字经济产业的独特优势，也彰显了其强大的辐射带动作用，为稳定经济增长、推动高质量发展注入了新的活力。本章主要在对数字产业化的发展历程、内涵、数字产业的划分等内容进行阐述的基础上，着重分析数字产业化的核心技术，并进一步分析传统信息技术产业和新兴数字化产业的发展现状。

本章知识点

1. 掌握数字产业化内涵；
2. 了解数字产业划分；
3. 掌握数字产业化核心技术；
4. 理解传统信息技术产业；
5. 熟悉新兴数字化产业。

第一节　数字产业化的背景

一、数字产业化的演进

　　数字产业化的发展是随着计算机和互联网技术不断发展而逐渐深化的过程，经历了萌芽阶段、萌芽阶段和加速发展阶段，数字产业化的布局也渐趋形成。当前正处于数字产业化的加速发展阶段，这些阶段的发展演进提高了数据和信息资源的配置效率，促进了产业结构的优化，对我国以及世界经济的发展具有重要意义。

（一）萌芽阶段

20 世纪 40—60 年代，电子计算机和通信技术的产生和发展为数字产业化奠定了基石。1946 年第一台电子计算机诞生，经历了电子管计算机、晶体管计算机、中小规模集成电路计算机和后来的大规模集成电路计算机等阶段，计算机的运算速度、存储空间和服务功能不断提高。20 世纪 60 年代末，第一代互联网（又称为阿帕网）诞生，推动了信息网络的发展。这一阶段，数字信息开始逐渐成为新的生产要素，为数字产业化发展初步奠定了基础。

（二）起步阶段

20 世纪 90 年代以后，随着计算机技术的普及和互联网快速商业化应用，数字经济开始逐步发展。1990 年，基于个人计算机的万维网诞生，网络逐步实现商业化和产业化的应用。随着计算机、通信、网络技术的发展，生产计算机、手机及相关配套设备的企业快速崛起，促进了电子信息制造业、基础软件产业、集成电路产业等相关产业的发展。搜索引擎、电子商务、社交媒体等新兴产业的崛起，标志着数字产业化进入了起步阶段。这一时期，数字技术和传统产业结合，推动了产业结构升级和数字化产业的发展。

（三）加速发展阶段

2010 年前后，进入了移动互联网时代，大量数字新技术快速发展，逐渐开始走向全面数字经济时代。随着新型基础设施（新基建）如 5G 网络、卫星网络、数据中心、人工智能、物联网等设施的部署和完善，提升了数字信息传输的速度和容量，推动了数字经济的发展。而大量数字技术在应用中不断迭代创新，为数字产业化的快速发展提供了基础和动力。区块链、云计算、人工智能、大数据、物联网等新一代信息技术的广泛应用，改变了传统经济系统的技术基础和组织模式，也催生出众多新兴业态和商业模式，逐渐形成数字经济的产业体系，推动数字化产业规模迅速扩大。

二、数字产业化的相关概念

（一）数字产业化的内涵

当前，对于数字产业化的定义在学术界尚未形成统一共识，还没有对数字产业化的具体内涵进行明确界定。中国信息通信研究院认为数字产业化即信息通信产业，是数字经济发展的先导产业，为数字经济发展提供技术、产品、服务和解决方案等，具体包括电子信息制造业、电信业、软件和信息技术服务业及互联网行业等。而国家统计局在对数字经济核心产业的定义中提出，数字经济核心产业对应的 01 ~ 04 大类即数字产业化部分。数字经济的核心产业是指为产业数字化发展提供数字技术、产品、服务、基础设施和解决方案，以及完全依赖于数字技术、数据要素的各类经济活动。《中华人民共和国数字经济促进法（专家建议稿）》将数字产业化定义为：数字产业化，是指通过数字技术的市场化应用，将数字化的知识和信息转化为生产要素，形成数字产品制造业、数字产品服务业、数字技术应用业和数字要素驱动业等数字产业。

（二）数字产业的划分

对于如何划分数字产业化，2021 年国家统计局发布的《数字经济及其核心产业统计分类（2021）》，将数字经济产业的范围确定为五个大类，包括 01 数字产品制造业、02 数字产品服务业、03 数字技术应用业、04 数字要素驱动业、05 数字化效率提升业。其中数字经济核心产业对应的 01～04 大类即数字产业化部分，主要包括计算机通信和其他电子设备制造业、电信广播电视和卫星传输服务、互联网和相关服务、软件和信息技术服务业等，是数字经济发展的基础，具体分类如表 5-1 所示。

表 5-1　数字产业化的产业划分

	大类	中类
数字产业化	数字产品制造业	计算机制造
		通信及雷达设备制造
		数字媒体设备制造
		智能设备制造
		电子元件及设备制造
		其他数字产品制造业
	数字产品服务业	数字产品批发
		数字产品零售
		数字产品租赁
		数字产品维修
		其他数字产品服务业
	数字技术应用业	软件开发
		电信、广播电视和卫星传输服务
		互联网相关服务
		信息技术服务
		其他数字技术应用业
	数字要素驱动业	互联网平台
		互联网批发零售
		互联网金融
		数字内容与媒体
		信息基础设施建设
		数字资源与产权交易
		其他数字要素驱动业

三、数字产业化的特点

（一）对数字技术依赖性强

数字产业化的核心特点之一就是对数字技术的高度依赖。数字产业是高技术密集型产业，而数字产业化的基础也是数字技术的发展。数字技术是综合的技术，既有计算机硬件研制、通信技术、软件开发等传统 IT 技术，也包括物联网、云计算、大数据、人工智能、区块链等新一代信息技术。数字技术通过产业化发展成为数字产业，数字产业化是数字技术驱动产业升级的直接表现。数字产业化注重数字技术的应用，强调技术的转化和赋能。数字产业化的核心动力是数字技术创新，强调依靠技术创新对产品和服务进行迭代升级，充分满足和引领市场需求变化。在这一过程中，需要不断加大对新一代信息技术的研发投入，加快布局前沿领域，充分利用数字技术来不断催生出新的经济增长点。

（二）生产资料的数字化

数字经济的蓬勃发展赋予生产要素、生产力和生产关系新的内涵和活力。在数字经济时代，数字技术推动了劳动资料数字化的转变，数据和信息开始成为新的生产要素。互联网承载的数据、数据提取的信息、信息升华的知识，已经成为企业经营决策、市场交易的新内容和新手段，带来了新的价值增值。人工智能、工业机器人、工业互联网等数字化劳动资料，直接作用于数据和信息这一新型劳动对象，从而实现了与再生产各环节的深度融合，打破了时空限制，推动了资源要素快捷流动和高效匹配，最终不断推动着社会生产力的发展。数字产业化不仅实现了生产资料的数字化，也在不断促进生产关系和生产方式的优化升级，推动产业体系和经济体系的重构。

（三）数字产业是高渗透性和高创新性产业

由于新一代数字信息技术例如大数据、云计算、区块链、物联网等具有高渗透性和高创新性的特征，而数字产业化也通过数字技术表现出从消费端向生产端延伸，从线上到线下发展的渗透性和倍增性特征，并逐渐衍生出共享经济、智能经济和平台经济等新业态和新模式。数字产业是数字经济的基础产业，可以为数字经济的发展提供技术支持以及产品和服务等。而其中起关键作用的数字技术所具有的高渗透性特征也深刻影响着数字产业对其他产业的渗透。随着人工智能、大数据、云计算等数字技术的不断发展，数字产业正在以前所未有的速度进行迭代和升级。这种创新性不仅推动了数字产业自身的快速发展，也为其他行业提供了强大的技术支持和创新动力。

第二节　数字产业化的核心技术

一、人工智能

（一）人工智能的概念

人工智能作为计算机学科的一个重要分支，是研究机器智能和智能机器的一门综合性高技术学科，和其他很多新兴学科一样，在学术界还没有形成完全统一的概念。1956年约翰·麦卡锡提出：人工智能就是要让机器的行为看起来就像是人的表现一样。人工智能创始人之一西蒙认为，人工智能是通过编制计算机程序以完成原本由人类智能实现的行动。《不列颠百科全书》认为人工智能是数字计算机或者数字计算机控制的机器人在执行智能生物体才有的一些任务上的能力。也有一些学者认为，人工智能是通过使用计算机模仿、延伸和扩展人的智能，实现人类脑力劳动自动化的技术。具体来说，人工智能可以生产出一种能模仿人类思考方式而做出反应的智能机器。[①]

（二）人工智能的发展历程

1. 人工智能的产生阶段：1943—1956 年

在 20 世纪 50 年代前后，科学家们开始思考如何让机器模仿人类的智能。人工智能的研究最早是基于符号主义的，主要是通过一些编程来模拟人类的思维过程。1950 年，英国数学家艾伦·图灵提出了著名的"图灵测试"，这是评估计算机是否具有智能的一个重要基准。他在论文《计算机器与智能》中讨论了机器思维的可能性。"图灵测试"为现代计算机能够实现人工智能奠定了重要的实验基础。而到了 1956 年，在美国的达特茅斯学院召开了一个研讨会，此次研讨会是由约翰·麦卡锡、马文·明斯基、克劳德·香农和纳撒尼尔·罗切斯特等科学家发起，是一次具有里程碑意义的会议。在这次会议上，约翰·麦卡锡首次提出了"人工智能"的概念，标志着人工智能作为一个独立研究领域的诞生。

2. 人工智能的形成阶段：1956—1972 年

1956—1972 年，这一阶段是人工智能形成和发展的黄金时期。在达特茅斯会议提出人工智能概念以后，大量学者开始参与到人工智能领域的研究中，也逐渐形成了多个人工智能研究组织，如纽厄尔和西蒙的 Carnegic-RAND 协作组，明斯基和麦卡锡的 MIT（Massachusetts Institute of Technology，麻省理工）研究组等。大量研究者的涌入，也开辟了更多新的人工智能研究领域，尤其是在机器学习、模式识别、问题求解、专家系统

---

① 刘权，李立雪，孙小越. 数字产业化：新基建激发数字经济发展新动能[M]. 北京：人民邮电出版社，2023，33.

及人工智能语言等方面取得的引人瞩目的成就。1957年，罗森布拉特成功研制了感知机。1960年，纽维厄和西蒙通过心理学试验总结了人们求解问题的思维规律，编制了"通用解题器"智能化程序。1965年，罗伯特编制出了可分辨积木构造的程序。1966年，约瑟夫·维森鲍姆（Joseph Weizenbaum）使用模拟心理治疗师的脚本开发了第一个可与人互动的聊天机器人Eliza。1968年，美国斯坦福研究所研发了世界第一台智能机器人Shakey。

成立于1969年的国际人工智能联合会议是人工智能发展史上一个重要的里程碑，它标志着人工智能这门新兴学科已经成为学术界重要的研究领域，得到了学术界的充分认可。1970年创刊的国际性人工智能杂志（Artificial Intelligence）对促进人工智能学科的发展，促进相关领域学者的交流起到了重要的作用。

3. 人工智能的发展阶段：1972—1996年

1970年以后，人工智能开启了快速发展的步伐。20世纪70年代以后，很多国家都开始进入人工智能领域，开展了大量研究，也取得了众多成果。例如，1972年法国马赛大学的科麦瑞尔设计并完成了逻辑程序设计语言；斯坦福大学的肖特利夫等学者从1972年开始研制用于诊断和治疗感染性疾病的专家系统等。

人工智能的发展道路和其他新兴学科的发展类似，也不是一帆风顺的。由于技术限制以及过度承诺但无法兑现的结果，再加上政府资助的削减，在1973—1977年，人工智能的发展遭遇了第一次低谷时期。1973年，莱特希尔提出，人工智能只能解决低级问题，并对当时的机器人技术、语言处理技术和图像识别技术持批判态度。后来，由于常识数据（涵盖了广泛的主题，包括人口统计、社会结构、经济发展、科技进展等方面数据）缺乏和计算能力不足等问题，神经网络、机器学习和问题求解等研究也陷入了困境，各国政府机构投入的研究资金随之减少。由于过高的期望和目标无法兑现，一些项目未能达到预期效果，人们对人工智能的研究成果产生了怀疑。

1977—1987年，人工智能迎来了繁荣发展时期。这一阶段，从事人工智能研究的学者们深刻反思、总结前一段研究的经验和教训，不断开拓创新，进一步丰富了人工智能的研究内容。1977年，费根鲍姆在第五届国际人工智能会议上率先提出了"知识工程"概念。从此，以知识为基础的智能系统的研究与建造逐渐兴起，人工智能的研究开始了以知识为中心的新时期。1980年，卡内基梅隆大学为美国数字设备公司设计的专家系统XCON取得巨大成功。该系统可模拟人类专家解决特定领域问题，每年可为公司省下约4 000万美元。地矿勘探专家系统能根据岩石标本及地质勘探数据对矿藏资源进行估计和预测，应用该系统成功找到了上亿美元的钼矿。专家系统带来的经济和社会效益使知识处理成为人工智能研究的主要方向，人工智能程序开始被全世界的公司采纳。日本、美国、英国等也开始在人工智能研究领域加大资金和政策支持。

4. 人工智能的成熟应用阶段：1996年至今

20世纪90年代后期，随着计算机性能的不断提升，互联网技术的快速发展，依托积累的理论和技术基础，人工智能赋能工业、交通、医疗、金融等领域效能凸显，人工智能开始走向产业化应用阶段。1997 年，IBM 的"深蓝"计算机战胜了国际象棋世界冠军卡斯帕罗夫，成为首个战胜人类的计算机系统。21 世纪以来，深度学习技术使得人工智能的应用成为可能。随着深度学习技术的成熟，人工智能正在逐步从尖端技术向日常领域扩散。2000 年，日本本田公司发布了具备主动判断能力的类人型机器人 ASIMO。2006 年，李飞飞创建 ImageNet 项目并组织视觉识别挑战赛，推动了深度学习的探索。2009 年，谷歌大力发展无人驾驶汽车技术并取得了商业化成效。2016 年和 2017 年，人工智能程序 AlphaGo 分别战胜围棋世界冠军李世石和柯洁。2006 年加拿大欣顿教授提出的深度学习的概念，极大地发展了人工神经网络算法。人工智能部分技术已经进入产业化发展阶段，推动了新的产业兴起，包括智能制造、智慧医疗、自动驾驶等新产业。基于机器学习技术的快速进步，传统行业通过应用人工智能新技术，大幅提升业务体验。而美国人工智能研究实验室 OpenAI 在 2022 年 11 月推出的 ChatGPT 模型，以及 2024 年 2 月 15 日正式对外发布的 Sora 文生视频大模型，将会深刻地影响人类社会生产生活的各个方面。

（三）人工智能的核心要素和技术

1. 人工智能的核心要素

人工智能的核心要素主要包括数据、算法和算力。数据是人工智能发展的基础，算法是人工智能发展的重要引擎，算力则是实现人工智能技术的一个重要保障。三者相互依赖、相辅相成，构成人工智能技术框架，共同推动人工智能向更高层次发展。

数据是人工智能的"燃料"，没有足够的高质量数据，人工智能系统无法进行有效的学习和训练。数据是提升人工智能识别率和精准率的核心驱动要素，数据量越庞大，数据类型越丰富，代表的实际场景越齐全，训练出的算法模型便会更贴近实际问题，算法输出结果表现就越好，人工智能水平就越高。随着 5G、物联网等新兴技术的兴起，已经进入了大数据时代，数据量呈指数级增长。数据包括各种结构化、半结构化和非结构化的数据信息，通过处理这些数据，人工智能模型能够学习、理解、分析和预测现实世界的各种现象，能够从中提取特征、发现模式并做出预测或决策。

算法是实现人工智能功能的关键方法和技术，包括机器学习算法（如监督学习、无监督学习、强化学习等）、以深度学习为代表的神经网络算法等。这些算法使人工智能能够从海量数据中提取特征、建立模型并根据模型执行任务。与传统算法"输入数据和规则，产生结果"相比，人工智能算法是以"输入数据和结果，产生规则"为特征，通过算法对海量数据进行深度分析，挖掘其蕴藏的深度信息。算法是人工智能软实力的核心，其优劣直接影响问题求解的效率。在人工智能领域，算法的发展和创新是推动人工智能技术进步的关键。

算力是支撑人工智能的基本计算能力，是算法和数据的基础设施。强大的计算能力对于运行复杂的人工智能模型至关重要。随着 GPU（Graphics Processing Unit，图形处理器）和 TPU（Tensor Processing Unit，张量处理单元）等专用硬件的发展，以及云计算资源的丰富，人工智能所需的计算速度和效率得到了显著提升。人工智能的算力也成为重要的新型生产力要素，算力的投入对经济和社会发展的积极推动作用已经越来越明显。强大的算力可以支持更复杂的算法和模型，有效推动人工智能技术的进步。随着云计算的发展，算力得到了极大的提升，使得人工智能技术的应用更加广泛和深入。

2. 人工智能的核心技术

（1）机器学习技术。

机器学习技术是让计算机执行人类活动并从经验中学习的技术，其本质是一种数据分析技术，涵盖了系统辨识、逼近理论、神经网络、优化理论和复杂算法知识。机器学习技术是人工智能技术的核心，它涉及统计学、计算机科学、脑科学等诸多领域。机器学习的研究目标是让计算机能够模拟或实现人类的学习行为，从而获取新的知识或技能，并重新组织已有的知识结构，以提高自身的性能。机器学习算法使用计算方法直接从数据中"学习"信息，而不依赖预定方程模型。根据使用的数据不同，机器学习技术包括监督学习（Supervised Learning）、无监督学习（Unsupervised Learning）、半监督学习（Semi-Supervised Learning）及强化学习（Reinforcement Learning）四类。

监督学习是机器学习领域中最为常见和基础的学习范式之一，它是指利用已知的、带有标签（或称为响应变量、目标变量）的训练数据集来构建一个模型，并且使模型达到所要求的性能的过程。在监督学习中，每个实例都是由一个输入对象（通常为向量）和一个期望的输出值（监督信号或标签）组成。算法通过分析输入特征与对应的输出结果之间的关系，学习到一个从输入到输出的映射函数，使得当新的、未知标签的数据输入模型时，能够预测出其相应的输出。具体包括线性回归、逻辑回归、支持向量机、决策树、随机森林等方法，这些算法在不同的任务和数据集上表现出不同的性能，需要根据具体情况进行选择。

与监督学习不同，无监督学习在训练过程中不使用已标记的数据。相反，无监督学习利用未标记的数据来发现数据中的内在结构、关联或模式。由于没有明确的标签或目标变量，无监督学习通常旨在发现数据中的隐藏结构或聚类，通常用于聚类、降维和异常检测等任务，例如 K-Means 聚类、自编码器和深度信念网络。

半监督学习是介于监督学习与无监督学习之间的一种机器学习方法。半监督学习是通过利用大量的未标记数据以及部分标记数据来进行模式识别工作，这种方法结合了监督学习和无监督学习的特点。半监督学习的核心思想是利用未标注数据中的潜在结构信息来辅助模型的学习过程，使得模型能够在有限的标注样本基础上对整个数据集有更好的泛化能力。半监督学习方法主要有自训练（Self-Training）、生成模型（Generative Models）、图论方法（Graph-Based Methods）等，但这些方法各有优缺点，需要根据具体任务和数据特点选择合适的方法。

强化学习，又称评价学习或增强学习，它通过智能体（Agent）与环境的交互学习以实现最优策略。在强化学习中，智能体主体会与环境产生交互，它可以感知来自环境的信息，也可以产生行为改变环境。在强化学习中，智能体通过不断尝试不同的行为，并根据环境给予的奖励或惩罚信号调整其行为策略，以最大化长期累积奖励为目标。强化学习的关键在于探索-利用权衡，即智能体需要在已知的有利行为与探索未知可能带来更高收益的行为之间作出平衡。求解强化学习问题所使用的算法可分为策略搜索算法和值函数（Value Function）算法两类。这些模型和算法已经被广泛应用于游戏、机器人控制、自动驾驶、资源调度、金融交易等多个领域。

（2）深度学习技术。

深度学习是当前机器学习领域中的重要研究方向，主要是通过对大量样本数据的内在规律和表示层次的学习，让机器能够学习人类的分析学习能力。深度学习是基于人工神经网络（Artificial Neural Networks，ANNs），通过模拟人脑神经元网络的方式来处理和分析复杂的数据。深度学习可以对图像、声音等无法形成符号的数据进行模式识别，并取得了在语音和图像识别等方面超越其他技术的效果。而深度学习中"深度"指的是神经网络的层数较多，通常包含多个隐藏层，这些隐藏层逐级提取输入数据中的特征，并将其转化为更加抽象、层次化的表示。此外，卷积神经网络是深度学习的原型，它可以对输入的图像进行不同大小切分并提取特征，进而进行识别和分类等任务。

深度学习的核心特点包括自动特征学习和多层结构。传统机器学习方法需要手动设计特征，而深度学习模型能够从原始数据中自动学习并提取有用的特征，这极大地提高了模型对复杂模式识别的能力。深度学习模型由一系列相互连接的层组成，每层负责学习不同的特征或表示。例如，在计算机视觉任务中，浅层可能学习边缘、纹理等低级特征，而深层则可以学习到高级别的物体部件或者整个对象的抽象概念。深度学习的框架包括 TensorFlow、Keras、PyTorch、PaddlePaddle 等，它们提供了各种工具和库，方便研究者和开发人员开发和训练深度神经网络模型。随着深度学习在各个领域的广泛应用，它已经成为人工智能发展的重要方向之一，并在语音识别、自然语言处理、计算机视觉、金融风控、医疗影像分析等领域取得了显著的成果。

（3）计算机视觉技术。

计算机视觉（Computer Vision）是一门研究如何使计算机"看"并理解图像和视频的科学。它试图模拟和延伸人类视觉系统的能力，从数字图像或视频中获取信息，并进行处理以实现对场景的理解、物体的识别与追踪、行为分析、三维建模等一系列复杂的任务。

计算机视觉技术包括从简单到复杂的功能，如图像采集和处理、特征提取、目标检测、目标跟踪、图像识别等。其中，图像采集和处理是使用摄像头及其他类型的传感器采集真实世界中的三维场景，将其转化为视频。特征提取是从图像中提取出有用的特征，常用的方法有边缘检测、角点检测、尺度不变特征变换（SIFT，Scale-Invariant Feature Transform）等。目标检测是在图像或视频中自动检测特定对象的位置和数量，常用的方法有 Haar 特征分类器、HOG+SVM、卷积神经网络（CNN，Convolutional Neural Networks）等。目标跟踪是对图像或视频中的目标进行持续识别和跟踪，常用的方法有卡尔曼滤波、粒子滤波、Mean-Shift 算法等。图像识别是将图像中的内容进行自动分类或识别，常用的方法有支持向量机（SVM）、k 最近邻（k-NN）等。当前，计算机视觉技术已经应用于多个领域，包括人脸识别、自动驾驶、医学影像分析、工业智能化生产等。随着技术不断升级，未来机器视觉的应用领域将会更加广泛。

（4）自然语言处理技术。

自然语言处理（Natural Language Processing）是一门研究计算机与人类（自然）语言之间交互的学科，涉及语言学、计算机科学、数学等多个学科。自然语言的目标是使计算机能够识别、理解、解释和生成人类使用的自然语言，以实现人机交互。

具体而言，自然语言处理技术包括词法分析、句法分析、语义理解等方面。词法分析是将文本转换为计算机能够处理的符号序列，包括分词、词性标注等；句法分析是通过研究句子中词语之间的结构关系来确定词语在句子中的语法角色；语义理解则是理解文本所表达的含义和意图，涉及实体识别、情感分析、信息抽取等。自然语言处理技术的应用非常广泛，如机器翻译、舆情监测、观点提取、文本分类、文本语义对比等。其中，机器翻译是将一种自然语言文本自动翻译成另一种自然语言文本的过程，已经成为现代语言交流的重要工具，例如谷歌翻译、百度翻译和有道翻译等工具的广泛使用极大地便利了人们的学习和生活；舆情监测则是对网络上和社交媒体上的大量信息进行自动分析，以了解公众对某些事件或话题的看法和态度。

自然语言处理技术的实现需要依赖大量的语料库和计算资源，同时也需要不断地进行算法和模型的优化和改进。随着深度学习技术的发展，尤其是基于神经网络的方法（如循环神经网络 RNN、长短时记忆网络 LSTM、Transformer 架构等）的广泛应用，自然语言处理技术领域也取得了很大进展，如基于循环神经网络和 Transformer 等模型的文本表示和生成方法，已经在自然语言生成、对话系统、机器翻译等领域取得了很好的效果。

（四）人工智能技术带来的机遇和风险

1. 人工智能技术带来的机遇

近年来，随着人工智能技术的发展，智能家居、智能汽车、智能机器人等一大批人工智能产品不断涌现，其在教育、医疗、养老、环保、交通出行等领域的应用也日益广泛，正逐渐渗透到生产和生活的方方面面。人工智能的发展正深刻影响着各行各业，不仅会对传统行业带来巨大变革，也会不断催生新产业和新业态。

在农业、制造业和服务业等领域，人工智能技术应用改变了企业的生产和经营模式，使得生产过程更加自动化和智能化，使企业能够以更低的成本提高生产效率和质量。同时，人工智能正在推动产业结构的深刻变革，人工智能逐渐成为传统产业转型升级的新动力，推动传统产业优化升级，促进产业链和价值链整合重塑。人工智能技术的发展也催生出了一些新兴产业，如智能汽车、智能机器人等。这些新兴产业的发展推动了产业结构的优化，也为经济高质量发展注入了新的动力。

2. 人工智能技术面临的风险

人工智能技术的快速发展也带来了包括隐私泄露、失业风险、相关法律欠缺等问题。人工智能系统的训练和优化需要用到大量数据，这些数据可能包含个人隐私和敏感信息，而这些数据一旦被滥用或泄露，将对个人隐私和社会稳定造成威胁。另外，随着人工智能技术的发展和应用，越来越多的工作岗位可能会被取代，尤其是那些重复性、低技能的劳动密集型产业。这可能导致一定规模的结构性失业，造成社会经济不稳定性因素的增加。当前法律法规体系的完善进度落后于人工智能技术的发展速度，还没有建立针对人工智能相关的完备的法律法规。对于人工智能技术产生的新问题，如侵权责任认定、数据所有权界定等还缺乏有效的法律依据。

二、区块链

（一）区块链的概念

区块链起源于比特币，最初由中本聪在 2008 年提出。区块链技术是比特币的底层技术，表现为一种块链式存储、不可篡改、安全可信的去中心化分布式账本，它结合了分布式存储、点对点传输、共识机制、密码学等技术。在区块链中，每个区块包含了一定时间内网络中的交易数据或信息，并且每个区块都通过哈希值与前一个区块链接在一起，形成了一个由一个个区块组成的链。根据工业和信息化部 2016 年发布的《中国区块链技术和应用发展白皮书》中的定义，区块链技术是一种按照时间顺序将数据区块以顺序相连的方式组合成链式数据结构，并以密码学方式保证不可篡改和不可伪造的分布式账本技术。

一般而言，区块链技术的基础架构模型系统由数据层、网络层、共识层、激励层、合约层和应用层组成。每个数据区块一般包含区块头和区块体两部分。区块头包含版本号、前一区块、时间戳、随机数、目标哈希值以及 Merkle 根等信息。区块体则包括当前区块的交易数量以及所有交易记录，而这些记录通过 Merkle 树的哈希过程生成唯一的 Merkle 根并记入区块头。①

（二）区块链的发展历程

1. 区块链起源与探索期：2008—2013 年

2008 年全球金融危机爆发，同年 11 月 1 日，一个叫中本聪的人发表了《比特币：一种点对点的电子现金系统》一文，阐述了基于点对点技术、加密技术、时间戳技术、区块链技术等电子现金系统的构架理念，这标志着比特币的诞生。在 2009 年 1 月 3 日，第一个序号为 0 的创世区块诞生。几天后出现序号为 1 的区块，并与序号为 0 的创世区块相连接形成了链，标志着区块链的诞生，从而开启了区块链 1.0 时代。2010—2012 年，比特币开始真正进入市场。但是，此时能够深入了解比特币并进入市场中参与比特币买卖的主要是热衷于互联网技术的极客。总体来看，区块链 1.0 阶段是以比特币为代表的数字货币应用，经济形态以比特币及其产业生态为主。区块链主要应用于加密货币领域，如比特币，提供去中心化的信任机制。

---

① 袁勇，王飞跃. 区块链技术发展现状与展望[J]. 自动化学报，2016，42（04）：481-494.

2．区块链发展期：2013—2018年

2013年，《以太坊：下一代智能合约与去中心化应用的平台》发布，提出创建一个全新的分布式计算开源平台。该平台不受任何人控制，由全球范围内的所有参与者共同维护，促使在其平台上快速开发出各种区块链应用。以太坊的出现标志着区块链技术逐渐成熟，并开始拓展其应用场景，区块链进入了2.0时代。以太坊是一个开源的有智能合约功能的公共区块链平台，通过其专用加密货币以太币提供去中心化的虚拟机来处理点对点合约。以太坊引入了图灵完备的智能合约概念，使得区块链不仅仅局限于金融交易，还可以支持各种分布式应用程序（DApps，Decentralized Applications），包括但不限于资产管理、股票、供应链管理等领域。2014年，康奈尔大学发布《Tendermint白皮书》，提出为用户提供去中心化应用构建和维护基础设施的思路。2015年，联盟链和公有链兴起，区块链技术进入金融、IT等主流领域。2015年，IBM（International Business Machines Corporation，国际商业机器公司）主导下，全球诞生了第一个联盟链，成立了开源组织Hyperleger（超级账本），底层技术为Fabric；国内也研发了自主联盟链Hyperchain，提供商业级的支撑能力。总体来看，区块链2.0阶段是以以太坊为代表的应用加入了智能合约功能，使区块链从最初的单一数字货币体系拓展到更广泛的金融领域。

3．区块链技术应用拓展期：2018年至今

随着区块链技术的不断成熟，其应用领域也在不断拓展。2018年，新一代区块链应用平台ArcBlock3.0发布，这是一个专门为开发部署去中心化应用设计的云计算平台的区块链生态系统，区块链开始进入到3.0阶段。2019年，Facebook发布《Libra白皮书》，ArcBlock推出第一个支持去中心化身份技术的去中心钱包，我国央行（中国人民银行简称）宣布即将发行数字货币，W3C DID1.0公开工作稿发布等。总体来看，区块链3.0阶段中，区块链应用范围扩展至金融行业之外的各行业场景中，比如赋能Web3.0、DeFi（去中心化金融）、NFT（Non-Fungible Token，非同质化代币）、跨链互操等前沿方向，不断满足更加复杂的商业逻辑，成为未来社会的一种最底层协议。

（三）区块链的核心要素和特征

1．区块链的核心要素

区块链的核心要素主要包括区块与链式结构、共识机制、加密算法、去中心化和智能合约。只有这几个核心要素结合起来，才能支持区块链参与者在数字环境中安全交互，才能真正发挥区块链的价值和作用。

区块与链式结构：这是区块链技术的核心要素之一，也是区块链系统的基础架构。区块链是由一系列按照时间顺序排列的区块组成的链式结构，区块是构成区块链的基本单元，每个区块包含了经过时间戳处理的一系列交易记录或者其他类型的数据。每个新区块都包含一个指向前一个区块的指针，从而形成了链式结构。也就是说，每个区块都会"链接"到前一个区块，而新的区块也会不断被添加到链式结构的末端，形成一条不断增长的链，确保了历史交易记录的完整性和连续性。这种结构使得区块链具有透明性和不可篡改性。

共识机制：这是指推动区块链网络中各个参与节点关于系统的状态达成一致意见的一种机制。共识机制是区块链系统中一种用于验证交易记录和创建新区块的算法，主要是通过协调区块链网络中所有节点之间的操作，确保所有节点之间的数据交换和交易是可靠和有效的。在区块链系统中，共识机制的基本工作流程包括选举出块者、生成区块和节点验证更新区块。常见的共识机制有工作量证明（PoW，Proof of Work）、权益证明（PoS，Proof of Stake）和委托权益证明（DPoS，Delegated Proof of Stake）。

加密算法：在区块链中，加密算法主要用于交易数据的加密、节点间通信的加密以及共识机制的实现等。常见的加密算法包括对称加密算法和非对称加密算法。对称加密算法使用相同的密钥进行加密和解密，常用的对称加密算法有 DES、3DES 和 AES 等。这些算法具有加密速度快、效率高等特点，但在密钥传递和保存等方面存在安全隐患。非对称加密算法则使用一对不同的密钥（公钥和私钥）进行加密和解密。非对称加密算法的安全性更高，因为即使公钥被泄露，攻击者也需要私钥才能解密数据。非对称加密算法被广泛应用于数字签名、身份验证和共识机制等方面。除了对称加密算法和非对称加密算法外，还有一些其他的加密算法也被应用于区块链中，如线性散列算法、混合加密算法等。

去中心化：这是一种没有集权中心的，每个节点都具有独立自主的特征，是区块链系统与其他传统系统的主要区别之一。去中心化意味着区块链系统中的数据和权力不是由一个中心化的机构或节点来控制，而是由系统网络中的众多节点共同参与和维护。在去中心化的区块链系统中，每个节点都拥有完整的账本和交易记录，并且节点之间可以通过共识机制来达成一致。由于没有一个集权中心来控制数据和节点，因此区块链系统具有更高的安全性、透明性和可靠性。去中心化的特点使得区块链系统能够解决许多传统中心化系统存在的问题，去中心化也成为区块链技术在许多领域应用的重要优势之一。

智能合约：这是一种自动化程序，通过一种数字化形式形成的合约来运行和控制区块链中的交易和操作。具体而言，智能合约是由计算机代码构成的一段程序，其缔结过程涉及参与缔约的双方或多方参与者共同约定，形成一份智能合约，并通过区块链网络向各个节点进行传播并存储。当满足一定条件时，智能合约能够自动执行合约内容。智能合约具有规范性、透明性、不可逆性和自动执行等特点，其规范性体现在以计算机代码为基础，能够最大限度减少语言的模糊性，通过严密的逻辑结构来呈现；其规范性和透明性则体现在智能合约是一种计算机程序，合约内容和执行过程是公开的，对所有节点是可见的。不可逆性和自动执行性则保证了智能合约一旦执行，合约内容就不能被更改或撤销。当前，智能合约的应用范围越来越广泛，它具有的去信任化、自动化和安全性等优势，可以为各种业务场景提供高效、便捷、安全的解决方案。

2. 区块链的特征

区块链的特征主要体现在可靠开放、公开透明以及不可逆转。

区块链可靠开放的特点主要体现在一致性和加密算法。区块链采用基于协商一致的规范和协议，以及复杂的加密算法，使得数据一旦经过验证并添加到区块链中，就被永久地存储起来。只有在同时控制系统中超过 51% 的节点情况下才能对数据库进行更改或删除，单个节点是无法实现对数据库的修改，从而确保了区块链中数据和信息的稳定性和可靠性。

区块链的另一个特征是信息的公开透明。区块链系统中所有的交易信息和数据都是公开透明的，任何人都可以通过区块链相关的接口查询特定地址的交易历史、账户余额、智能合约执行情况等，这些信息通常与特定的匿名地址关联，而不是与现实世界的身份直接对应。因为交易各方的私有信息是被加密的，这也保证了区块链系统的安全性。另外，区块链的公开透明性还体现在源代码层面，很多区块链项目的底层代码都是开源的，并且允许公众检查和验证系统的运作机制。

区块链的特征还有其数据所具有的不可更改性。因为区块链系统的去中心化、智能合约和加密算法等机制保证了数据的不可篡改性。在区块链技术中，一旦数据被记录在一个区块中并经过网络的共识验证被添加到区块链上，那么这个数据就不能被任意修改或删除。每个区块在区块链上都有一个唯一的哈希值，且包含前一个区块的哈希值。如果尝试篡改一个区块中的数据，将会导致后续所有区块的哈希值发生变化，这需要重新计算整个链条的大部分甚至全部区块，这对于大规模区块链网络来说几乎是不可能的。

（四）区块链带来的机遇和挑战

1. 区块链带来的机遇

区块链技术发展至今，其基于特殊的信任机制，在金融、智能制造、电竞、商品追根溯源等领域得到广泛应用。首先，区块链技术天然具有金融属性。基于区块链技术的数字货币具有使用便利，易携带存储、易于防伪、低流通成本等优势。其次，区块链技术为物联网设备提供了可信的身份认证、数据交换和智能合约执行等功能，从而构建了一个安全可靠的物联网环境，加强设备间的信任和协同。这有助于实现自动化的供应链管理系统，确保产品的可追溯性和真实性。最后，区块链可利用"时间戳"技术手段证明某些数据在特定时间的存在。加上其难以篡改、可溯源等技术特性，区块链为诸多领域的电子数据存证提供了完美解决方案。总体来说，区块链技术在金融资产的交易结算、数字货币、数字政务等领域具有广阔的应用前景。

2. 区块链带来的挑战

区块链在信息内容安全、法律合规监管等方面存在一定的风险。一是具有敏感、非法信息写入的信息内容安全风险。区块链是只可追加数据信息的系统，其链上储存的数据无法被替换、删除、篡改，一旦遭遇人为写入不良信息或敏感信息误操作，将无法被修改。完全匿名保护存在一定的缺陷，有导致个人隐私泄露风险。虽然区块链技术中采用公私钥代表通信双方的身份，但此过程只能实现假名，而不能实现完全匿名，因此可以通过对多笔交易信息的追踪分析，判断某些地址是否归属于同一人或机构。二是全球范围内针对区块链和加密资产的法律框架并不完善，很多国家和地区尚未明确相关的法规政策，给区块链企业的合法经营和用户权益保护带来不确定性。区块链的匿名性和跨国性质加大了反洗钱、税务征收、消费者保护等方面的监管难度。例如，不法分子利用加密货币的匿名性特点在暗网进行不法交易，黑客利用计算机病毒进行盗窃、敲诈勒索等违法犯罪活动。

三、云计算

（一）云计算的概念

随着计算机的普及和大数据时代的来临，政府、企业和个人对计算量、数据分析、系统快速构建和资源快速分配的要求越来越高。而计算机的更新速度也在不断提高，不同业务间计算需求的差异及双机安全保障的需要，个人或企业若独立安装服务器，成本巨大。为解决上述问题，云计算应运而生。

云计算是指基于网络的计算方式，通过网络"云"将庞大的数据计算处理程序分解成无数个小程序，通过多部服务器组成的系统对这些小程序进行处理和分析，输出结果并反馈给用户。随着云计算技术的发展，其已不是一种简单的分布式计算，而是一种综合了分布式计算、效用计算、负载均衡、并行计算和虚拟化等多种计算机技术的计算新方式。而美国国家标准与技术研究院对云计算的定义为，云计算是一种按使用量付费，提供可用便捷的网络访问的模式。提供者组建计算资源（网络、服务器、存储、应用软件等）形成资源池，并采用租赁模式为用户提供相关基础 IT 资源服务。

（二）云计算的发展历程

在 2006 年 8 月 9 日，Google 首席执行官埃里克·施密特在搜索引擎大会上首次提出"云计算"的概念。这是云计算发展史上第一次正式地提出这一概念。这一概念的提出引起了业界的广泛关注，云计算开始成为 IT 领域的热门话题。而亚马逊也在 2006 年推出了 Amazon Web Services（AWS），首先推出了 EC2（Elastic Compute Cloud，弹性计算云）和 S3（Simple Storage Service，简单存储服务），标志着云计算作为一种商业服务模式的正式开启。

2007 年以来，云计算逐渐进入快速发展期。2007 年 10 月，Google 与 IBM 开始在美国大学校园推广云计算的计划。各大 IT 厂商也纷纷推出自己的云计算产品和服务，如 IBM 的"蓝云"计划、微软的"云计算"（Windows Azure）平台等。同时，云计算技术也在不断发展，如虚拟化技术、分布式存储、容器化等技术的出现，使得云计算的性能和可靠性得到了大幅提升。2009 年，以太坊创始人 Vitalik Buterin 提出了智能合约的概念，为区块链技术与云计算的结合开辟了道路。

2010 年后，云计算的概念逐渐从最初的计算资源池演变为包括 IaaS（Infrastructure as a Service，基础设施即服务）、PaaS（Platform as a Service，平台即服务）和 SaaS（Software as a Service，软件即服务）等多种服务模式在内的综合性服务。2015 年以后，随着 5G、AI 等新技术的发展，边缘计算、混合云等新型云计算形态开始崭露头角，云计算进一步融入各行各业，成为企业 IT 战略的重要组成部分。当前，云计算正在全面深入到企业数字化转型之中，云原生技术（如容器、微服务、DevOps 等）成为主流，Serverless 架构兴起，云计算与大数据、人工智能、物联网、区块链等技术开始深度融合。目前全球云计算市场保持稳定增长态势。2019 年，以 IaaS、Paas 和 Sas 为代表的全球云计算市场规模达到 1 883 亿美元，增速为 20.86%。2020 年，我国云计算市场规模达到 1 781 亿元，增速为 33.6%。随着技术进步和市场需求的变化，云计算将继续朝着更高效、更智能、更安全的方向发展，边缘计算、多云和超融合等趋势将更加明显，服务形态将更加丰富多元。

（三）云计算的核心技术和特征

1. 云计算的核心技术

（1）虚拟化技术。

虚拟化技术是一种资源管理技术，是通过将计算机的各种实体资源进行转换后以软件或虚拟形式呈现出来的，打破实体结构间的不可切割的障碍，使用户能够更好地利用这些资源，也使计算机能够减少对硬件的消耗，从而提高效率和可扩展性。虚拟化技术使得这些资源的新虚拟部分不受现有资源的组合方式、区域或物理组态的限制。虚拟化技术的实现方式是通过虚拟机（Virtual Machine）来实现的，虚拟化技术将一台计算机虚拟为多台逻辑计算机，并将这台计算机中的资源分配给每台逻辑计算机，并且每台逻辑计算机的操作系统和应用程序可以在相互独立的空间运行而互不影响，从而显著提高了计算机的工作效率和资源的利用效率。虚拟化技术使用户、软件乃至系统运行在虚拟的逻辑硬件上，而不是真实的物理硬件上，从而实现硬件容量的扩大、软件重新配置过程的简化等。虚拟化方式包括软件虚拟化、硬件虚拟化、全虚拟化和半虚拟化。虚拟化技术可以分为多种类型，其中最常见的是服务器虚拟化、存储虚拟化和网络虚拟化。服务器虚拟化可以将一台物理服务器虚拟成多个虚拟服务器，从而提高服务器的利用率和灵活性；存储虚拟化可以将多个存储设备整合成一个统一的逻辑存储池，方便用户管理和使用；网络虚拟化则可以将网络资源进行整合和管理，形成一个逻辑上统一的虚拟网络。

虚拟化技术已经成为云计算的核心技术之一，是实现云计算弹性服务、资源池化、按需服务、服务可计费和泛在接入等特征的关键。通过虚拟化技术，云计算提供商可以更加灵活地管理、分配和优化资源，提高资源利用率和服务质量，降低成本和风险，从而为用户提供更加高效、可靠、安全的云计算服务。

（2）分布式数据存储技术。

分布式数据存储技术是一种将数据分布存储在多台独立的计算机或服务器上的数据存储架构，这些独立的计算机通过网络进行互联互通，共同协作，表现为一个统一的整体存储系统。这种技术的核心是数据分片和副本复制，通过将大量的数据分散存储在多个独立的节点上，以避免单点故障的影响，增强系统的可靠性和可扩展性。

分布式数据存储技术的实现方式有很多种，其中最常见的包括分布式文件系统、分布式块存储和分布式对象存储等。分布式文件系统可以将文件数据分散存储在数据文件系统中，并通过一定的数据冗余和容错机制保证数据的可靠性和可用性，这种分布方式也有利于数据的检索和分析；分布式块存储是将数据分散存储在磁盘等设备中，实现了跨设备的存储和数据分发，这种方式不仅有利于数据快速读取和写入，也实现了多个数据服务器共享负载；分布式对象存储则结合了文件存储和块存储的优点，将数据分解为对象单元进行存储，并提供相应的访问接口，方便用户对数据进行管理。与传统的集中式存储技术相比，分布式数据存储技术具有很多优点。首先，它可以将数据分散存储在多个节点上，从而避免了单点故障问题，可靠性强。其次，由于数据是分散存储的，因此可以更好地利用存储空间，可扩展性强。此外，分布式数据存储技术还可以提供更好的数据备份和恢复能力，提高了的数据安全性。随着大数据和云计算技术的快速发展，分布式数据存储技术也得到了广泛应用。分布式数据存储技术也是当前云计算和大数据处理领域的关键技术，比较典型的有 Google 的 GFS、Amazon 的 S3、华为云的 HDFS 和 Ceph 等技术。

（3）资源池化。

资源池化（Resource Pooling）是云计算和 IT 基础设施管理中的核心技术之一，它指的是将计算、存储、网络等各种资源通过虚拟化技术集中管理和优化，形成一个或多个共享资源池。在这个资源池中，资源可以实现灵活和弹性部署，从而促进资源的最大化利用和最优配置。

资源池化技术是云计算实现弹性服务、按需服务、服务可计费和泛在接入等功能的关键技术之一。通过资源池化，云计算服务提供商可以将计算资源集中管理、灵活调度和共享使用，从而提高资源利用率和服务的可靠性。资源池化技术促使云计算服务商根据用户需求对资源进行动态分配和释放，实现资源的快速部署和回收，从而不断满足用户各种需求的变化。同时，资源池化技术还可以提高资源的安全性和可靠性，保障用户数据的安全和隐私。在资源池中，虚拟机可以快速创建和销毁，从而保证了数据资源的安全储存和利用。

在云计算中，资源池化主要涉及计算资源池、存储资源池和网络资源池等。计算资源池将服务器虚拟化成多个虚拟服务器，并根据需求动态分配计算资源；而存储资源池则将多个存储设备整合成一个统一的逻辑存储池，提供高效、可靠以及可扩展的存储服务；网络资源池则可以实现对网络资源的统一管理和调度，提供弹性和高效的网络服务。

2. 云计算的特征

云计算具有服务性的特点。云计算有多样化的服务模式，不仅提供了基础设施层面的服务（IaaS），向云计算服务提供商提供虚拟化计算资源，如虚拟机、存储、操作系统等；还提供了平台层面的服务（PaaS），为开发人员提供通过互联网构建的应用程序和服务的平台，为开发、测试和管理软件应用程序提供按需开发环境；以及提供了软件层面的服务（SaaS），包括软件付费应用程序和解决方案等。另外，云计算还提供了按需自助的服务模式，这种服务模式使得用户能够快速调整资源使用量，更加灵活地应对业务需求的变化。

云计算具有弹性和可扩展性的特点。云计算平台能够根据实际需求进行自动分配和释放资源，无论是计算能力、存储空间等，都可以根据用户的需求和资源进行灵活调整，从而动态地适应工作负载的变化。当业务需求增加时，云计算平台可以快速地提供更多的资源来支持应用程序的运行，而当业务需求减少时，平台则会自动释放不再需要的资源。可扩展性让企业可以根据实际业务发展和用户增长情况，快速并且无缝地增加或减少资源，确保应用程序始终具有足够的能力来应对不断变化的工作负载。这种弹性和可扩展性使得云计算能够满足各种应用和用户规模增长的需要，使得用户能够更加灵活地应对业务需求的变化，无须担心资源不足或浪费的问题。

云计算具有高可靠性和容错性。云计算通常采用分布式系统架构，将数据和应用程序分布在多个服务器和数据中心上。而且云计算环境中的计算节点往往设计为类似结构，任何节点都可以执行相同的功能，因此当某一节点出现故障，系统能快速将服务转移到其他健康的节点上，维持服务不间断，从而有效地避免了单点故障对整个系统的影响。云计算中的数据通常会被存储在多个副本中，以防止数据丢失或损坏，进一步提高了云计算的可靠性。此外，云计算的高可靠性和容错性不仅来源于其分布式系统架构和冗余设计，还要归功于一系列的容错技术，如负载均衡、容错集群等，从而保证了云计算系统的可靠性和容错性。

（四）云计算带来的机遇和挑战

1. 云计算带来的机遇

云计算是大数据分析、人工智能、物联网等新一代信息技术发展的重要支撑，也促进了各产业各企业的数字化转型。边缘计算的兴起使得云计算进一步下沉至数据源头附近，为实时决策、物联网设备管理和低延迟应用提供了巨大的发展空间。当前，云计算在教育、医疗、游戏、社交、交通、金融及制造等诸多领域均已有广泛应用，并为产业发展及人类生活都带来了巨大的影响。具体地说，在企业转型发展方面，当前很多平台企业通过大量引入云计算技术加快了数字化转型，在企业决策、成本控制和市场竞争方面抢占了优势地位；另外，云计算技术已经开始在智慧城市建设、食品药品安全监管、环境污染监测等服务领域大量应用，社会公共服务水平和管理效率都得到进一步提高；最后，随着以云计算为底层技术的云办公、远程教育、移动医疗等方面的大量应用，人类的工作和生活将变得更加高效便捷。

2. 云计算面临的挑战

云计算的发展也面临数据安全问题以及成本控制问题。由于云计算中的数据资源的利用和存储是共享和分布式的，数据的安全性和隐私性面临着重要挑战。因此，如何在保证数据共享和高效利用的同时，保护好用户的隐私和数据安全，是一个必须要重视和解决的问题。随着云计算在各个行业中的广泛应用，如何满足各种法律和合规性要求也成为了云计算面临的一个重要挑战。而且，企业大量引入云计算技术，带来的成本压力也需要进行优化控制。企业需要在保证业务发展的同时，充分控制好云计算带来的成本，提高云计算技术的利用效率。

第三节　数字产业化的发展现状

一、传统信息技术产业

（一）电子信息制造业

电子信息制造业是利用电子信息技术所从事的，与电子信息产品相关的设备生产、硬件制造、系统集成、软件开发及应用服务等软硬件的产业集合。目前，由电子信息制造业形成的产业，已成为集信息采集与加工、电子产品生产、信息存储转换与传递、软件与信息服务、产品分配及应用等于一体的产业集群。工业和信息化部发布的 2023 年电子信息制造业运行情况显示，2023 年，规模以上电子信息制造业增加值同比增长 3.4%，实现营业收入 15.1 万亿元，固定资产投资同比增长 9.3%。

我国电子信息制造业是劳动密集型产业，正处于从粗放型发展模式向创新驱动的集约型发展模式转变的阶段，更加注重产品质量与产业效益。当前，电子信息制造业产业升级正在加速，产业链协同进一步强化。随着半导体技术、新材料技术、精密制造技术的不断提升，电子信息制造业的产品性能和质量不断提高，产业链条不断完善，高端产品比重逐渐增大。国内外产业链上下游企业通过深度合作与协同创新，形成了紧密的产业集群效应，尤其是国内正大力推动集成电路、关键零部件等核心环节的自主可控。随着 5G、物联网、人工智能等技术的快速发展，电子信息制造业在新兴应用领域不断拓展。例如，智能家居、智能穿戴、智能制造等领域对电子信息产品的需求不断增长，为电子信息制造业提供了新的发展机遇。

（二）软件和信息技术服务业

软件和信息技术服务业是指通过计算机、通信网络技术等对信息相关资源进行生产、收集、处理、加工、存储、运输和利用的业务活动的产业。软件和信息技术服务业涵盖了软件开发、集成电路设计、信息系统集成、运维服务、数字内容服务和其他信息技术服务等多个领域，是一个高速发展的行业。当前，我国软件业务收入保持着高速增长。工业和信息化部数据显示，2023 年，我国软件和信息技术服务业规模以上企业超 3.8 万家，累计完成软件业务收入 123 258 亿元，同比增长 13.4%，增速较上年同期提高 2.2 个百分点。软件产品收入也实现了平稳增长，其中，软件产品收入 29 030 亿元，同比增长 11.1%，增速较上年同期提高 1.2 个百分点；信息技术服务收入 81 226 亿元，同比增长 14.7%，高出全行业整体水平 1.3 个百分点。

随着云计算、大数据、人工智能等技术的不断发展，软件和信息技术服务业正面临着前所未有的发展机遇。越来越多的企业开始意识到数字化转型的重要，纷纷加大对软件和信息技术服务的投入。同时，政府对软件和信息技术服务业也给予高度重视和支持，出台了一系列政策措施，促进该行业的健康发展。新一代信息技术的发展和应用，推动了软件和信息技术服务业的深度创新，促使其与实体经济、各行各业的高度融合，形成了一批新业态、新模式。信息技术服务加快云化发展，嵌入式系统软件已成为产品和装备数字化改造、各领域智能化增值的关键性带动技术。国内开源发展环境持续优化，以阿里巴巴、华为、腾讯等为代表的软件龙头企业积极构建开源创新生态，开源软件迎来高速发展期。

（三）互联网和相关服务业

互联网和相关服务业包括互联网接入服务、互联网信息服务、互联网安全服务、互联网数据服务、互联网平台服务和其他互联网服务。当前，我国互联网业务收入持续高速增长。相关统计显示，2023 年，我国规模以上互联网和相关服务企业完成互联网业务收入 17 483 亿元，同比增长 6.8%。以信息服务为主的企业（包括新闻资讯、搜索、社交、游戏、音乐视频等）互联网业务收入同比增长 0.3%；以提供生活服务为主的平台企业（包括本地生活、租车约车、旅游出行、金融服务、汽车、房屋住宅等）互联网业务收入同比增长 20.7%；主要提供网络销售服务的企业（包括大宗商品、农副产品、综合电商、医疗用品、快递等）互联网业务收入同比增长 35.1%。

互联网和相关服务业是当今社会的重要组成部分，涵盖了多个领域，如互联网金融服务、互联网教育服务、互联网娱乐服务和互联网购物服务等。在大力发展互联网产业的背景下，新业态、新模式不断涌现，如短视频、直播电商、在线教育、远程办公、在线医疗、数字娱乐等，丰富了人们的生活和工作方式，也拓展了行业发展的新空间。随着"互联网+"的深入推进，互联网与实体经济逐渐实现深度融合，互联网+农业、互联网+制造业、互联网+金融、互联网+物流等新兴业态不断发展，推动传统产业转型升级。

二、新兴数字化产业

（一）人工智能产业

我国人工智能产业相比发达国家起步较晚，但发展速度很快且具有较大的发展潜力。我国陆续出台了相关政策支持人工智能产业的发展，以百度、阿里巴巴、腾讯、科大讯飞等为代表的企业已经开始大规模地投入和布局人工智能产业。在政策与市场的双重支持下，我国人工智能产业发展迅速，人工智能理论和技术日益成熟，应用范围不断扩大，全产业链正在逐步形成。我国人工智能创新能力显著提升，2024 年 4 月，斯坦福大学发布的《2024 年人工智能指数报告》显示，全球人工智能专利数量显著增加，其中中国人工智能专利数量占比达到了 61.1%，远高于美国的 20.9%。2023 年，在著名机器学习模型总数排名中，美国以 61 个著名机器学习模型排名第一，中国以 15 个紧随其后。

当前，我国人工智能产业关键核心技术实现部分突破。在智能芯片、应用算法、开源框架等关键核心技术上，我国企业已经实现重大突破，而且图像识别、语音识别等应用技术进入国际先进行列。截至 2024 年底，我国人工智能企业数量已经超过 4 700 家，完成备案并上线为公众提供服务的生成式人工智能服务大模型超 200 个，注册用户超 6 亿。华为、阿里、百度、腾讯、科大讯飞等一批 AI 开放平台已经初步具备支撑产业数字化转型和高质量发展的能力。我国人工智能产业已形成长三角、京津冀、珠三角三大集聚区，具有较为明显的空间发展格局。

（二）大数据产业

大数据产业是指基于大数据技术的应用和服务所形成的新兴产业，主要包括数据采集、存储、处理、分析和应用等环节。随着数字化、智能化的发展，大数据产业正在成为推动经济社会发展的新引擎。《数字中国发展报告（2023 年）》显示，2023 年我国数据生产总量达 32.85 ZB，同比增长 22.44%。《国家信息化发展报告（2023 年）》显示，我国大数据产业规模达 1.74 万亿元，同比增长 10.45%。2023 年，我国已有 226 个省级和城市的地方政府上线数据开放平台，开放的有效数据集达 34 万个，数据集数量同比增长达 22%。

大数据已成为重要的生产要素，数据资源的开发利用将深刻改变商业模式和经济增长模式，形成数据驱动的新型经济形态。中国政府积极推动大数据产业的发展，制定了一系列相关政策、规划和标准，强化数据治理，保障数据安全，促进数据开放共享。大数据不仅在传统的政务、金融、电商、医疗等领域得到深入应用，还在智慧城市、智能制造、智慧农业、无人驾驶等诸多新兴领域发挥重要作用。大数据技术与云计算、5G、物联网等新兴信息技术紧密结合，形成了涵盖数据采集、存储、处理、分析、应用和服务的完整产业链。

（三）物联网产业

物联网产业是指通过物联网技术的应用，实现物与物、人与物之间的互联互通，从而实现对物品的智能化识别、定位、追踪、监控和管理的新兴产业，主要涉及传感器、嵌入式系统、网络通信、云计算等技术的集成应用。物联网可以通过将各种物理设备、车辆、建筑物等连接到互联网上，实现数据的收集、传输和处理，从而提供智能化、自动化的服务。物联网产业是知识密集型和技术密集型产业，物联网技术的不断迭代更新，持续增强了物联网产业发展的内生动力。我国物联网产业保持平稳发展，物联网基础设施加快布局，已初步形成窄带物联网、4G 和 5G 多网协同发展的格局，网络覆盖能力持续提升。

近年来，全球物联网产业发展势头十分迅猛。根据物联网研究机构 IoT Analytics 预测，2022 年至 2027 年，全球物联网市场规模将以 19.4% 的年复合增长率增长，并在 2027 年达到 4 830 亿美元。全球移动通信系统协会预测，到 2025 年，全球的物联网连接数将达 250 亿, 其中消费物联网连接数可达 110 亿, 而工业物联网的终端连接数量则将达 140 亿。当前, 物联网的应用领域非常广泛, 已经涵盖了智能汽车、智能家居、智能医疗、智能工厂等多个领域。比如在智能汽车领域, 物联网技术可以用于实现车辆之间的信息交互、智能导航和智能驾驶, 中国物联网等技术的发展也助推中国智能汽车产业的高速发展。

思考题

1. 新时代中国数字产业化发展面临的机遇和挑战有哪些?

2. 中国如何实现数字产业化的高质量发展, 抢占数字产业发展高地?

3. 如何看待数字技术的发展趋势, 以及会带来哪些问题?

第六章　产业数字化

本章导读

产业数字化是数字经济发展的主战场，是推动经济高质量发展、提升产业竞争力的重要引擎。产业数字化的重要方向是推动传统产业的数字化转型升级，推进产业与数字化技术的深度融合，推动数字技术赋能产业的高质量发展。随着数字技术的不断进步和数字基础设施的逐步完善，产业数字化的潜能还将进一步释放，将继续推动农业数字化、工业数字化和服务业数字化深度发展，助力数字经济的高质量发展。本章主要阐述了农业数字化、工业数字化、服务业数字化发展的内涵和发展现状，在此基础上，梳理出农业、工业和服务业数字化发展过程中所面临的问题，并从政策优化、基础设施建设、技术创新、人才体系建设等方面提出相应策略。

本章知识点

1. 掌握农业数字化内涵；
2. 熟悉农业数字化发展现状及发展路径；
3. 掌握工业数字化内涵；
4. 熟悉工业数字化发展现状及发展路径；
5. 掌握服务业数字化内涵；
6. 熟悉服务业数字化发展现状及发展策略。

第一节　农业数字化

一、农业数字化内涵

农业数字化是通过将现代信息技术和设备与传统农业深度融合的现代农业发展模式，主要目标在于实现农业数字化、网络化、自动化管理。农业数字化过程是将遥感、计算机技术、物联网等技术与地理学、农学、植物生理学等基础学科有机结合，对农作物从规划、生产到农产品收获、加工、销售等全过程进行监测。农业数字化的发展可以提升农业产业的创新力和竞争力，不断推动农业生产方式、经营方式、管理方式、组织方式以及农民生活方式的创新变革。

农业数字化使数字技术和农业生产经营的各个环节实现有机融合，对优化传统农业、转变农业生产经营方式具有重要的意义。农业数字化以解决农业生产、经营、管理、服务中的现实问题为起点，通过将物联网、大数据、移动互联网、云计算、空间技术、智能化技术（机器人、无人机）等新一代数字化信息通信技术与农业全要素、全价值链的融合，实现农业生产经营的数字化、自动化，以达到提升农业生产效率、保障农产品质量与安全、优化农业资源配置、推动农业现代化进程的目标。随着数字化技术的不断发展和应用，农业数字化转型将成为未来农业发展的重要方向。

二、农业数字化的发展现状及问题

（一）农业数字化发展历程

1. 国外农业数字化发展历程

从全球来看，农业数字化转型伴随着信息技术的发展和应用，也经历了逐渐深化的过程，农业数字化的发展历程大致可以分为四个阶段。

第一个阶段是在 20 世纪 50—70 年代，这个阶段主要以农业计算机的应用为主。在这个阶段，计算机开始被引入到农业领域，主要用于对农业生产等方面数据的科学统计和计算的基础任务，从而促进了农业生产的定量化研究。在这个时期，计算机技术的应用也开始逐步转向农业数据库的建设，已经初步形成了一定规模的农业数据库。

第二个阶段是在 20 世纪 80—90 年代，这个时期的主要特点是农业信息系统的初步应用。随着互联网技术和网络基础设施的发展，发达国家已经开始深入研究专门用于农业生产的信息服务网络，并将应用重点转向网络技术在农业生产的落地应用。这一时期也已出现了简单的农田管理信息系统、气象监测预报系统等一些典型的农业信息系统。

第三个阶段是在 20 世纪末至 21 世纪初，这个阶段主要以精准农业技术的应用为典型代表，农业发展开始进入全面信息化时期。在这个阶段，现代信息技术如网络信息服务、遥感技术（RS，Remote Sensing）、地理信息系统（GIS，Geographic Information System）、全球定位系统（GPS，Global Positioning System）和智能控制等被广泛应用于农业生产。遥感卫星数据在农作物估产、病虫害监测上的应用，以及 GPS 定位指导下的精准施肥、播种和灌溉等技术，都显著提高了农业生产的精准度和效率。

第四个阶段是从 2010 年至今，这一时期主要是以农业物联网和农业机器人为代表的新一代信息技术在农业领域得到了广泛应用。这个阶段大数据、物联网、人工智能以及云计算等新兴技术的融合发展，进一步提高了农业资源利用率和劳动生产率，也促进了农业生产经营管理水平的提高。其中，物联网技术在农业领域的广泛应用，逐渐形成农业物联网系统；使用无线传感器网络监测农田环境参数，实现智能化自动化控制；农业无人机被应用于农药喷洒、作物监测等方面；而大数据分析则通过对海量数据的挖掘，为农业生产提供科学依据和智能决策支持。

近年来，国外数字农业已经发展到了一个较高的水平，在遥感技术、全球定位系统、地理信息系统、作物生产管理与决策支持系统等先进数字化系统的研究与开发方面都处于领先地位。在地学空间信息技术、生物工程、自动化农业操作技术及生产管理技术等诸多方面都形成了较完整的科学体系，并得到了不同程度的实际应用和发展。国外农业数字化的发展历程是一个伴随着现代信息技术进步而不断演进的过程。从最初的计算机基础性应用，到农业数据库的建设，再到精准农业技术的应用，以及现在的新一代信息技术在农业领域的广泛应用，都体现了信息技术在推动农业现代化发展中的重要作用。

2. 国内农业数字化发展历程

相对于发达国家，我国的农业数字化转型起步较晚，而且前期主要是依靠相关政策引导和政府资金扶持。

起步阶段（20世纪90年代）：1990年，科技部推出"863"计划，支持计算机研究"农业智能应用系统"，这标志着我国农业数字化发展的开始。随后建立了5个专家项目研究平台，研发出多个实用专家系统，并实现落地应用。1998年，随着信息技术的发展，我国提出了发展"数字中国"战略，提出了关于数字农业的规划和发展设想，开始对"数字农业""数字水利"等领域展开探索与研究，进一步推动了农业数字化的发展。

发展阶段（2000—2012年）：2003年，国家"863"计划将"大规模现代化数字农业技术应用研究与开发"列为重大科技专项进行研究，并取得了阶段性成果。2011年，国务院发布了《全国农业农村信息化发展"十二五"规划》，此后连续多年的中央一号文件都提到了农业数字化、现代化等内容。

加速阶段（2013年至今）：随着信息化技术的快速发展，大数据、云计算、物联网、人工智能、遥感等现代信息技术在农业中得到广泛应用。自2013年起，农业部（2018年改为农业农村部）在天津、上海、安徽三地开展了农业物联网区域试验工程，在采集农业实时数据和物联网应用方面进行了诸多探索和试点。2014年，中央一号文件首次提出"建设以农业物联网和精准装备为重点的农业全程信息化和机械化技术体系"，将物联网建设列为农业信息化的重点工程。2015年后，我国出台了大量关于数字农业的政策，体现了国家对传统农业进行数字化升级的重视程度不断加强。《农业部关于推进农业农村大数据发展的实施意见》的发布为"农业+大数据"的发展应用指明了方向和重难点。2016年，《"十三五"全国农业农村信息化发展规划》提出，到2020年，农业生产智能化水平大幅提升，物联网等数字技术应用比例达到17%以上，年均增速达到10.8%。2017年，农业部设立"数字农业"专项，推动了我国农业现代化、数字化发展进程。2019年底，《数字农业农村发展规划（2019—2025年）》发布。随着智能感知、智能分析、智能控制等数字化技术迅速渗入农村，农业数字化进程也进一步加快。

（二）农业数字化发展情况

1. 农业生产的数字化

农业生产的数字化是农业数字化发展的重要组成部分，它主要利用现代信息技术，如遥感信息、大数据、云计算、物联网、人工智能等，对农业生产进行智能化、精细化、高效化的管理。互联网的发展有力推动了农业从传统的粗放式种养殖模式转变为集约化、精细化的方式，并逐步向智能化方向演进。具体而言，通过在农田和养殖场安装配备传感器的智能设施和农机设备网络，能够实时捕捉并精确感知各类环境变量；借助互联网与物联网的深度融合，这些智能装置得以高效互联互通，实现对农业基础设施的自动化调节与控制；同时，利用云计算的强大计算能力及大数据分析技术，可以深度解析农业环境的各项数据指标以及农业生产活动的具体信息，进而为天气预测、气候变化适应、病虫害预警等提供精准依据。例如，农户可以通过智能移动终端和网络平台，无须亲自到田间地头或养殖场，即可远程实时查看大面积农田土壤的温度、湿度、光照等参数变化情况，甚至能监测每一头畜禽的个体行为表现；对于水产养殖而言，他们也能远距离调控养殖池塘的水温、水质指标以及溶解氧含量等关键条件，从而全面实现了精细化管理和高效生产。

在农业生产的数字化过程中，农业生产环境实现了数字化监测和调控，包括对土壤、气象、水源等环境因素的实时监测和数据分析，为农业生产经营决策提供了科学依据。数字化技术不断应用于农业生产设备的智能化升级，一些先进的设备诸如智能农机、喷灌无人机等大量应用，大幅提高了农业生产的自动化和智能化水平。此外，多种数字化技术在农业方面开始出现了融合应用趋势，有利于帮助农民实现精准种植、精准施肥、精准灌溉等精细化管理，从而提高农业生产的效益和质量。

农业生产环境逐步实现了实时监测，推动农业转向精准化、智能化生产。农业生产环境的实时监测是农业生产数字化发展的重要环节。在推进农业精细化生产的过程中，特别是在大规模的农产品主产区，积极开展了集成 GPS、地理信息系统、农田遥感技术、环境监测手段以及自动化智能化农机设备等多元化要素于一体的实践探索。通过这些先进技术手段，实现诸如智能节水灌溉、土壤精确测验并配方施肥、农机精准定位耕种等多种精细作业方式，从而推动发展机械化与网络化深度融合的现代化大农业生产模式。农业生产环境的实时监测方面，通过借助各种传感器和监测设备，如温度传感器、湿度传感器等，对土壤温度、湿度、养分含量等因素进行实时检测，并将监测数据通过无线传输方式发送到数据中心或云平台进行处理和分析。

2. 农业经营的数字化

新兴信息技术在农业产业的应用，也逐渐推动了农业经营的规模化、高效化和现代化发展。互联网和数字化技术的发展改变了农业经营的理念和模式，推动农业经营的信息化和网络化发展。随着互联网技术的深入发展，互联网平台大规模应用赋能，数字化提高了农业经营中数据信息的透明度，促进了经营决策的精准性。通过大数据分析，农民可以更加准确地把握市场需求和消费者偏好，制定更为精准的种植和销售策略。互联网提升了农业大户、龙头企业、农民专业合作社等新型农业生产经营主体的经营管理水平，实现了对生产过程、人员情况、成本核算等方面的现代化管理。通过网络平台，农户可以更加便捷地组织起来，形成规模化的生产联合体，共同应对市场挑战。这种规模化的生产方式，不仅提高了农业生产效率，还有助于形成品牌效应，提升农产品的市场竞争力。

农村电子商务的快速发展为农业经营网络化提供了有力支撑，也为农业数字化发展带来了新的机遇。通过电子商务平台，农业生产、流通、交易等环节被有机整合起来，形成了高效、便捷的农产品流通体系。这不仅有效减少了流通环节，降低了交易成本，还实现了小农户与大市场的有效对接，为农民增收致富开辟了新途径。传统的农产品流通渠道往往涉及多个中间环节，导致成本高昂、效率低下。而电子商务平台能够直接连接农户和消费者，减少了中间环节，从而降低交易成本，提高农产品的价格。这不仅增加了农民的收益，也满足了消费者的消费需求。而电子商务平台也打破了传统的农产品销售面临的地域和时间的限制，农民可以通过电商平台将农产品销售到全国各地甚至海外市场，不断扩大销售范围。同时，电商平台也提供了多样化的营销手段，包括直播带货、社交软件推广等，有利于推动农产品销售持续增长。

3. 农业管理的数字化

数字化技术在农业管理方面的应用也推动了农业经营管理的数字化和现代化发展。在农业管理的数字化过程中，通过借助先进的农业管理软件和技术，农户和农业企业可以实现对农业生产过程、农业设备调度、成本核算等各个环节的精细化管理，提高管理效率，降低管理成本。在农业管理数字化中最重要的应用之一是农副产品质量安全追溯体系的建设。农副产品质量安全追溯体系涉及从农田到餐桌的每一个环节，坚持落实农副产品质量安全追溯制度，以确保农产品的质量和安全。通过引入数字化技术和设备，可以建立一个全面、准确、高效的质量安全追溯系统，为消费者提供安全、放心的农产品。首先通过物联网技术，实现对农田环境、作物生长状况、农药使用情况等数据进行实时监测和采集，为后续的数据分析和追溯提供了准确的数据来源。然后为每个农产品赋予一个唯一的数字标识码，记录农产品在生产、加工、运输、销售等过程中的信息，从而保证了农产品质量安全追溯体系的科学性和有效性。

追溯体系建设的首要任务是构建一个农副产品质量安全追溯的公共服务平台，以推动制度标准的不断完善，同时建立起产地准出与市场准入之间的紧密衔接机制。农副产品的追溯体系中，产地准出与市场准入无疑是至关重要的环节。因此，要利用互联网这一强大工具，建立起各主管部门间的有效协同机制，严格把控好农副产品的产地准出与市场准入环节。追溯体系建设的目标，旨在实现生产、流通、经营等各环节的信息高度透明化。目前，全国多数地区的追溯服务主要集中应用于超市经营环节。然而，作为农副产品源头的生产环节，农产品的生产加工等环节的信息获取仍显不足。因此，我们必须进一步加大移动互联网、物联网等先进技术在农业生产经营中的投入力度，以提升农副产品生产加工、流通经营各环节的信息采集能力。同时，加强上下游各经营主体间、经营主体与消费者间的信息对接，确保信息的畅通无阻，从而为消费者提供更加安全、可靠的农副产品。

（三）农业数字化发展面临的问题

随着信息技术的成熟应用以及政府的大力扶持，农业数字化发展已经取得了一定成果，但农业数字化在推进过程中还面临制度、基础设施、专业人才、技术等方面的问题，这些问题在很大程度上制约着农业数字化转型的深入开展和全面推广。

1. 农村互联网基础设施不完善

农村地区信息化基础设施建设相对滞后，网络覆盖范围、带宽以及稳定性等方面存在短板，影响了数字技术的普及和应用。首先，农村地区的互联网基础设施建设相对滞后，很多偏远地区的农村还没有实现宽带网络的全覆盖，导致农民无法享受到高质量的互联网服务。其次，农村地区的互联网接入速度较慢，网络质量不稳定，难以满足农业数字化发展对高速、稳定网络的需求。此外，农村地区的互联网应用水平也相对较低，很多农民缺乏互联网技能和应用意识，难以充分利用互联网资源提高农业生产效率和农产品质量，也影响了数字技术在农业领域的应用，如很多农民在精准农业、智能农机、农产品电商等方面操作经验不足。

很多农业地区的天空地一体化数据获取能力较弱，遥感监测设备不足，农业基础数据资源体系建设尚不完善。在农业领域，天空地一体化数据获取对于实现精准农业、监测作物生长、预测病虫害等具有重要意义。然而，目前农村地区在这方面的能力较弱，农业遥感监测、无人机巡检等现代信息技术手段在农村地区的应用尚处于初级阶段，缺乏足够的设备和技术支持，导致农业环境、作物生长等重要信息无法实现精准、快速地获取和分析。

2. 农业技术复合型人才不足

农业数字化转型是一项复杂的系统工程，需要一批复合型人才，这些人才不仅需要具备农业专业知识和实践技术，还需要掌握现代信息技术、数据分析等技能。然而，目前农业领域复合型人才的供给远远不能满足需求，农村信息化人才匮乏问题长期难以有效解决。当前，农业领域内单一专业的技术人员较多，而能够将现代农业科技、信息技术与传统农业生产管理相结合的复合型人才相对较少。其中，教育和培训体系不完善是造成复合型人才缺乏的重要原因。现有的农业教育和培训体系往往注重传统农业知识和技术的传授，而缺乏对现代信息技术、数据分析等新型技能的培训。此外，涉农高校包括一些专门职业院校在复合型人才培养方面也存在不足，如缺乏专门的复合型人才培养体系、课程设置不够灵活、跨学科知识融合度不高等。再加上缺乏有效的政策引导和激励措施，难以吸引和留住高素质复合型人才扎根农村、投身农业现代化建设。农村复合型人才的缺口仍然有扩大的趋势。

3. 数字化技术落地应用难

互联网等数字技术的广泛应用为产业链的优化和成熟提供了有力支持，但在农业领域，数字技术应用仍然面临诸多挑战。目前，农业领域的数字技术的技术转化率和产业化程度较低，技术创新与市场需求契合度不高。在农业科技研发过程中，有时科技成果未能紧密结合农业生产实践和市场需求，造成供给端的科技产出与农民的实际需求存在差距，从而使得科技成果向生产力的有效转化面临阻碍。而且农业数据资源的利用尚不充分，数据分割问题严重。农业数据作为数字农业的核心资产，近年来各地政府与建设主体纷纷投入大量资源进行数据采集工作。然而，在实际操作中，由于缺乏明确的数据业务应用场景规划及必要的数据运营能力，大部分政府部门在获取数据后，并未对这些数据进行严格的质量把控、深度的系统性分析、科学的分类整理和精准的应用建模，这导致了数据资源的浪费，甚至可能误导决策。此外，物联网、云计算、大数据等前沿技术在农业中的实际应用大多仅限于试验和示范阶段，尚未大规模转化为实际生产力。同时，农业生产者对互联网的新产品、新模式和新业态的认知度也有待提高，供需双方之间缺乏有效的互动和合作，这在一定程度上阻碍了农业领域互联网技术的产业化推广和应用。

4. 农业数字化区域发展不平衡

农业数字化区域发展不平衡问题比较普遍，主要是由于不同地区的经济、技术、政策等条件存在差异所导致的。这种不平衡不仅影响了农业数字化的整体推进速度，也限制了部分地区农业的发展潜力。东部沿海地区和经济发达地区的农业数字化水平较高，拥有较好的信息化基础设施、先进的智能农机设备和较成熟的数字技术应用体系。而中西部及边远山区等欠发达地区的农业数字化进程相对较慢，由于基础设施建设滞后、资金投入不足、人才短缺等原因，数字化技术的普及率和应用程度明显低于发达地区。而且在不同的农业生产领域，机械化和数字化发展也呈现出不均衡的态势。以水稻、小麦、玉米为代表的主要粮食作物，大多已实现规模化种植，在机械化方面已取得显著进展，生产效率大幅提高。然而，在果蔬茶等经济作物、设施农业以及畜牧业等领域，由于其生产环境的复杂性、技术需求的多样性以及市场规模的不确定性，导致数字化技术的推广和应用面临诸多挑战，影响了这些领域的持续发展和效益提升。

三、农业数字化的发展路径

（一）完善相关制度体系和政策支持

健全农业农村信息化发展的政策体系、法律体系和制度体系。建立完备的政策调控和法律保障体系，编制出台数字农业农村发展相关规划和实施意见，包括农产品的质量安全可追溯、标准化、分级包装、冷链物流等，加强对数字农业农村和农产品出村工作的支持力度。建立完善的农业数据采集、存储、分析、共享及安全保障等机制，明确各类农业数据的所有权、使用权、管理权。制定农业数字化标准规范，包括农业生产、经营、服务等全流程的数字化标准和技术要求，引导和推动农业数字化健康发展。引导社会资本投入农业数字化建设，拓宽农业数字化项目融资渠道。加大对农业数字化技术研发、应用推广、基础设施建设等的财政补贴力度，对农业数字化项目给予税收优惠、低息贷款等政策支持。为实施农业数字化转型的企业量身定制税收优惠政策，以实质性地降低其经营成本，增强其在农业数字化领域的研发投入和市场竞争力。对致力于农业数字化产品研发的高校和科研院所增加专项经费支持，通过财政转移支付等方式倾斜资源配置，激发科研创新活力，推动科技成果向农业生产一线转化。对于积极参与农业数字化转型的农民专业合作社及规模化种养大户，制定出针对性的补贴政策，直接减轻其技术升级的经济负担，从而鼓励更多的企业、科研机构和个人参与到农业数字化转型的建设中来。另外，要积极构建全国统一的农业数字化公共服务平台，整合各方资源，为农业生产经营者提供便捷、高效的服务，降低农业数字化转型门槛。

（二）着力完善农业基础设施建设

我国农业数字化尚处初级阶段，基础设施有待完善，因此我们必须加大农业农村数字化装备建设的力度，不断提高农田水利、畜禽水产养殖、农产品加工和农机装备等领域的信息化水平。加快农村宽带网络、5G、物联网等新型基础设施建设，实现农业生产区域的网络全覆盖，确保农田、养殖场、农产品加工基地区域等都能接入高速稳定的网络。要着力提高农村宽带普及率，推动网络提速降费，让农民群众切实感受到信息化带来的便利和实惠。物联网技术是农业数字化的重要支撑，要加强农业物联网设施建设，推动物联网技术与农业生产深度融合。推广使用各类智能化传感设备，如土壤湿度传感器、气候监测站、无人机遥感等，实时采集农田环境、作物生长、病虫害等信息，为精准农业提供数据支持。农业大数据是农业数字化的核心资源，要加强农业大数据基础设施建设，提升数据采集、存储、处理和应用能力。搭建农产品溯源系统、农业信息服务系统、远程诊断系统等多元化信息化服务平台，通过线上线下相结合的方式，为农民提供种植养殖技术指导、市场信息、政策解读等服务。

（三）大力培养农业复合型人才

大力培养农业复合型人才，是推动我国农业数字化、智能化发展的关键环节。随着农业数字化和现代化的深入推进，农业领域对人才的需求发生了深刻变化，不仅要求人才具备专业知识，还要求他们具备跨学科、跨领域的综合能力。相关部门应出台相关政策，对投身农业数字化领域的优秀人才给予一定的待遇保障和奖励措施。同时吸引互联网、信息技术领域的人才跨界到农业领域，充实农业复合型人才队伍，充分发挥他们在技术、市场等方面的优势，带动农民共同进步。鼓励和支持涉农高校和科研院所与农业企业开展深度合作，通过实习实训、联合培养、课题研究等方式，培养大学生的农业实践能力，引导大学生投身到农业数字化建设中。另外要充分利用现有的培训渠道和资源，针对不同类别的农民开展有针对性的专题培训，这包括基层农业干部、新型农业经营主体、小农户、基层农技推广人员、农村信息员、电商网店店主等。通过培训，提高他们的互联网技术和信息化手段的运用能力，使他们能够更好地适应农业数字化的发展。积极引导农村网民认识互联网的工具价值，学习互联网的使用技能。通过对农村相关人员的培训，让手机和计算机成为广大农民的"新农具"，助力他们在农业数字化转型中迈出坚实的步伐。

（四）发挥试点示范区的带动作用

为了进一步加快农业数字化进程，我们需要发挥农业数字化试点示范区的带动作用，通过试点先行、示范引领，推动农业数字化技术在更广的范围内应用和推广。选择具有一定基础、条件较好的地区或农场设立农业数字化试点示范区，通过科学规划、精心实施，打造一批具有示范性和推广价值的成功案例，为全国农业数字化发展树立标杆。示范区内集成和展示现代农业信息技术，如智能农机装备、物联网监测系统、大数据决策支持系统等，推动技术创新成果的实际应用和转化。结合当地农业特色和实际情况，在示范区内积极探索适合我国国情的农业数字化发展模式，包括生产管理、产品追溯、市场对接、服务保障等方面的新模式、新业态。健全完善示范区建设运营机制，调动企业等社会力量的参与积极性，吸引科技企业、金融机构、高等院校等多元主体参与农业数字化进程，实现资源有效集聚和协同创新发展，共同推动农业现代化进程。

第二节　工业数字化

一、工业数字化的内涵

工业数字化是指将传统的工业生产过程与现代信息技术相结合，采用自动化和智能设备，通过数字化技术和数据分析，实现生产过程的自动化、智能化和可视化。工业数字化不仅关注生产线上设备的自动化与智能化，而且着眼于实现企业的采购、生产、销售和服务等业务流程全面数字化。通过云计算、大数据、物联网等先进技术的运用，企业能够实现从原材料采购、生产制造到产品销售的全生命周期管理，使得每一环节的管理都更加精准、高效。

工业数字化涵盖了生产过程数字化、企业内部管理数字化、产业链协同数字化等方面。在企业生产过程中，通过引入传感器、智能设备和物联网技术，实时采集并传输生产过程中的各种数据，实现对生产流程的精细化监控与控制。利用先进的自动化技术和智能制造系统，包括机器人技术、柔性生产线和 3D 打印等，实现从设计到制造的无缝集成，提高生产效率、质量和灵活性。企业管理过程中可以应用 ERP（Enterprise Resource Planning，企业资源规划）、MES（Manufacturing Execution System，制造执行系统）和 SCM（Supply Chain Management，供应链管理）等信息化管理系统，将企业的采购、生产、销售和服务等业务流程全面数字化，提升决策效率和精准度。工业数字化也为产业链协同发展带来了新机遇，以工业互联网平台作为支撑，可以将供应商、制造商、服务商以及终端用户紧密连接起来，形成跨组织、跨地域的网络化协同体系，实现信息流、物流和资金流的高度融合。也可以通过共享数据和应用服务等，促进产业链上下游间的快速响应和创新合作，推动产业生态系统的重构。

二、工业数字化发展现状及问题

（一）工业数字化发展的背景

新一轮信息革命为工业数字化发展提供了动力。新一轮信息革命，以大数据、人工智能、云计算、区块链等新一代信息技术为核心，正在全球范围内以前所未有的深度和广度推动经济社会的数字化转型，正在深刻地改变着工业领域的生产模式、管理方式以及商业模式，重塑产业发展方式。信息技术正与其他领域如生物技术、新能源技术和新材料技术等交叉融合，这种融合正在推动产业技术创新向绿色化和智能化方向发展，推动相关领域实现基础性和原创性重大突破，并不断涌现出具有前瞻性和颠覆性的新技术。此外，新一代信息技术与制造业深度融合正在加速制造业向数字化和智能化方向转型。这种转型促进了智能制造、智能机器人和无人驾驶汽车等新产业的不断发展，从而不断培育新的经济增长点。

随着中国经济高质量发展的深入推进，倒逼着工业产业加快数字化转型和升级。工业数字化转型也已经成为推动产业现代化、促进高质量创新发展和应对国际竞争的重要方向。数字化转型不仅有利于提高工业生产的自动化和智能化水平，也有利于推动产业结构的优化升级。随着数字化技术的应用，传统工业逐渐向着智能化、绿色化、服务化等方向发展，促进了工业制造业与服务业的深度融合，推动产业结构的优化升级。此外，工业数字化转型也可以推动工业的可持续发展，工业数字化转型可以通过优化传统工业生产流程、推动工业绿色技术创新等方式，促进工业企业降低能源消耗和碳排放，实现绿色生产。

（二）工业数字化发展的现状

1. 智能制造发展取得积极成效

近年来，我国高度重视智能制造的发展，提出了《中国制造 2025》《"十四五"智能制造发展规划》等国家战略，推动制造业与新一代信息技术融合发展，使智能制造业进入繁荣发展阶段。在工业互联网、人工智能以及区块链等新一代数字技术的强力赋能下，我国制造业正以前所未有的速度和深度实现绿色化转型、移动化连接、智能化升级与全面数字化变革。我国政府对于智能制造、工业互联网、区块链等新一代数字技术的发展给予了高度重视，并出台了一系列扶持政策。在这样的政策红利下，我国智能制造解决方案市场的整体规模呈现高速增长态势，不断孕育出新的商业模式和服务业态。工业和信息化部数据显示，我国智能制造装备产业规模超过 3.2 万亿元，已经建成 2 500 多个数字化车间和智能工厂，主营业务收入达 10 亿元的系统解决方案供应商也超过了 140 家。

2. 工业互联网发展实现重大突破

我国已初步建成了覆盖全国的高速、泛在、安全的工业互联网基础设施，其中已经建立了数万个 5G 行业虚拟专网，为工业互联网提供了高速、可靠的网络连接。在标识解析体系、边缘计算技术、工业大数据分析、人工智能算法等方面，我国已取得一系列关键核心技术的突破，有力推动了工业生产和服务模式的创新升级。在数字化转型过程中，涌现出一批具有国际竞争力的跨行业、跨领域的工业互联网平台，如航天云网、海尔 COSMOPlat、阿里云 supET 等，为企业提供了数字化转型所需的工具、技术和解决方案等。根据中国工业互联网研究院发布的《中国工业互联网产业经济发展白皮书（2023年）》显示，预计 2023 年我国工业互联网产业增加值规模将达到 4.69 万亿元，工业互联网带动第二产业的增加值规模将达到 2.29 万亿元，工业互联网核心产业将达到 1.35 万亿元。当前，工业互联网已覆盖 45 个国民经济大类、166 个中类，覆盖工业大类的 85%以上，已经形成综合型、特色型、专业型的多层次工业互联网平台体系，重点平台连接设备也超过了 8 100 万台（套）。

3. 工业全流程数字化转型加快推进

当前，工业数字化转型的重要特征和突出表现就是工业全流程数字化转型的加速推进。新一代数字技术的快速发展和融合已经渗透到工业制造的全流程中，包括研发设计、原料采购、流程生产、库存管理、物流配送、市场销售等各个环节。这种深度渗透不仅推动工业上下游企业加快数字化，提高了工业供应链的效率和质量，还推动了工业产业链和价值链向高端延伸。在研发设计阶段，数字技术包括人工智能、大数据分析和云计算等被广泛应用于产品设计、模拟和优化。在流程生产阶段，工业互联网、物联网和自动化等技术使得生产过程更加智能化和高效化。在工业生产供应链领域，大数据、区块链和云计算等技术也可以帮助企业更好地协调资源、管理库存、优化物流，从而提高供应链整体的运营效率。

（三）工业数字化发展面临的问题

1. 工业数字化发展环境需要优化

政府应提高产业政策的精准性，加强政策引导和支持作用。尽管国家相关部门已经围绕数字化升级制定并出台了一系列国家级和地方省市级的产业政策，但在实际执行过程中，仍存在着一些问题。其中，政策传导不畅、协调不足以及精准度不够等问题尤为突出。一些省份、自治区及直辖市在诸如云计算、大数据、人工智能等重点发展领域出现了集中投入、过度投资和低水平重复建设的现象，这不仅造成了一定程度上的资源分散和低效利用，还引发了部分高端产业出现低端同质化竞争，甚至进一步加剧了产能过剩，不利于整体产业结构优化和高质量发展。另外，推进工业数字化转型需要在诸如工业互联网平台构建、智能制造系统的开发与升级、数字技术在生产流程各环节的应用部署等方面加大投入，因此所需资金规模庞大且持续性较强。尽管政府和市场各方已提供了一定程度的支持和投入，如财政补贴、税收优惠、产业引导基金等，但这些资金支持力度相对于工业数字化转型的实际需求仍存在较大差距。

2. 工业数字化核心技术存在短板

数字化的核心元器件和关键装备等方面国产率不高，主要还是依赖于进口。尤其是在高端芯片、传感器、控制系统等核心零部件方面，我国仍面临自主研发能力不足的问题。部分关键装备和技术严重依赖于国外进口，这不仅增加了成本，制约了工业数字化的自主可控能力，也增加了产业链安全风险。而且基础软件与操作系统自主化程度较低，在工业控制软件、工业设计软件以及嵌入式操作系统等领域，国内自主研发的产品市场占有率相对较低，且技术成熟度和稳定性有待提高，无法满足复杂工业环境下的高性能需求。虽然我国在人工智能和大数据领域取得了一定进展，但在工业领域的深度应用仍有待加强。尤其是在复杂的工业场景中，如何实现精准预测、智能决策和优化控制等方面的技术研发和实际应用还存在一定的短板。而且在工业互联网领域我国起步相对较晚，与国外先进企业的差距也有拉大的风险。

3. 工业数字化人才供给不足

随着工业数字化转型的深入推进，企业对数字化人才的需求越来越大，但市场上具备相关技能和经验的人才却相对稀缺。尤其是兼具数字技术和产业知识背景的复合型人才，这类人才能够将数字化技术与实体产业紧密结合，推动传统产业转型升级，但由于教育体系和职业发展路径尚未完全适应这一变化，导致此类人才培育滞后。随着工业数字化的深入发展，数字化人才的需求缺口越来越大，特别是在人工智能、大数据、云计算等领域。根据人力资源和社会保障部的数据分析，到2025年，智能制造领域将需要人才900万人，而人才缺口预计将达到450万人。另外，一些企业对数字化人才的重视程度不够，缺乏有效的人才培养机制，在人才培养方面的投入相对较少，从而导致企业内部数字化人才供给不足，难以支撑数字化转型的深入推进。

三、工业数字化的发展路径

（一）持续优化工业数字化发展环境

政府应继续出台支持更加精准、有效的工业数字化发展政策，包括财政、税收、金融等方面的优惠政策，鼓励企业继续加大数字化转型投入。同时，要加强对政策执行情况的监督和评估，确保政策落地生效。也要进一步完善数字化基础设施，包括工业互联网、云计算平台、数据中心等，提高网络覆盖率和传输速度，降低企业数字化转型的成本和门槛。加强标准化体系建设，制定和完善工业互联网及智能制造等领域的相关标准，确保各环节的数据互通性和互操作性，共同打造数字化生态圈，实现资源共享、优势互补，降低产业协同成本。积极鼓励各类社会资本投入工业数字化领域，培育专业化、国际化的市场主体和服务机构。进一步优化市场竞争秩序，避免低水平重复建设和产能过剩，引导产业向高端化、智能化、绿色化方向升级。

（二）加快工业数字化核心技术产业发展

数字核心技术是工业数字化发展的基石，加快工业数字化核心技术产业的发展是推动工业数字化转型的关键所在。加速推动信息领域核心技术突破，提升工业软硬件产业的核心竞争力，培育解决方案供应商，全面构筑制造业数字化的坚实基础。加大对人工智能、物联网、云计算、大数据、区块链等核心技术的研发投入，鼓励企业、高校和科研机构进行联合攻关，突破关键核心技术瓶颈，推动科技成果快速转化，形成具有自主知识产权的工业软件和智能装备。建立健全科技创新体系，鼓励产学研用协同攻关，突破一批关键核心技术，特别是核心芯片、智能传感器、工业机器人等，推进相关核心数字技术在重要行业的规模化示范应用，提升产业竞争力。加快培育工业数字化转型解决方案商，尤其是跨行业、跨领域的综合型数字化解决方案供应商和面向特定行业、特定领域的专业性数字化解决方案供应商，不断助力我国工业企业的数字化进程，加速实现全行业的数字化转型和高质量发展。

（三）全面推进工业全流程数字化转型

全面推进工业全流程数字化转型，将数字技术深入应用到工业生产的每一个环节，从原材料采购、生产制造、物流配送到产品销售和售后服务，实现整个价值链的数字化和智能化。深入发展智能制造，推进智能生产线和智能车间建设，运用物联网、大数据、人工智能等技术实现生产过程的实时监控、数据分析和智能决策，提升生产效率与产品质量。构建基于区块链、云计算等技术的数字化供应链管理系统，提高物料采购、库存管理、物流配送等环节的信息透明度和协同效率。利用机器视觉、智能检测等先进技术，实现实时的质量监控和缺陷预防，提高产品质量。同时，搭建远程运维平台，提供预测性维护服务。通过远程运维、预测性维护等手段，推动企业由单一的产品销售向产品全生命周期服务转变，实现商业模式和服务模式的创新。此外，工业互联网平台是实现工业全流程数字化转型的基础，应加快工业互联网平台的建设，为企业提供数字化转型的基础设施和服务。

（四）加强工业数字化人才的培养

构建完善的工业数字化人才培训体系，通过高校教育改革、职业技能培训、继续教育等方式培养跨界融合的复合型人才。鼓励高校与信息技术企业、互联网企业和传统工业企业开展深度合作，共同构建起产学研一体化的人才培养模式，培育一批既具备数字化思维和能力，又熟悉并理解制造业内在运行逻辑与发展模式的高素质复合型人才。职业技能培训和继续教育在人才培训体系中同样占据重要地位。针对已经在职从业人员，应开展针对性的职业技能培训，帮助他们提升数字化技能水平。同时，也要积极鼓励企业建立内部培训机制，加强员工对工业数字化技术的培训和学习，将数字化技能培训纳入员工职业发展规划，提高员工的数字化技能水平。同时，创新人才激励机制，吸引国内外高层次人才参与我国工业数字化进程，提升工业数字化领域的整体实力。

第三节　服务业数字化

一、服务业数字化的内涵

服务业数字化是指通过应用数字技术和工具，对服务业的传统业务模式、流程、管理和服务方式进行优化和升级，通过推动数字技术与服务业各领域各环节的深度融合，实现服务业的平台化、在线化、数据化和智能化，以提升效率、降低成本、改善用户体验并创造新的商业价值。

服务业数字化转型是一个广泛而深入的过程，它主要涉及服务要素、过程和产出的数字化。在服务要素方面，数字化转型要求将传统的服务资源转化为数字形式，以便更好地管理和利用，这包括人力资源、客户信息、商品与服务信息以及业务流程等关键要素的数字化管理。在过程数字化方面，服务业需要借助先进的技术手段，包括云计算、大数据、人工智能等技术，实现服务流程的自动化、智能化和在线化。这不仅可以提高服务效率，降低运营成本，还能为客户提供更加便捷、个性化的服务体验。例如，通过在线预约、移动支付、智能客服等方式，可以极大地简化服务流程，提高服务的效率和质量，提升客户满意度。在产出数字化方面，传统服务产品的形态和传递方式发生改变，更多地表现为可数字化传播、消费和评价的内容与服务，比较典型的包括知识付费产品、医疗服务的电子报告、数字娱乐内容的在线分发等。因此，服务业数字化转型可以通过服务要素、过程和产出的数字化，实现服务质量和效率的全面提升，推动服务业的创新发展。

二、服务业数字化发展现状

（一）服务业数字化发展历程

我国服务业数字化发展也经历了一个循序渐进、不断深化的过程，可以划分为三个阶段：信息在线化、交易在线化以及服务场景化。这三个阶段不仅反映了数字技术的快速发展，也体现了服务业在数字化浪潮中的不断创新与变革。

信息在线化阶段，互联网的诞生和初步发展使得部分服务业如旅游、餐饮等开始将信息搬到线上。通过免费的分类信息服务，企业和个人能够方便地通过互联网获取大量的服务信息，这为后续的数字化发展奠定了坚实的基础。这一阶段主要解决了信息获取的便捷性问题，为后续的交易和服务提供了可能性。

交易在线化阶段，随着个人计算机终端和宽带的普及，数字化在信息服务领域率先取得突破，如电子邮件、搜索引擎、网络广告等。以京东、淘宝为代表的网购平台以及一大批游戏企业，借助互联网普及与网络支付技术，推动了团购网站模式、网购零售模式、网络游戏模式等新模式、新业态的快速发展。这一阶段不仅促进了服务业的技术进步，还催生了众多新的商业模式和服务业态，极大地推动了我国数字服务业的发展。

服务场景化阶段，随着云计算、物联网、人工智能、区块链等新一代信息技术与服务业深度融合，催生出了数字金融、数字物流、数字医疗和数字教育等新兴业态。随着智能终端和移动网络的成熟，以支付宝、微信支付为代表的移动支付工具使得支付变得更加便捷和安全。同时，以美团、微信小程序、滴滴等为代表的应用也推动了到家服务的普及、到店服务的数字化以及共享模式下的移动出行服务的兴起。这一阶段的服务业数字化发展更加注重用户体验和服务场景的拓展，推动了我国数字服务业向全服务场景、全服务类型移动化、信息化、智能化转型发展。

（二）服务业数字化发展情况

1. 信息服务业快速发展，加快服务业数字化进程

以新兴数字技术为主体的信息技术服务业近年来快速发展，已经成为服务业高质量发展的重要动力。随着云计算、大数据、人工智能等新一代信息技术的深入应用，信息服务产业在推动服务业数字化转型方面发挥着越来越重要的作用。信息服务业的快速发展为服务业数字化转型提供了技术支持和人才保障。信息服务业的快速发展也加深了服务业数字化的深度和广度，不断加快服务业数字化发展的步伐。随着信息技术的不断创新和数字化技术应用场景的拓展，服务业数字化的影响范围也在不断扩大。从最初的线上购物、在线支付到现在的数字金融、远程医疗、在线教育等，服务业数字化的领域越来越广泛。同时，从简单的信息在线化，到交易在线化，再到服务移动化、服务场景化，服务业数字化的层次越来越丰富，服务业数字化的程度也在不断加深。

2. 服务业数字化广度和深度不断提高

服务业数字化的范围正在不断扩大。过去，数字化主要局限于某些特定领域，如电子商务、在线支付等。但现在无论是生产性服务业还是生活性服务业，几乎所有的服务行业都在积极探索和实践数字化。从传统的零售、餐饮到金融、医疗、教育等各个领域，各类传统服务业都在经历深刻的数字化转型。数字技术的应用使得服务业的业务范围和服务模式得到了极大的拓展和创新，各种新兴业态和模式层出不穷。服务业数字化的发展催生出了数字物流、数字金融、数字医疗、数字教育、数字交通等一批新兴领域。另一方面，服务业数字化的深度也在不断加深。从最初的信息在线化，到交易在线化，再到现在的服务场景化、智能化，服务业数字化的层次越来越丰富。企业不再仅仅满足于将服务流程简单地搬到线上，而是更加注重通过大数据分析、人工智能等技术手段，深入了解消费者需求，优化服务流程，提供个性化、精准化的服务。

3. 服务业数字化监管政策逐步完善

随着服务业数字化的发展，服务业的业态和模式不断创新，对监管政策提出了新的挑战和要求。近年来，为了规范和促进服务业数字化的发展，助力服务业数字化转型从野蛮生长转向规范有序发展，政府和相关部门出台了一系列监管政策。例如在互联网金融领域，政府在监管和合规方面持续发力，《关于促进互联网金融健康发展的指导意见》《互联网金融风险专项整治工作实施方案》等政策的发布和落实，行业乱象得到进一步规范，信息披露、征信等互联网金融基础设施建设正步入正轨。服务业数字化监管政策的逐步完善为行业的健康发展提供了有力保障。未来，随着政策的进一步细化和落实，服务业数字化将在更加规范、安全、公平的环境中持续蓬勃发展。

（三）服务业数字化发展面临的问题

1. 服务业数字化程度和渗透率有待提升

虽然数字经济与服务经济的融合程度日益提高，但服务业的数字化程度仍然相对较低。中国社会科学院财经战略研究院发布的《平台社会经济价值研究报告》指出，我国服务业企业普遍存在规模小、盈利能力弱、数据意识薄弱、数据化基础差等问题，目前有意愿且有能力独自开展数字化的商家比例不足 1%。许多服务业企业仍停留在传统的经营模式上，数字化技术的应用和推广受到限制。此外，服务业数字化的渗透率也偏低，尤其是对于一些中小型服务业企业而言，数字化转型的成本和技术门槛成为制约因素。

2. 服务业数字化转型不平衡

服务业数字化的发展不均衡现象明显。不同地区、不同领域、不同规模的服务业企业在数字化程度上存在显著差异。一些行业，如金融、电信、医疗等，由于其对信息技术的依赖程度高，数字化转型较为迅速和深入。而一些传统服务业，如餐饮、零售等，尽管也在进行数字化转型，但进展相对较慢，转型程度较浅。大型服务业企业在资金、技术、人才等方面具有优势，能够更快地推进数字化转型，实现业务模式的创新和服务质量的提升。而中小型企业由于资源有限，往往面临数字化转型的困难，转型进度较慢。服务业数字化转型在不同地区也存在明显的不平衡现象。发达地区和中心城市由于经济发展水平高、市场需求旺盛，数字化转型的进程较快。而一些欠发达地区和农村地区，由于基础设施薄弱、人才匮乏等因素，数字化转型相对滞后。此外，产业链上下游的数字化发展也不均衡，上游原材料供应、物流运输等环节的数字化程度亟待提升。

3. 数据安全与隐私保护问题

随着服务业的数字化转型加速发展，大量数据被生成、传输和存储，其中涉及大量的敏感信息和个人隐私。由于服务业中大量敏感数据的电子化存储和传输，一旦服务商的系统遭受外部非法攻击或内部管理不善，可能导致客户个人信息、交易记录等敏感数据泄露，对个人隐私造成严重侵犯。而且许多企业在进行数字化转型时，由于资源有限或者重视程度不够，未能建立完善的网络安全防护体系，包括加密技术、访问控制等技术手段的应用，从而加大了数据被非法获取的风险。部分企业和服务提供商可能在未经用户充分知情同意的情况下，过度收集、分析和利用用户数据进行商业营销或其他非授权用途，侵犯用户的隐私权。

三、服务业数字化发展的策略

（一）加强数字技术在传统服务业的渗透和应用

传统生活服务领域在直接采用数字技术时，往往面临技术能力的制约，导致难度增大和成本提高。然而，随着数字技术创新的不断深化，为生活性服务领域的数字技术应用创造了更多可能性。通过引入大数据、云计算、人工智能等先进技术，借助智能手机等移动设备，传统服务业能够打破时间和空间的限制，实现线上线下的融合，实现服务流程的自动化和智能化，提高服务效率和质量。例如，在餐饮行业，通过应用智能点餐系统，消费者可以自主下单、支付，减少了人工服务的环节，提升了用餐体验。零售业通过建设电子商务平台，实现了线上销售、线下体验的新型商业模式，为消费者提供了更加便捷、个性化的购物体验。

（二）共享数字红利，推动服务业数字化均衡发展

由于地区、行业、企业之间的差异，服务业在数字化进程中的发展并不均衡。因此，需要制定针对性的政策措施，加大对欠发达地区和中小服务业企业的支持力度，帮助他们克服数字化转型的障碍，实现与发达地区和大型企业的同步发展。要不断优化数字服务资源配置，确保不同地区、不同规模的服务业企业都能享受到基本的数字化服务。尤其在农村和欠发达地区，确保网络覆盖和服务质量，消除"数字鸿沟"，为全民共享数字红利奠定基础。制定适应各地区、各行业特点的差异化的数字化转型政策和激励措施，鼓励企业尤其是中小微企业充分利用数字技术加快进行转型升级，促进区域间、行业间的均衡发展。建立和完善服务业数字化相关的标准体系，统一接口，规范流程，减少技术壁垒，促进不同系统之间的互联互通。

（三）强化数据安全与隐私保护

加强数字技术应用的同时，必须高度重视数据安全与隐私保护问题。建立健全适应数字经济背景下的服务业数据安全与隐私保护法律法规体系，建立健全的数据安全管理制度和技术防护措施，确保企业在采集、使用、传输和存储个人及企业敏感信息时有法可依、有章可循。对于服务业企业而言，要建立完善的数据管理和安全制度。相关企业

需要对数据进行分类管理，明确数据的访问权限和使用范围，制定严格的数据安全标准和流程，确保数据的合规使用。同时，要对服务业企业进行严格的数据合规性审查，尤其是在信息技术服务业，完善相关监督审查机制，监督相关企业严格遵循相关法律法规，合理收集并使用用户数据，不得非法储存和使用用户隐私数据。

思考题

1. 数字产业化和产业数字化之间的关系是什么？
2. 产业数字化发展的关键力量是什么？
3. 企业如何抓住产业数字化的机遇加快数字化转型？

第七章　企业数字化转型

本章导读

　　随着全球数字经济的发展，数字技术逐渐渗透到各个行业，企业作为市场经济中重要的微观主体，其数字化转型对企业的生产、经营、管理都产生了深远影响，同时决定了国家数字经济发展水平。对企业来说，数字化转型既是机遇也是挑战 。本章基于企业数字化转型的背景与内涵，了解企业在数字经济时代的变化，分析驱动企业数字化转型的主要力量，探讨企业如何实现数字化转型，思考企业数字化转型带来的效应以及面临的挑战。

本章知识点

　　1. 掌握企业数字化转型的背景与内涵；
　　2. 了解企业数字化转型的动因；
　　3. 掌握企业数字化转型的路径；
　　4. 理解企业数字化转型的效应及挑战。

第一节　企业数字化转型的背景与内涵

一、企业数字化转型的背景

　　在 20 世纪的后半阶段，随着全球范围内第三次工业革命的深入发展，互联网技术飞速发展，"互联网+"为主导的理念逐渐渗透到企业管理理念中，企业信息化趋势日益显著。为了紧跟技术革新的步伐，企业纷纷采纳先进科技，将原本以物理形态存在的信息转化为数字化形式，并试着将其与传统业务模式相互融合。这一转变不仅显著提升了企业运营效率，更是企业信息化进程全面启动的重要标志。在网络技术的初期发展阶段，企业构建的信息系统更多关注的是如何降低成本，提高管理效率，忽略了部门之间以及其与消费者之间的信息流通。进入到"互联网+"快速发展阶段，企业数字化不仅体现在企业通过建立 ERP、生产、仓储等系统，实现了部门之间以及与消费者之间的无缝连接，还体现在技术如何重塑现有的商业模式。它确保了企业内部流程的高效协调，并且业务操作受到实时数据的强力支撑，进而显著提升了生产效率，并增强了客户满意度。进入 21 世纪后，我国在积极推动信息化与工业化深度融合的同时，也将互联网技术提高到国家发展战略的位置。特别是从 2005 年开始，互联网建设得到了显著加强，到 2015 年我国明确提出"互联网+"和数字技术战略，鼓励传统产业采纳这些技术，以此推动科技与产业的深度融合，加速企业向数字化方向迈进。随着政府关于"信息化"相关工作的持续推进，我国信息化建设步伐不断加速，企业的信息化进程也呈现出显著的增长态势。我国经济发展进入转型阶段，需求端和供给端增长的压力增加。需求端方面，我国经济面临出口压力增大、投资增速放缓等方面的挑战；供给端方面，劳动力成本上升、自我研发能力不足、资本流转速度低、生产效率下降等问题也慢慢显露，我国经济发展战略重心亟须从高速增长转向高质量发展。随着中国经济步入高质量发展的全新阶段，数字技术的创新为这一全新阶段的发展注入了强大动力，企业数字化转型正逐步成为企业变革的核心引擎，是推动传统行业和企业创新发展的重要途径。

二、企业数字化转型的内涵

数字经济迅速发展，企业开始采用数字技术及相关系统和设施应用于生产过程及组织管理等。企业数字化转型的精髓涵盖两大核心要素：数字化与业务重塑。数字化不仅是信息化的进阶发展，更是通过先进数字技术将企业的内外部信息转化为数字、数据的过程，这一变革象征着从信息科技向数据科技的飞跃。而在企业的日常运营管理中，数字化转型实质上是通过计算机技术对企业运营的全过程进行全方位的模拟和再现，进而将数据反馈至现实运营中，为企业的决策提供精准指引，影响企业行为并促进业务持续增长。

随着数字化转型的持续推进，关于企业数字化转型的见解日益丰富多样。从工业化视角来看，企业数字化转型是企业工业化管理方式向数字化管理模式的系统性跃进，改变传统工业化的组织管理模式，通过数字技术应用到当前的管理架构中，系统性地重塑企业的信息结构、管理方式、运营体系以及生产流程。从企业盈利角度，企业数字化转型是企业为达到效率提升、利润增长的目标，将大数据、云计算等数字技术融入企业产品生产、公司管理和销售模式等全过程。从产业链角度，企业数字化转型并非局限于某一特定领域，而是一个全面的战略转型，不仅涉及供应链、创新链等的数字化转型，也包括管理的数字化革新。为此，企业需深入地将数字技术融入运营管理和业务的各个环节，从而推动研发、生产、销售、服务等全流程的数字化升级与优化，构建更为高效、智能的运营模式。

企业数字化转型不只是数字化升级，数字化是动力和手段，企业实现转型才是目标。在数字化转型过程中，通过数字技术作用于业务流程、运营管理，提高其创新能力来实现降低成本、提高效率，实现企业构建新商业模式的能力，影响整个组织，重新定义战略、创业过程、创新和治理机制。企业数字化转型不仅突出技术的作用，还更加重视人的作用。数字经济时代，技术迭代迅速，企业是否能够适应数字技术成功实现转型，重要的影响因素是具备数字化思维和掌握应用数字技术能力的人。

因此，企业数字化转型的过程不仅是企业实现数字技术的转换和数字化升级，更是企业核心业务和商业模式的重塑，在这个过程中，企业以现有信息化系统为依托，将数字技术与生产活动紧密结合，实现人员、物品、场景、流程以及数据的全面数字化，实现企业内部管理的数字化转型和业务数字化转型。通过数字化转型，企业能够增强数据存储与数据分析能力，通过数字平台对所有参与主体和流程实施集中化管理与连接；同时，持续积累并高效利用数据，推动流程优化、组织重构、研发生产革新以及商业模式的微观变革，提升运营效率。例如，在机械装备制造和化工行业，应优先考虑智能制造和工业互联网等生产端的数字化技术；面向大众消费的行业则更应注重销售终端和客户管理的数字化升级；而投资类企业则需优先应用大数据分析和云计算等技术。

三、企业数字化转型必要性

（一）国内外经济发展的必然趋势

国际层面，中美贸易摩擦持续，全球大国关系重组，各国在数字经济领域的布局日益完善，数据资源成为关键资源。国内层面，我国正迈入"十四五"规划的关键阶段，中国企业的强劲增长、数字化转型加速。随着新一代数字信息技术的全面推广与应用，国内外产业链的分工与布局正经历着前所未有的变革。信息技术的飞速进步，不仅有效缩减了不同地域间的交易成本和渠道成本，也将影响传统产业价值链。而这一变革不仅影响着产业链的各个环节，也对全球经济结构产生了深远影响。在数字经济时代，尤其是传统制造业企业除了通过产品获得利润外，更需要加强服务，转变成为定制化、智能化的生产方式。因此，企业需紧跟"数字产业化、产业数字化"的潮流，推动经济发展新动能。此外，我国企业在应对国际贸易争端的同时，更应借助数字化转型，利用新技术改造传统模式，以在全球竞争中取得优势。

（二）应对激烈市场竞争的必然要求

在数字化浪潮席卷全球，产业数字化与数字产业化并行发展的当今世界，数字经济正日益成为推动社会经济发展的重要引擎。随着5G、区块链、大数据等前沿技术与各行各业的深度融合，数字化转型已成为企业应对激烈市场竞争的必然要求。在日益激烈的市场竞争中，传统企业若未能及时融入数字化转型的浪潮，其竞争力将逐渐削弱，最终可能面临市场淘汰的严峻局面。数字化转型不仅可显著提升企业的运营效率，还能大幅度优化产品和服务的质量，为企业赢得市场竞争中的优势地位。同时，通过积极引入前沿数字技术，将其深度融入日常经营管理流程，也能够实现成本的有效降低和效益的显著增强。此外，数字技术的应用还能帮助企业精准捕捉市场动态，实施精准营销策略，借助大数据分析技术深入挖掘潜在的商业价值，发掘更多市场机遇。

（三）技术创新的必然选择

在数字经济的新纪元，科技创新已成为推动企业数字化转型的核心驱动力。人工智能技术的突破性进步，给予企业智能化转型的强大支持，通过前沿技术对庞大的数据集进行深度剖析和洞察实现自动化决策，同时智能客服、自然语言处理等前沿应用也显著提升了服务效能和智能化层次。大数据技术也为企业在管理和利用海量数据资源上提供了坚实支撑。它通过数据分析和挖掘为企业业务决策提供精准的数据支持，帮助企业构建更为精细化的市场营销策略，进而优化运营效率。物联网作为连接设备和网络的桥梁能实现设备间的无缝互联与实时监控。云计算则可通过计算与存储资源灵活扩展，将数据与应用程序安全地存储在云端，为用户提供了便捷、高效的访问和使用体验。这些技术的融合应用，为企业数字化转型注入了新的活力。这些先进技术正续不断地进行创新和完善，在企业转型过程中的适用性不断增强，企业依托这些技术实现转型升级，既是企业自身发展趋势，更是应对日益激烈的市场竞争的必然选择。

（四）满足客户需求的选择

数字技术和互联网技术的广泛普及与应用，使消费者能够更便捷地获取信息。消费者对产品和服务的需求在逐渐发生变化。传统的标准化生产和固定服务模式已难以契合现代消费者的期望。当前，消费者更加追求个性化和定制化，强调在消费过程中的独特体验。为了迎合消费者需求的转变，确保长期稳定的业务增长，现代企业必须顺应这一趋势，通过数字化转型来满足消费者的个性化需求。利用数字技术提升产品与服务的个性化程度，从而吸引并留住客户。企业可以运用数字技术收集海量消费者数据，深入分析潜在客户的兴趣偏好和购买习惯，进而为消费者量身定制个性化的产品和服务。在这个过程中，企业不仅能够满足消费者的个性化需求，提升消费市场变化的应对能力，还能在潜移默化中提高企业的核心竞争力。

（五）企业自身规模和定位

在企业数字化变革的过程中，企业内部的经营模式、业务布局、创新潜力等核心素质，成为推动企业数字化转型的动力源泉。企业的数字化转型不仅受外部环境影响，更是持续发展的内在追求的体现，是为了实现企业长期发展的目标。数字技术运用在生产环节时，更好地结合企业自身的规模和长期发展定位，权衡产品数量与生产规模，使生产既能满足企业短期生产目标要求又能兼顾企业长期发展战略。而企业的数字化转型也会给企业发展带来隐性风险，具备雄厚资源投入、精准产品战略、高效人才管理等综合能力的规模较大的企业，才能有效应对转型带来的隐性经营风险。以电力企业为例，企业在保障项目完成的同时，也要关注施工技术的提高，增加创新投入，增强技术创新能力的提升，同时在企业文化中培育浓厚的创新氛围。通过相关措施，企业能及时更新施工技术，提高工程施工质量，确保在激烈的行业竞争中保持卓越的领先地位。

（六）增强企业抗风险能力的需要

全球经济进入缓慢增长期，面对复杂的国内外环境，企业也将面临更大的风险和竞争。企业进行数字化转型能够减少企业的生产经营成本，提高收益，增强企业抗风险能力，这一现象在制造业、物流、电商等行业尤其明显。企业可通过增加数字技术相关的投资，在生产过程中渗透到采购、生产、销售、管理等环节，以增强各个环节的互联互通，提升生产效率和业务沟通环节，降低相关成本费用。在企业财务方面，数字技术的应用能提高财务人员的工作效率和计算的准确性，企业管理者能通过更加准确的财务信息了解企业发展情况、发展趋势以及相关成本，制定更加准确的财务管理目标，降低成本，增强抗风险能力。同时，数字技术的应用也能有效降低企业信息不对称现象。比如，在企业组织机构内，企业经营数据和企业年报可增强企业管理者和投资人对企业的实际运营和决策进行有效监督，降低企业经营管理风险；在金融市场通过数字技术能更加准确地跟进金融市场的情况，降低企业金融风险。

第二节　企业数字化转型的动因及路径

一、企业数字化转型的动因

（一）市场需求

在数字经济迅猛发展的浪潮中，国内外市场的消费者需求正经历着显著变迁。这种变迁正是企业选择数字化转型的核心驱动力，是对市场需求演变的响应。首先，随着数字时代的不断深化，网购平台、在线支付和物流体系持续完善，使得消费者仅凭智能手机或电脑即可轻松实现线上购物，线上线下购物模式逐渐融合，突破了时间与空间的限制。我国网民规模在 2021 年已突破 10 亿，互联网普及率超过 70%，手机也已成为人们上网的主要工具，其中高达 8 亿的用户选择网络支付和网购，这充分反映了数字经济环境下消费者购物习惯的根本性变化。其次，在竞争激烈的市场环境中，消费者对缺乏创新的品牌忠诚度逐渐降低，而热门产品的更新换代速度则日益加快。这就要求企业不断创新，以保持与消费者的紧密连接。最后，新一代消费者日益年轻化，他们不再盲目追随潮流，而是追求个性化与独特性。年轻消费者通过各种社交媒体获取丰富的商品信息，包括价格、性能和用户评价，这使企业不得不更加关注与消费者的互动关系，及时响应消费者的需求变化，紧跟数字经济的步伐进行战略规划。否则，企业将面临市场份额下降，甚至被市场淘汰的风险。因此，企业必须通过数字化转型，运用数字技术更加及时了解消费市场的变化情况及消费者需求的变化。

（二）数字技术推动

企业数字化转型的精髓在于深度运用数字技术作为核心驱动力。一方面，新一代数字技术的迅猛进步，极大地推动了企业数字化转型的进程，企业能够更高效地搜集和整合内部数据，加强产业链上下游的沟通与协作，为数字化转型构建了坚实基石。另一方面，数字技术的持续迭代更新，也改变着企业的战略管理理念和思维创新，推动企业进行数字化转型。不同企业在数字技术应用上的差异，加剧了市场竞争的激烈程度，对传统企业构成了严峻挑战。为了在竞争中取得长远发展，企业必须借助新一代数字技术，推动内部战略管理的革新。然而，数字技术虽然是企业数字化的核心驱动因素，但是企业是否会实现数字化转型、数字化转型是否成功是一个综合因素影响的结果，并非只受到这一个因素的影响。

（三）企业创新能力

企业的创新能力主要表现在企业的资源投入、创新策略与激励机制，创新成果转化为实际价值的能力、财务等方面。企业在面对组织变革或公司转型过程中，企业的创新能力影响企业在数字化转型中是否基于数字技术的运用，减少资源投入；影响企业是否能够积极采用最新的数字技术探索新的制造工艺，生产出满足市场新需求的产品；影响企业管理层及员工的创新思维，对敢于承担风险的行为给予奖励，在转型时期能够积极响应公司的决策；影响企业是否能够基于数字化平台进行差异化发展，满足消费者日益多样的需求，为企业获得更多市场和盈利。因此，企业的创新能力影响着企业是否进行数字化转型的决策以及在转型过程中遇到困难时应对风险的能力。

（四）管理者态度

在企业的数字化转型过程中，高管的态度起着举足轻重的作用，企业管理层所共同秉持的信念影响着企业的发展方向。数字化转型对企业长远发展的深远影响，需要企业高层领导层进行深思熟虑的决策和明确的授权。因此，企业的高层管理者必须具备前瞻性的数字化转型视角，前瞻性的"数字思维"有助于管理人员更积极地投身转型进程，能够精准把握商业模式演进的脉络，助推企业进行数字转型相关设施的构建。在这一过程中，高层管理者的角色至关重要，积极引导和推动企业数字化转型的进程，对于提升企业的整体竞争力具有显著作用。从内部视角来看，一个开放的组织文化和周密的内部准备是推动数字化转型的重要内部支撑。特别是技术与管理人才的选拔与配置，更是这一变革过程中不可或缺的"引擎"。最终，数字技术是否得到采纳，则取决于公司实际业务运作的需求和状况的双重驱动。

清华大学全球产业研究院《中国企业数字化转型研究报告（2023）》调查数据显示，推动数字化转型的直接领导通常是企业内的高级管理人员，如企业董事长、CEO 或总经理、首席信息官等负责推动数字化转型。

（五）组织战略

企业数字化转型的战略价值的核心在于，企业能否灵活应对外部环境的变化，保障其长远的稳定与成长。当技术革新与市场环境交织着不确定性时，企业往往会受到同行业其他企业的影响，即根据同行业的企业竞争态势主动调整自身的战略走向。因此，当数字化转型成为行业内的普遍趋势时，企业为保持在行业中的地位和竞争优势，通常受其他企业影响也更倾向于采取相同战略。尤其是当企业面临商业模式或者发展道路危机时，企业的组织韧性被激发，更加倾向于进行数字化转型，以推动企业实现组织能力的飞跃式提升，从而帮助企业实现从现有层次向更高层次的跨越。

二、企业数字化转型的实现路径

（一）明确企业转型战略

在企业数字化转型的进程中，发展战略扮演着至关重要的角色，为企业指明了前进方向，并助力企业把握未来行业与市场的发展趋势。发展战略不仅是企业对未来挑战和机遇的深思熟虑与筹划，更是企业在内部控制与管理方面设定的阶段性最高目标。除了必要的政策与资金支持外，加快组织机构的标准化进程、在企业内部实施标准化培训、完善内部标准体系，以及强化对各类型标准化项目的监管与评估，构成了我国企业数字化转型的有效途径。

数字化转型对企业决策层而言，是一次战略布局、顶层规划、领导能力和执行能力的全面考验。首先，企业决策层应综合考量企业内部情况、外部竞争环境和技术发展方向，明确企业发展方向，提出数字化转型的蓝图。这一战略需在健全的信息化基础上，如网络、软硬件、数据标准、数据质量等，围绕核心业务进行数字化层级的逐步构建，并确保实施步骤和阶段目标与数字化转型蓝图相互协同、阶梯式发展。其次，随着企业发展战略的确定，相关组织机构的调整也应同步进行，同时加强风险管控，建立健全企业管理和内控体系，以确保发展战略和数字化转型蓝图的顺利实施。

（二）强化企业的数字化驱动力

数字化驱动力是企业实现数字化转型和持续发展的核心能力。在数字化浪潮中，数字化驱动能力推动企业积极应用前沿技术，加速业务创新，塑造竞争优势，持续创造新的价值，推动企业迈向新的发展阶段。随着网络组织与各类数字资源的深度融合，企业网络也在逐步迈向数字化，成为内外沟通的关键桥梁。数字化转型是一个持续进化、不断深化的过程，而数字化驱动力则是推动这一进程的核心力量。因此，加强企业的新型数字化驱动力，促进数字化创新，成为推动企业数字化转型的关键。

为了强化企业的新型数字化驱动力，可从下面几个方面展开：一是构建提升数字化能力的框架，同时也建立数字化转型框架，两方面同时进行、相互融合、共同协作；二是培养企业整体规划能力，使企业具备能快速捕捉最新的技术、消费市场以及社会战略变化的能力，使企业的发展与先进技术和市场需求、社会战略相契合。三是企业必须具备高效应用新技术的能力，增强技术转化成实际生产力和企业利润的能力，提高企业竞争力。

（三）强化人才队伍建设

在数字化时代，具备数字化专业技能的人才至关重要。数字化专业人才要能高效率处理大量各种类型数据，将数据转化为具有一定价值的信息，实现数据价值。这些人才是企业数字化战略与组织架构得以实施和管理的核心力量，对于实现企业的数字化能力具有举足轻重的作用。

面对数字化转型带来的人才需求挑战，企业需要加大力度打造一支高素质的数字化人才队伍。为实现从传统模式向数字化转型的升级，企业需要实施以下人才培养策略：首先，以目标为导向，构建与职业发展紧密结合的数字化转型培训体系，确保人才培养的针对性和实效性。其次，鼓励团队成员参与全流程实践，打造一支融合型团队，将数字技能融入业务运营、技术创新、数据管理和资源保障等多个环节。再次，利用多样化的学习方式激发员工的学习兴趣和积极性，开展体验式、开放共享式的培训项目。此外，通过绩效驱动的方式，量化学习效果并提供快速反馈，以激励员工不断提升自我。最后，加强校企合作，持续培养数字化人才，共同打造适应数字化时代需求的新学科，为企业输送更多优秀的数字化人才。

（四）完善数据治理框架

随着企业业务规模的扩张，多样、复杂的数据环境对数据的存储、管理与应用提出了更高的挑战。为有效应对这些挑战并充分发挥数据资产的价值，建立全面而系统的数据治理框架已成为企业数字化转型的核心关注点。企业在完善数据治理框架的过程中，应当重点关注以下几个方面：一是清晰梳理和规划企业的数据资源，整合企业现有的数据资产，建立数据档案；二是制定覆盖所有数据资源的统一的数据标准；三是完善数据治理的相关制度，明确数据治理的组织结构、角色职责和权限划分，并结合企业的实际信息化和业务情况，制定符合自身发展需要的制度、规范和流程体系，以确保企业数字化转型的顺利进行。

（五）发挥政策引领作用，促进企业转型

在中国特有的市场环境中，政府在资源调配方面具备显著优势。为推动企业实现数字化转型，我们应强化国家宏观政策的引领作用。通过加大财政金融扶持力度、推行试验示范项目等多元化策略，有效推动实体零售业的技术创新与转型升级。这些政策不仅为企业的数字化转型提供了关键的基础设施支撑，更为企业在数字经济浪潮中的转型升级提供了战略层面的思考方向。在企业数字化的过程中，企业需掌握先进的数字信息技术，数字化基础设施的健全与完善则是数字化转型成功的基石。这些基础设施对于提升企业的数字化开发能力、拓宽应用深度与广度具有至关重要的影响。因此，政策引导新型数字基础设施的构建与优化，包括 5G 网络、产业互联网等基础设施的建设，能够为企业的数字化转型提供坚实支撑。

第三节 企业数字化转型的效应及面临的挑战

一、企业数字化转型的效应

（一）企业数字化转型提升企业全要素生产率

企业数字化转型的过程之中，前沿的信息技术应用到企业运营的各个环节，为企业全要素生产率的提高和高质量的发展带来新的动力。

企业的数字化转型是一个开放、共享、跨越时空的过程，这个过程能增强企业内部沟通，提高信息流通。企业经过该过程逐渐开始转型，企业内部实现效率提升和信息架构更加完善，企业外部整合信息的成本降低，进而影响企业全要素生产率，企业的整体经济效益得到提升。同时，数据作为新的生产要素，对其进行整合利用并形成一套高效率的系统，能够提升企业整体运营流程的信息透明度，增强各部门之间的协作，提高企业的生产管理效率，最终促进全要素生产率的提升。此外，企业借助于最新的数字技术，能够快速、高效、准确地在海量数据中筛选出对企业有价值的数据，降低企业信息收集和信息处理的相关费用，减少企业之间、企业与市场之间的信息不对称，提高数据要素的利用效率，最终实现全要素生产率的显著增强。

在企业数字化转型过程中，人力资本也是推动全要素生产率增长的重要力量。数字技术可通过两个方面对人力资本产生影响，进而影响企业全要素生产率。一是数字技术和智能设备的应用能够实现规模经济，降低成本，同时也能增加高技能劳动力在企业的比重，减少对低技能劳动力的需求，对企业生产效率和生产成本产生影响，进而影响企业全要素生产率。二是数字化转型会影响企业高技能劳动力和高技术人才的比重，企业劳动力结构发生变化，人力资本水平提升，企业的技术吸收能力提升，进而使得技术转化为实际产能和效率的能力增强，这不仅提升了企业的竞争力，也有效推动了企业生产效率的全面提升。

（二）企业数字化转型提高企业创新水平

企业数字化转型能提升企业研发效率。在企业的数字化转型过程中，数字化渗透到企业的价值链中，影响着企业的研发设计、生产管理、售后服务等运营环节，使得信息在企业内部和企业之间的流动更加融合、高效，企业研发能更快、更准确获得核心数据，进而提高企业研发创新效率。

企业数字化转型能提高企业的创新能力。数字化转型能降低企业信息搜集和整合的成本，提高信息的准确度，减少信息不对称带来的创新风险，使企业增强对研发新产品的信心，提高研发的积极性和研发投入。同时，数字技术还在很大程度上缓解了企业的融资约束，显著推动了创新活动的进行。数字化转型对企业创新能力的正面效应随着时间的推移愈发明显，推动着企业持续创新能力的提升。

企业数字化转型能改善企业创新绩效。数字技术通过数据集成和数据分析能力，在企业内部提升部门间的分工协作能力，降低创新成本；在企业之间实现资源配置效率提升，削弱行业间的壁垒，企业间跨界合作，融入全球创新网络，进而显著提升企业的创新绩效。随着创新合作的日益紧密，异质性知识的融合速度加快，这不仅提升了知识的广度，还为企业创新提供了更为丰富的知识供给。

（三）企业数字化转型促进人力资本结构升级

企业数字化转型提高企业对高素质人才的需求。数据要素能否与其他生产要素融合，数字技术能否提高运营效率，都受到企业人力资本结构的影响，尤其是高素质人才的占比。高学历、高技术的劳动力能更有效地将核心技术与经营模式相结合，促进信息要素与其他生产要素深度融合，推动企业创新效率的提升和运营效率的提高。而企业数字化程度越高，对高素质人才的需求也将越大，因此企业不仅需要提升在岗员工的技能水平，也会吸收新的高技术、高学历员工，改变企业人力资本结构，提升企业高素质人才占比。

而在数字化的过程中，不可避免的是传统劳动力尤其是低技能劳动力被数字技术所取代。自动化生产、工业机器人的出现，对传统劳动力的就业带来冲击。以工业机器人为例，它能够担任低技能劳动力在企业中的角色，完成低技能劳动力的大部分工作，这必然会减少低技能劳动力的就业岗位以及工资水平。同时，随着新业态、新场景和新技术的不断涌现，传统的生产方式和商业模式正面临前所未有的挑战。低技能劳动力在传统生产方式和模式中占据主导地位，然而，随着这些领域的转型和升级，对这类劳动力的需求正逐渐减弱。同时，数字技术及人工智能的快速发展已经使得许多原本重复性高、机械化的工作被代码和编程技术所替代。数字场景的广泛应用不仅提高了生产效率，降低了用工成本，还为企业扩大经营规模提供了有力支持。这种趋势对劳动力市场的影响深远，要求劳动力结构不断适应新技术和新模式的发展。

（四）企业数字化转型提升企业运营效率

传统的企业尤其是制造业存在着组织层级化严重、线性结构等问题，部门之间生态系统并不够灵活。供应链的数字化变革，能够重新梳理目标的优先级，通过加强上下游的协同合作，优化内部流程，提升企业生产运营效率，打造协同的供应链计划和交付能力。

数字化转型通过精细化的流程和数字技术打破传统企业效率低的运营状态，通过建立包含业务、核算、管理、决策四维一体的智能化系统，将企业采购、生产、销售、售后等环节都囊括其中。通过对相关数据的处理和分析，提高预算管理、筹资、投资、生产运营等方面预测的精准度。比如在信息处理方面，数字化转型提高企业人工智能、大数据等数字化技术，这些技术的运用能提升企业获取信息、处理信息、分析信息的能力，高效地对数字化资源进行处理，将其转化为有价值的信息，企业再基于这些信息进行决策从而影响企业的采购、生产、销售等，进而影响企业的运营情况。

此外，企业数字化转型也能简化业务流程，显著提高资源配置效率。在制造业企业中，利用数字化电商平台优化供应商与采购管理已成为一个高效且切实可行的策略。以中车集团为例，其推出的供应链电子商务平台——中车购，不仅专注于轨道交通行业的供应链协同，更是一个集成化的解决方案。该平台涵盖了采购招标、供应链协同、市场营销、物流及金融等多个方面，形成了全面一体化的服务架构。其核心模块分别承担不同职能：中车售致力于为全球客户提供统一的数字化客户服务；中车金则采用创新业务模式，提供贸易、物流、金融及租赁服务；中车运聚焦于物流运输；而中车采则专注于为全球采购业务提供透明高效的数字化服务。此外，中车信模块负责实现供应商体系的数字化统一管理，确保供应链的协同与高效。这一平台的设计充分展示了中车集团在供应链优化方面的前瞻性和创新能力。通过数字化平台，企业生产链和生态系统得到完善，各部门之间协作更加高效，实现组织的扁平化管理，优化各业务流程，为企业价值提升奠定了坚实基础。

（五）企业数字化转型增强产品市场竞争力

企业数字化转型过程不单纯是企业提高企业创新水平和运营效率的过程，更是提高市场接受度和满足消费需求、提高产品竞争力的过程。通过大数据、云计算、各种数字平台，企业及时获得消费者的搜索记录、消费偏好、消费水平、消费体验等方面的信息并进行数据处理，形成消费者对产品的全面反馈报告。通过这些报告内容能帮助企业了解客户需求、产品竞争力，提高客户对产品和企业的黏性与活跃度，也强化了企业在行业内的销售竞争力，最终提升了企业在产品市场中的整体竞争地位。

企业数字化转型能拓宽客户网络，拓展企业的用户基础。数字技术的应用改变了企业与消费者之间的沟通方式，基于现有客户网络搭建新的分销渠道。企业可以让消费者参与产品的设计与定制过程，通过这个过程能更好地了解消费者的需求以及让消费者体验到产品的质量，提高消费者体验感和愉悦感，增强客户黏性。此外，企业还可以利用大数据进行产品推广，开发潜在客户，扩大客户群体。客户群体大且不过度集中则会提高企业的议价能力，在拓宽销售渠道的同时提升产品价格，进而增强企业市场竞争力。

数字化转型能提高产品创新能力。企业的数字化转型不仅体现在客户拓展，也体现在产品的设计和技术创新上。企业依托于数字技术，产品设计和技术创新能力都得到提升，产品设计更符合市场需求，技术创新成功率提高，产品创新中风险减少，产品竞争力增强。同时企业基于数字基础设施的完善，一方面，企业间的合作与交流增多，提高了知识和信息的流动性，企业能更有效地整合和匹配互补性资源，为创新产出的增加提供坚实的资源和能力基础；另一方面，企业创新能力的空间溢出效应提高，企业自身创新能力增强的同时，也通过空间溢出效应影响地区之间的同行业企业的创新能力提升，增强企业搜寻、捕获和维持客户关系的意愿，共同提升了同类型企业在产品市场中的竞争地位。

（六）加快企业业务转型

企业数字化转型通过渗透到企业价值链中，加快企业业务转型，主要通过以下方式展开。一是推动制造业服务化转型。随着经济发展模式的转变，众多企业纷纷将业务重构视为维系并提升价值的关键战略。以行业领先的激光加工设备制造商大族激光为例，其已将业务转型由单纯的产品制造向全方位服务提供转变，作为其核心数字化战略的一部分。为了实现从单一设备供应商向智能设备、全面解决方案以及智慧工厂服务提供者的跨越，大族激光通过持续的研发创新和工厂生产流程的数字化转型，利用云平台技术实现了企业运营的全链条优化，进而推动了业务模式的革新和运营效率的显著提升。二是提升企业竞争力。在中国部分行业中，本土企业在技术和产品领域已显著缩小了与全球领先者的差距，甚至实现了反超。面对这样的局面，企业开始将战略焦点转移至构建长期稳定的竞争优势，以确保可持续的发展道路。对于这样的企业来说，数字化转型成为其实现长远规划、铸造基业长青的关键手段。中车集团，作为轨道交通行业的全球佼佼者，经历了南北车合并及中国高铁建设的辉煌时期，已将"高端、智能、环保、服务"确立为未来企业发展的新航向。通过实施"互联网+高端装备+制造服务"的战略，以及积极推进"数字化中车"的宏伟蓝图，中车集团致力于通过数字化运营获得持续的发展动能，以期在未来的竞争中抢占制高点。

二、企业数字化转型面临的挑战

（一）数字化观念的转变与统一难题

数字化转型是一项全局性的战略工程，它并不只局限于单纯的技术范畴，而且包括企业的业务布局和价值创造。但是，由工业时代向数字时代转型时期，企业的管理者和员工对数字化的认知并不一致，很多企业基于长期形成的惯性思维和既得利益，对于数字化转型往往持一定的排斥态度。企业高层管理者之间也可能存在不同的利益诉求，导致部门间难以形成统一的目标和行动。这种"舒适区"心态和不愿改变的态度，成为数字化转型过程中的一大障碍。

此外，不同部门对数字化的理解和认知也存在较大差异，这种"路径依赖"现象严重阻碍了数字化转型的推进。各部门往往固守传统的思维模式和管理理念，希望通过获取其他部门的数据来维护自己的核心利益,这种竞争性的数据需求加剧了部门间的矛盾，进一步加大了数字化转型的难度。

（二）数字化人才短缺与成本挑战

随着数字技术的迅猛发展，企业对数字化人才的需求呈现出井喷式增长，然而数字化人才的短缺成为企业在数字化转型过程中的一大难题。由于数字化时代对人才的要求日益提高，企业对人才的需求不再局限于只掌握某一方面的知识，而是需要跨学科、学习能力强、掌握数字化相关知识的综合型人才。然而，这类综合型人才在现阶段仍然短缺。因此，企业对数字化人才的需求仍然无法满足。

同时，数字化人才的工资水平普遍较高，这使得企业在招聘和留住数字化人才时面临巨大的成本压力。特别是与资金雄厚的互联网企业和高科技企业竞争时，企业在吸引和留住优秀数字化人才方面面临更大的挑战。因此，企业在推进数字化转型的过程中，必须高度重视数字化人才的培养和引进，以应对数字化人才短缺和成本高昂的挑战。

（三）数字化转型的资金投入与效果不确定性

对于企业来说，数字化转型并非短期能完成的，这是一个长期且复杂的系统工程，涉及企业生产、运营、营销、人力资源等多个方面。数字化转型不仅包括软硬件购置和系统运行维护，还包括数字基础设备更新、员工组织培训。因此，数字化转型的过程需要大量且长期的资金投入并存在一定的隐性风险，投资回报不确定性较强。企业的管理者和投资者则会对数字化转型持观望态度，或者在转型过程中持怀疑态度。企业面临生存压力，通常将数字化转型置于日常经营之后，导致数字化转型的投入严重不足。据《中国产业数字化报告 2020》显示，我国企业的数字化实际投入金额普遍偏低，大部分企业数字化转型投入不到年销售额的 5%。这种资金短缺的情况在中小企业中尤为突出，它们面对高昂的数字化转型成本，往往陷入"转型风险大，不转则难以生存"的两难境地。

（四）数据治理体系仍需完善

在企业数字化转型的进程中，数据已成为驱动变革的核心要素。然而，当前大数据治理体系尚不完善，存在诸多亟待解决的问题。一是数据流动问题。利益分配机制和激励机制的缺失使得数据无论是在企业内部各部门之间，还是企业间、企业与政府之间的流动存在限制。二是大数据的所有权与使用权问题亟待明确。大数据的所有权归属、使用边界以及如何在保障用户隐私安全的同时高效利用大数据，这些问题仍处于模糊地带，给企业数据管理带来了问题。三是健全相关的政策与法律。针对大数据使用过程中可能出现数据安全保护、非法数据交易等问题，相关政策和法律法规并不完善。因此，完善数据治理体系，解决上述问题是推动企业数字化转型成功的关键。

第四节　中国企业数字化转型新趋势

一、跨国公司积极构建中国本土数字生态

中国市场对数字服务的需求持续增加，跨国公司加速其数字化脚步，跨国公司正积极构建中国本土的数字生态系统以满足中国消费者多样化的需求，以此提升市场竞争力，开拓更多商业潜力与收益空间。跨国公司的进入提高了中国数字生态的活力和创新力，也带来了产业的前沿技术和管理经验。通过与跨国公司的合作与竞争，本土企业竞争力得到提升，数字化转型进步加快。

以宝洁公司为例，作为全球领先的消费品公司，自 2018 年 6 月起全面启动数字化转型，试图通过技术创新和数字化战略提升业务效率和市场竞争力。宝洁公司深化了 IT 部门与业务部门的融合，将 IT 部门人数增加到 300 多人，形成了前台、中台和后台的协同工作模式。通过这一调整，宝洁不仅优化了内部架构，也加强了项目领导力的培养，确保数字化战略能够顺利执行。同时，高层领导深刻认识到数字化领导力的重要性，因此定期举办数字化培训，形成数据驱动的文化。同时，公司每月从战略层面探讨数字化方向，确保数字化战略与企业整体战略相契合。宝洁不仅关注高层领导的数字化能力，也重视一线员工的数字化素养。自 2020 年起，宝洁大中华区每年举办数字科技节，邀请内外部专家讲解最新技术趋势，展示数字化实践案例。此外，公司还开发了数字化专项能力培训课程，提高员工数字化应用能力。通过数字化转型，宝洁公司在提升业务效率、优化客户体验等方面取得了显著成效。同时，数字化战略也推动了公司的创新和发展，使宝洁在竞争激烈的市场环境中保持领先地位。

二、数字化助力企业开拓新的增长点

在当今日益数字化的大潮中，技术创新为企业提供了持续的增长动力与无限潜力。在用户方面，通过大数据分析技术和人工智能的应用，企业能够深入挖掘客户需求和消费偏好，从而更有效地吸引和维持客户；同时数字化平台也可为企业提供更多的客户群体和供应商。在生产方面，企业依托更加先进的数字化平台和工具能加快技术研发的流程，缩短新产品研发周期。在市场方面，数字化技术能帮助企业降低地理界线带来的限制，协助企业进入新的地区和市场，实现更广泛的业务拓展。

海信公司收购日本三电公司后，针对三电中国区进行了全面的战略规划与整合。收购三电后，面临的主要挑战包括：多家工厂独立核算、信息化系统分散；缺乏统一的主数据标准与核算规则；全业务链条的信息流断裂，导致业务与财务系统分离；库存管理混乱；系统操作效率低下，手工操作占比过高。为了迅速提升整体管理水平，优化经营状况，海信决定通过信息化手段构建三电中国区一体化的数据运营能力，将财务核算、法人报表、管理报表等纳入集团统一标准体系，以此提升业务流程效率。但是，三电中国各区各公司、各工厂信息化水平参差不齐，特别是重庆和天津虽已拥有 ERP 系统，但各自独立运行，数据不一致，核算规则各异，已无法满足当前业务和财务变革的需求。因此，海信决定推行统一的 ERP 系统。因此，在技术架构上，海信选择了 SAP（System Applications and Products，企业管理解决方案）和 MDG（Master Data Governance，主数据治理）的 PCE（Physical Layer Encoding and Coding，物理层编码）产品，以其全球视野的稳定性和合规性，满足国内外使用需求。在主数据管理、销售管理、生产管理、采购与仓储管理以及财务管理等方面，海信通过实施统一的物料管理规则、流程优化、条码追溯管理、精细化成本核算等措施，显著提升了管理效率和数据准确性。在制造执行方面，针对汽车配套行业的特殊性，通过系统设置相关参数和与生产设备的联动，实现了生产流程的透明化和高效化。这些举措不仅为海信的全球战略提供了有力支持，也为三电中国区乃至全球业务的发展奠定了坚实基础。

三、数字化全方位支撑中国企业"数字出海"

随着全球数字化浪潮的迅猛推进，众多中国企业在开拓国内市场的同时借助数字化技术转向开拓国际市场，推进企业国际化战略的实施。然而，面对复杂的海外市场，企业不可避免地会遭遇数据安全、隐私保护、文化差异以及合规性等多重挑战。为了成功应对这些挑战，企业需要精心制定和灵活调整相应的战略策略。企业对智慧管理、绿色可持续发展、合规新环境、大产业链创新、商业网络、双循环六大环境趋势的关注程度全面提高，关注度占比最高的是智慧管理，紧随其后的是大产业链创新、合规新环境及绿色可持续发展。企业可借助数字化技术，构建一体化平台协助企业应对各类海外生产、经营出现的问题。

临工重机股份有限公司主营矿山开采设备、高空作业机械、特种机械及关键零部件等多个核心业务领域。其中，矿山设备系列销售网络遍布中国、东南亚、中亚、非洲等地。高空作业机械不仅在欧洲、北美、日韩、东南亚等地占据市场，还成功进入全球领先的联合租赁公司。鉴于国内市场日趋饱和、海外市场潜力巨大的环境，临工重机制定了一套国际化战略，主要包括三个阶段：第一阶段通过海外贸易和服务布局国际市场；第二阶段凭借技术与专利优势对外直接投资，在海外设立工厂；第三阶段基于海外子公司实现海外业务的本地化经营。然而，在国际化过程中，临工重机遭遇了一系列挑战，如销售模式单一、服务标准化不足、金融与零部件支持体系不完善、主数据管理混乱、采购管理分散以及财务管理分散等。为应对这些挑战，临工重机决定采用云平台技术，构建一套全面支持国内外营销、销售、服务业务的一体化平台。通过该平台实现业务间的互联互通，提升运营效率，同时满足企业运营管控体系的需求，实现业务与财务的精细化管理。此外，公司还搭建了一站式代理商平台、国外配件商城下单系统以及构建扫描枪方案等。这些举措不仅加强了集团对贸易风险的管控，也为临工重机的国际化战略提供了强有力的支撑。

四、运营智能化影响企业运营模式

随着数字技术的飞速演进，数字化进程正逐步消解虚拟与物理世界之间的界限，预计在未来 20 年这一趋势将显著加剧。同时，工业领域的格局也将发生深刻变革，趋向更为灵活和分散的模式，其中，快速成型技术、大规模定制化以及分散式快速制造将日益成为主流。过去需要耗时半年方能实现的原型设计，在短短一周内即可完成，展现了极高的效率提升。在超级云计算、动态虚拟网络架构及认知计算的强大支撑下，互联网及其产业界分支——产业互联网，将全面释放其巨大潜力，以超乎想象的速度和方式实现自我革新。这一系列变革将对传统制造业的运营模式产生颠覆性影响，推动智能化运营在多个维度取得显著进步。

一是工业机器人方面，随着工业机器人技术的持续进步，大型工厂的生产力将达到前所未有的高度，仅需少数具备高级技能的管理人员通过工厂的控制台进行监控和管理即可实现高效运作。此外，协作机器人将在企业内各个职能部门发挥关键作用，特别是在研发与客服部门，它们将极大地提升整体生产力。据预测，2030 年工业领域中大约 30% 至 40% 的岗位将由协作机器人取代，实现人力资源的优化配置。这些内置智能算法的协作机器人不仅能在生产线上发挥作用，甚至能承担白领工作，成为企业决策层的一员，为公司的战略发展贡献智慧。二是自动化。随着技术的迅猛进步，特别是在自动化流程优化、可穿戴计算机、机器学习和情境感知服务方面的显著突破，这些创新技术对企业管理的深远影响不容忽视。在数字化转型之前的企业日常运营中，任务的分配与协调主要由中层管理者负责。然而，随着面向众包和企业应用的软件算法日臻成熟，应用软件已经能够胜任这些工作，并有可能逐步取代中层管理者，使得这一职位在未来的重要性逐渐减弱。在未来的工作中，企业的高效运作将更加依赖于与先进预测性工具的紧密结合，以适应日益复杂的运营环境。三是数据处理方面。在工业环境中，鉴于工业数据的庞大体量，传统的将数据全部传输至中央处理器进行集中分析和自动化流程控制的方式已不再切实可行。因此，边缘计算或雾计算等分布式计算技术将广泛兴起，以应对这一挑战。同时，软件即服务的理念也将成为工业界普遍接受并广泛应用的标准，这一模式将推动工业软件向更加灵活、高效的方向发展。通过分布式计算和软件即服务的应用，工业界将能更有效地处理海量数据，实现更高效的自动化流程控制，从而提升整体运营效率。

思考题

1. 论述企业数字化转型的原因有哪些？
2. 思考企业数字化如何实现数字化转型？
3. 论述企业数字化转型过程中将会对企业带来哪些变化？
4. 论述企业数字化转型过程中可能面临的挑战。

第八章　数字贸易

本章导读

当前阶段，全球数字贸易蓬勃发展，成为国际贸易的新亮点，作为国际贸易发展的新模式、新形态和推动贸易增长的新引擎，数字技术的持续赋能使得数字贸易打破了传统贸易的时空限制从而成为中国"链接全球"的新动能，也为中国塑造国际竞争新优势提供了关键支撑。本章在介绍数字贸易发展历程和概念演进的基础上，详细阐述了数字贸易规则的"美式模板"与"欧式模板"并对其进行比较，分析了数字贸易壁垒的含义、分类及其对经济的影响，最后对全球数字贸易和中国数字贸易发展情况进行分析和展望。

本章知识点

1. 了解数字贸易概念及内涵；
2. 掌握数字贸易规则"美式模板"和"欧式模板"；
3. 掌握数字贸易壁垒含义及其对经济的影响；
4. 了解中国数字贸易发展现状及未来趋势。

第一节　数字贸易概述

一、数字贸易的兴起

随着互联网的普及和技术的深入发展，数字化已经成为当今社会的主要趋势，人们可以通过互联网以更低的成本获取信息并进行交易，在云计算、大数据以及物联网等数字技术的带动下，传统国际贸易的对象、方式、结构和格局都发生了深刻变革，数字技术以新理念、新模式、新业态全面融入传统贸易从而助推了数字贸易的出现和兴起，也为全球贸易复苏提供了重要驱动力。

数字贸易是通过以数据作为基础要素，以数据流动作为重要牵引，以信息技术和通信网络基础设施为依托，以互联网平台为重要载体的和传统贸易有着显著区别的国际贸易新发展形态。数字化的贸易方式可以通过在线平台实现商品、服务和资金的流通，极大地降低了交易成本，从而使得贸易效率和便利化水平得以大大提高。另外，数字贸易通过为全球范围内的消费者提供购物机会，满足其个性化的消费需求，由于数字贸易的高透明度和可追溯性使得贸易纠纷和风险大大减少。数字贸易和传统贸易方式相比，主要特点表现在贸易方式的数字化和贸易对象的数字化两个方面。其中，贸易方式数字化是指信息技术与传统贸易各个环节的深入融合渗透带来的贸易各环节的数字化转型，如通过数字手段开展贸易的对接、订购、交付和结算；贸易对象数字化是指以数字形式出现的商品和服务，如数据、ICT 服务、数字文娱等服务贸易。

从全球来看，数字贸易持续增长，推动了全球贸易深刻调整。一是全球贸易呈现出数字服务化发展趋势，数字服务贸易在服务贸易中占比持续上升。根据 WTO（World Trade Organization，世界贸易组织）发布的相关统计数据显示，2022 年，全球可数字化交付的服务出口额达 4.1 万亿美元，2023 年达到 4.25 万亿美元，占全球货物和服务出口总额的 13.8%，超过疫情前水平的 50%。从分区域数据来看，全球可数字化服务出口中占比最高的是欧洲和亚洲，其比重分别为 52.4%和 23.8%；从分领域的数据来看，占比最高的是商业、专业和技术服务，其占比达到 41.2%，占比最低的信息服务比重仅为 1.5%。二是跨境电商势头强劲，已成为数字贸易的主要发展方式。跨境电商可以同时为买卖双方提供便利，卖方可以通过跨境电商平台将产品提供给全球消费者，扩大自己的市场份额、降低交易成本同时也为买方提供了更多的选择。在数字技术驱动下，跨境电商交易规模不断扩大，为全球贸易发展提供了新动力。Statista 数据显示，2021 年，全球 B2C 跨境电商市场价值仅为 7 850 亿美元，预计到 2030 年这一数据将达到 7.9 万亿美元。从分区域数据来看，2023 年欧美电商增速有所放缓，而亚洲特别是以中国为代表的电商平台则表现出强劲的增长势头。

从中国来看，数字贸易也呈现出快速发展的势头，技术创新催生出的新模式新业态不断涌现。一是数字服务贸易总体规模不断扩大，但与欧美发达国家仍有较大差距。二是多项细分数字服务增速领先，如 ICT 服务、知识产权服务、个人文娱服务、金融服务增速超过世界平均水平。三是典型数字服务贸易产业发展势头良好，软件和信息技术服务业、云服务、跨境电商、在线游戏等竞争力不断提升。2022 年，中国自主研发游戏海外收入约为 173.46 亿美元，约占全球游戏市场规模的 11%左右。在网络文学方面，根据中国社科院文学研究所发布的《2023 年中国网络文学发展研究报告》，截至 2023 年年底，中国网络文学海外市场规模超过 40 亿元，和 2022 年的 30 亿元相比，呈现出快速增长势头，海外访问用户也从 2022 年的 1.5 亿人增长到 2.3 亿人，覆盖的范围也已经超过 200 个国家和地区，数字贸易品类呈现出蓬勃的发展态势。

二、数字贸易的发展历程

数字贸易是商务活动发展的一个新阶段[①]，从其历史沿革来看，其概念的产生经历

---

① 中国信息通信研究院. 数字贸易发展与影响白皮书. 2019.

了一个漫长的演变过程，传统商务在信息化技术的加持下演变到电子商务，电子商务活动的跨境化促使跨境电商的出现，伴随着交易内容的数字化，数字贸易应运而生。数字贸易是电子商务概念的不断发展和延伸，并且伴随着信息技术和数字技术在商务领域的普及而不断得到深化，如图 8-1 所示。

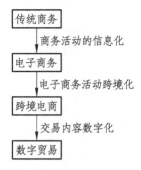

图 8-1　数字贸易的历史演进

　　传统商务是指一种经济活动，是社会化部分发展中的商业交易形式，具体来说是指一切以货币作为媒介的交换活动或行为。它包括的范围极其广泛，不仅涉及商品、服务、资金财产的交易和转移，家庭的消费和生产，企业和社会的金融和投资，还包括商品的生产者或他人所组织的商品买卖活动。从空间上来看，其不仅包括国内贸易，还包括跨越国境的国际贸易。传统商务的本质是一种市场行为，它通过为公众提供物质商品和服务，为公众改善生活质量，提高工作水平，增加工作质量。传统商务是社会经济发展的一个重要组成部分，社会发展越迅速，各种各样的商务活动也就会随之出现在人们的生活之中。

　　随着互联网和信息网络技术的日益普及，电子商务应运而生，在开放的网络环境下，电子商务通过借助信息技术来开展以商品交换为中心的商务贸易活动，如网上订购、电子账单、竞买竞卖以及移动支付等。联合国国际贸易程序简化工作组认为，电子商务是指采用电子形式开展的一切商务活动，它包括在供应商、客户、政府及其他参与方之间通过任何电子工具。如 EDI（Electronic Data Interchange，电子数据交换）、Web 技术、电子邮件等共享非结构化商务信息，并管理和完成在商务活动、管理活动和消费活动中的各种交易。经济合作与发展组织在《电子商务的经济与社会影响》中将其界定为发生在开放网络上的企业之间、企业和消费者之间的一切商业交易。中国政府也对电子商务概念进行了界定，2018 年颁布的《中华人民共和国电子商务法》认为，电子商务是指通过互联网等信息网络销售商品或者提供服务的经营活动。尽管不同国家和组织对电子商务概念的界定有所不同，但共同点是强调电子商务的关键是依靠电子设备和网络技术作为基础的商业发展模式，其构成的基本要素包括商品平台、消费者、产品和物流四个部分。

　　随着数字经济时代的到来和电子商务活动范围的不断扩大，近年来跨境电商得到了迅猛发展。跨境电商始自于"小额外贸"，最初是指以个人消费者为主的买家借助互联网平台从境外购买产品，并通过第三方支付方式付款，卖家通过跨境物流完成产品运送的商业交易形式。跨境电商可以从狭义和广义两个角度进行理解。从狭义上看，跨境电商特指跨境网络零售，实际上基本等同于跨境零售，包括企业对消费者（Business to Customer，B2C）和个人对消费者（Customer-to-Customer，C2C）两种模式，具体是指交易双方以跨境电商平台作为中介，在买卖双方购买协议的基础上借助于跨境支付结算体系和物流体系将商品送达买家的国际商业活动。从本质上讲，跨境电商是一种商业活动，通过现代化的数字化和电子信息技术，将传统的商业活动借助互联网进行交易，为买卖双方分别带来收益的一种网络化、全球化交易形态。从广义上看，跨境电商和外贸电商有诸多相似之处，是指分属不同关境的交易主体借助跨境电商平台，将传统贸易中的交流、谈判、签约等商业活动迁移到互联网进行，最终借助于跨境物流完成交易的国际商业活动，跨境电商的特征主要表现在全球性、无形性、匿名性和即时性等几个方面。

数字贸易是在数字经济时代伴随着信息技术对传统贸易的影响而出现的，是电子商务和跨境电商不断发展和延伸的结果。和传统商务、电子商务和跨境电商相比较，数字贸易更加强调贸易方式的数字化和贸易对象的数字化，不仅包括基于信息通信技术基础上开展的线上宣传、交易、结算等促成的实物商品贸易，还包括直接通过信息通信网络（语音和数据网络等）传输的数字服务贸易，如数据、数字产品、数字化服务等贸易形态①。目前为止，不同国家的政府、研究机构、组织和个人从不同角度对数字贸易进行了界定，但更多的仍然是在电子商务的框架基础上展开的，对数字贸易的概念和认识并没有达成一致。

三、数字贸易的概念演进

关于数字贸易的概念目前并没有确定和公认的定义，下面分别介绍国际组织、各国机构以及中外学者对数字贸易的界定，以详细了解数字贸易概念演进过程。

关于数字贸易的概念，一是国际组织的界定。UNCTAD（UN Trade and Development，联合国贸易和发展会议）和 EU（European Union，欧盟）在 2015 年将数字贸易作为电子商务的一部分，认为电子商务中以数字方式提供的数字产品和服务才属于数字贸易的范畴。OECD、WTO 和 IMF（International Monetary Fund，国际货币基金组织）于 2020 年将数字贸易分为以数字方式订购或交付两种形式，从交易性质来讲可以分为数字订购贸易、数字交付贸易和数字中介平台赋能贸易三种形式。二是各国家机构的界定。美国是较早开展数字贸易研究的国家，美国国际贸易委员会（USITC，US International Trade Commission）早在 2013 年将数字贸易界定为传统贸易对象如货物和服务通过互联网进行交易，交易方式只有"数字交付"没有"数字订购"，美国商务部经济分析局（USBEA，

---

① 王斌. 数字技术，媒体深融发展的重要驱动力. 新闻战线，2020-11-23.

US Bureau of Economic Analysis）于 2017 年将数字贸易等同于数字化服务贸易，认为其是在数字化通信技术的快速发展下跨境贸易的新的表现形态；日本经济产业省（METI, Ministry of Economy Trade and Industry）紧接着在 2018 年对数字贸易的内涵和特征进行了界定，认为数字贸易的本质是一种国际商务活动，是在数字化信息技术加持下传统的商品、服务和技术通过互联网进行跨境交付。中国信通院（CAICT, China Academy of Information and Communications Technology）对数字贸易的界定则重点突出了"贸易方式的数字化"和"贸易对象的数字化"即"两化特征"（2020）。三是国内外学者的界定。早期学者如 Weber 同样强调数字贸易是一种商业活动，这种商业活动交易对象则主要通过在线传输的方式开展；随着数字技术的蓬勃发展，学者们开始强调数字技术和互联网在数字贸易生产和交付中的重要作用（Meltzer, 2019；Franc, 2019）；国内学者中熊励、李忠民等较早对数字贸易进行了界定，认为其是在数字技术发展的基础上开展的数字化信息的交易，后来学者进一步将数字贸易概念进行拓展，并提出数字贸易化和贸易数字化两大内容。

四、数字贸易与传统贸易的异同

传统的国际贸易主要是以加工贸易、补偿贸易、展览会以及博览会等形式进行，通过将传统的生产要素以及物流等手段进行有效整合从而发挥出不同国家的比较优势。传统贸易的交易场所比较固定，贸易的流程经过数百年的发展已经较为成熟，但传统贸易受到时间和空间的限制也较多，并且由于中间环节较多而存在着较高的交易成本。在互联网和数字技术的深度融合基础上产生的数字贸易，无论在贸易方式、贸易手段还是贸易对象方面都和传统贸易存在显著区别，它通过贸易对象的数字化和贸易方式的数字化，拓展了传统贸易的空间，显著降低了贸易成本，催生了众多贸易新业态。和传统贸易相比，数字贸易既有与传统贸易相同的地方，同时也与传统贸易有着显著区别。

1. 数字贸易与传统贸易的相同点

数字贸易与传统贸易作为不同发展时期贸易的表现形态，其在诸多方面都存在相同点。

首先，二者产生的动因相同。根据古典贸易理论，国与国之间贸易产生的根本原因是生产力水平的绝对或相对差异，在此基础上一国应生产并出口本国具有绝对优势或相对优势的产品，进口本国具有绝对劣势或相对劣势的产品，并给参与贸易的国家都带来福利水平的提高。不管是在传统贸易还是数字贸易时代，二者产生的动因皆是专业化生产和劳动分工以及在此基础上产生的规模经济效应。

其次，贸易行为的本质相同。从传统贸易到数字贸易，贸易的形态随着经济社会的发展处在一个不断演变的过程中，但贸易的本质并没有发生根本改变，无论传统贸易抑或是数字贸易，其本质都是不同国家之间通过商品或劳务的交换并以此来满足自身需求的行为。通过劳动、资本、数据等要素在国与国之间的流动来提升其配置效率，并推动国家间的经济发展。

最后，二者的经济意义相同。传统贸易通过商品或劳务的进出口行为所带来的经济价值主要体现在，贸易伙伴国生产的扩大、满足国民不同的需求偏好以及更好地发挥各国的竞争优势，在此基础上可以增进国际的经济和技术合作，并且促使企业提升自身效益、创新能力和劳动生产率。而数字贸易通过将数据作为一种重要的生产要素，在贸易方式和贸易对象数字化的基础上衍生出更多的新模式、新业态，不仅增加了可贸易产品的种类，并且在数字技术的作用下降低了交易成本，因此从该意义上讲，二者的经济价值也是相同的。

2. 数字贸易与传统贸易的不同点

伴随着新的科技革命和生产方式的变革以及云计算、大数据、区块链等新型数字技术的发展，数字贸易迎来了前所未有的发展机遇，和传统贸易相比较，其在贸易的标的、影响因素以及贸易主体等方面也表现出截然不同的特点。

首先，贸易的标的不同。数字贸易和传统贸易的标的呈现出明显的时代差异性，传统贸易主要包括货物贸易、服务贸易和技术贸易，因此其标的主要是利用劳动、土地、资本等传统要素基础上生产的各种有形货物和无形服务。而数字贸易则更加突出数据要素、数字技术在生产、流通等环节发挥的作用，数字贸易的标的物可细分为数字订购的产品和服务，数字交付的服务和信息等。另外还包括利用跨境电商平台传输的实体货物以及数字化技术和信息。因此，和传统贸易相比较，数字贸易标的的种类更加多样，交易形式更加复杂。

其次，二者的影响因素不同。数字贸易和传统贸易由于其产生的时代背景不同，二者的影响因素也呈现出明显的差异性。贸易方式的演变过程主要受到工业革命所带来的技术变革的影响，传统贸易发展的驱动力主要是第一次到第三次工业革命所带来的生产生活方式、技术以及交通运输方式的变化。而数字贸易的发展则主要是由第四次工业革命所带来的数字技术的革新所驱动。因此，传统贸易更多的受到商品价格、质量、汇率、市场需求以及贸易方式等因素的影响，而数字贸易则更多地受到数字基础设施、跨境物流、数字技术发展水平以及数字贸易开放度和数字贸易规则等因素的影响。

最后，贸易的主体不同。传统贸易由于受制于规模经济以及地理距离等因素的制约，大多数中小型企业无法克服固定成本带来的阻碍，因此大型企业和跨国公司在传统贸易中占据着绝对的支配地位。而在数字经济时代，地理距离对贸易带来的影响显著下降，并且随着跨境电子商务的发展，数字化交易平台可以为数量众多的中小型企业也提供和大型跨国公司同等的捕捉市场信息的渠道和机会，并且传统贸易时代供需双方必须通过零售商、批发商、代理商等中介才能完成的交易在数字化技术的作用下，供需双方可以直接进行交易，市场机制在数字贸易中发挥了更大的作用和机制。

表 8-1 为传统贸易和数字贸易的异同点。

表 8-1　传统贸易和数字贸易的异同点

	传统贸易	数字贸易
贸易动因	专业化生产和劳动分工	
贸易本质	商品或劳务的交换	
经济意义	生产的扩大、满足更多的需求偏好、增加可贸易品的种类	
贸易标的	货物贸易、服务贸易和技术贸易	数字订购的产品和服务、数字交付的服务和信息
影响因素	商品价格、质量、汇率、市场需求以及贸易方式	数字基础设施、跨境物流、数字技术发展水平以及数字贸易开放度和数字贸易规则
贸易主体	大型企业和跨国公司	中小型企业、跨境电商

第二节　数字贸易规则

在全球经济格局发生巨大变化的背景下，数字贸易成为拉动全球经济复苏的关键力量。与数字贸易蓬勃发展形成鲜明对比的是，数字贸易的规则制定显得并不顺畅，甚至呈现出停滞不前的局面。众所周知，经济活动要想取得顺利发展必须在一定的规则框架下进行，数字贸易的发展同样需要遵循相关的规则，因此一个全球统一的数字贸易规则对于推动其快速发展能够提供至关重要的制度保障。当前阶段，由于不同国家和地区在国情、目标和立场上存在巨大差异，各自都从实现自身利益最大化的角度出发，因此制定全球统一的数字贸易规则受到多种因素的阻碍，从而在一定程度上影响了数字贸易规则水平的提高。目前在全球数字贸易规则的制定方面，美国和欧洲处于领先地位，具有较强的影响力和话语权。下面分别介绍数字贸易规则"美式模板"和"欧式模板"的代表性协定和主要特征，并对两种模板进行详细比较。

一、数字贸易规则的"美式模板"

1. "美式模板"代表性协定

（1）《跨太平洋伙伴关系协定》。

《跨太平洋伙伴关系协定》（Trans-Pacific Partnership Agreement，TPP）的前身是由 APEC 成员国中的新西兰、新加坡、智利和文莱四国发起并于 2005 年达成的《跨太平洋战略经济伙伴关系协定》（Trans-Pacific Strategic Economic Partnership Agreement，TPSEP），2015 年 10 月 5 日，美国、日本、澳大利亚、加拿大等 12 个国家宣布已成功结束"跨太平洋战略经济伙伴协定"谈判，标志着 TPP（Trans-Pacific Partnership，跨太平洋自由贸易协定）贸易协定的达成。这一协定的达成是时任美国总统奥巴马执政期的重要成果之一，不仅推动了数字贸易规则"美式模板"的形成，同时也是数字贸易规则发展过程中一个重要的里程碑。

TPP 共包括 30 章内容,其中和数字贸易规则相关的章节主要集中在第十章跨境服务贸易和第十四章电子商务,其中跨境服务贸易章节要求 TPP 缔约方不得对服务提供实施数量限制(例如限制服务提供者或交易数量),或要求特定的法律实体或合资企业;当地存在,即不要求来自另一国的服务提供者以建立办事处、隶属机构或成为居民作为提供服务的前提条件。TPP 缔约方以"负面清单"的形式接受上述义务,这意味着,缔约方市场向其他 TPP 缔约方服务提供者完全开放。在电子商务章节,TPP 缔约方承诺,将在确保保护个人信息等合法公共政策目标得到保障的前提下,确保全球信息和数据自由流动,以驱动互联网和数字经济。另外 12 个缔约方也同意,不将设立数据中心作为允许 TPP 缔约方企业进入市场的前提条件,也不要求转让或获取软件源代码。并且禁止对电子传输征收关税,不允许缔约方以歧视性措施或直接阻止的方式支持本国类似产品的生产商或供应商。为促进电子商务的发展,本章鼓励各缔约方促进企业和政府间的无纸化贸易,例如电子海关单据;同时,本章还包括了商业交易的电子认证和电子签名条款,还鼓励就个人信息保护、网上消费者保护、网络安全和网络安全能力等开展政策合作。

TPP 数字贸易规则涵盖了 2013 年《美国数字贸易法案》及《数字贸易 12 条》的核心条款,从某种程度上可以说意味着数字贸易规则"美式模板"的形成。另外由于 TPP 包括内容的全面性和先进性,该协议也成为了后来数字贸易相关规则制定时的重要参考和依据。虽然美国内部由于对 TPP 部分条款不满意并且民主和共和两党分歧较大,2017 年特朗普就职当天宣布退出 TPP,但于 2018 年签订的《全面与进步跨太平洋伙伴关系协定》(CPTPP,Comprehensive and Progressive Agreement for Trans-Pacific Partnership)则基本上全面保留了 TPP 中和数字贸易相关的条款。

(2)《美墨加协定》。

2018 年 11 月 30 日,美国、墨西哥、加拿大三国领导人在阿根廷首都布宜诺斯艾利斯签署《美国-墨西哥-加拿大协定》,《美墨加协定》(The United States-Mexico-Canada Agreement,USMCA)旨在取代已实施 20 多年之久的《北美自由贸易协定》(NAFTA,North American Free Trade Area)。美国政府将 USMCA 标榜为"21 世纪最高标准的贸易协定",被称为"北美自贸协定 2.0"版本。USMCA 保留了 NAFTA 中的大部分条款,但是根据国际贸易发展的最新情况,对数字贸易规则进行了一系列升级。

USMCA 条款长达 1 812 页,主要包括市场准入、原产地规则、农业、贸易救济、投资、数字贸易、争端解决、知识产权等共 34 个章节。其中第十九章数字贸易以《跨太平洋伙伴关系协定》(TPP)规则作为基础。除直接承袭 TPP 中的部分条款外,USMCA 对 TPP 中的数字贸易规则进行了一系列升级。USMCA 中和数字贸易规则相关的内容主要集中在数据自由流动、数字服务和电子商务三个方面。在数据自由流动方面,USMCA 的基本原则是保护数字贸易中数据自由流动,禁止对跨境数据流动设置歧视性措施,确保数据可以自由跨境传输;在数字服务方面,鼓励协定各国开放各自数字服务市场,加强对消费者在数字贸易活动隐私权的保护并鼓励数字技术创新;在电子商务方面,倡导建立相应的争端解决机制,为跨境电商等新业态主体贸易支付、贸易结算提供便利。

（3）《美日数字贸易协定》。

《美日数字贸易协定》（US-Japan Digital Trade Agreement，UJDTA）是在《美墨加协定》正式签署一年以后，于 2019 年 10 月由世界经济总量分别排名第一和第三的美国和日本签署。UJDTA 是全球首份专门针对数字贸易的协定，是有史以来关于数字贸易规则最全面、最高标准的协定，有力促进了数字贸易规则"美式模板"的进一步发展。UJDTA 共包括 22 条规则，其中大部分规则直接承袭自 USMCA，特别是在数字贸易规则的相关条款方面和 USMCA 基本相同，主要集中在数据要素跨境流动、数字产品非歧视原则、个人信息保护以及知识产权保护等方面，UJDTA 总的原则也是保护数据要素跨境自由流动，明确禁止了数据本地化要求，该规定不仅提高了数据要素的配置效率同时也可以促进以此为基础的云计算等数字服务行业的发展。另外，UJDTA 和 USMCA 一样，也强调要加强对个人隐私和数据安全的保护力度，确保数字产品和传统贸易标的一样享受无差别的非歧视待遇。UJDTA 和 USMCA 的区别主要表现在增加了一些例外条款，主要围绕安全例外、审慎例外以及货币汇率政策例外，对缔约方的相关诉求予以回应。另外，UJDTA 在数字贸易自由化条款、数字贸易知识产权保护以及税务条款等方面也作出了更加具体的规定，和 USMCA 相比较，在数字贸易规则领域体现出了更广泛的适应性。

2. "美式模板"的主要特征

数字贸易规则"美式模板"是以美国为主导的国家在数字贸易领域比较优势的集中体现，具体表现在其对数字技术创新、数字服务贸易以及大型数字平台等方面具有的独特竞争力，从"美式模板"所包括的主要代表性协定的签署以及发展演进的过程来看，其特征主要表现在以下几个方面：

一是数字贸易谈判策略逐渐从多边转向双边及诸边。由于不同国家对数字贸易规则核心诉求和利益趋向存在显著差异，以 WTO、APEC 为代表的多边贸易协定在制定数字贸易统一规则的谈判方面举步维艰，因此从本世纪初开始，美国的数字贸易政策开始从多边逐渐向双边及诸边转移，以此不断扩大其在全球数字贸易规则领域的影响力。

二是所包含的数字贸易规则最全面、最先进。从 TPP、CPTTP、USMCA 再到 UJDTA，数字贸易规则"美式模板"不仅包含了电子商务时期的第一代数字贸易规则的核心条款，还在电子传输关税政策、源代码保护、数字产品非歧视性待遇以及跨境数据流动等方面引领着第二代数字贸易规则的制定。

三是一直倡导技术中立原则。所谓的技术中立即禁止技术歧视，不得仅仅因为实施了某种技术手段、措施而对之产生歧视性待遇。数字贸易领域的技术中立是指在不触及相关公共政策法律底线的前提下，提供数字服务的主体可以根据需要自由选择适合其需要的技术种类，这为数量众多的美国数字服务和数字内容提供商向其他国家提供数字服务规避了相应的贸易壁垒，从而确保其数字产品的快速发展。

四是强调美国在全球数字经济领域的领导力。美国通过以其主导的 TPP、USMCA 和 UJDTA 等数字领域的代表性协定，致力于创建并领导在全球范围内的数字贸易治理，并希望以"美式模板"的相关模板来引领全球数字贸易规则的制定，日本也紧追其步伐，在削减数字贸易关税、全球跨境数据自由流动以及数字贸易知识产权保护领域积极倡导开放和自由理念。

二、数字贸易规则的"欧式模板"

1."欧式模板"代表性协定

（1）《韩欧自由贸易协定》。

《韩欧自由贸易协定》（Korea Europe Free Trade Agreement，FTA）是韩国与欧盟之间签订的自由贸易协定，双方自 2007 年 5 月开始谈判，2009 年 10 月签署了相关协议，并分别于 2011 年 2 月和 5 月经过欧盟议会和韩国国会的批准后临时生效，但协定中除关税与非关税壁垒外的其他条款生效日期推迟，经过协定双方激烈博弈后直至 2015 年 12 月 13 日《韩欧自由贸易协定》才开始全面生效。《韩欧自由贸易协定》是全球仅次于《北美自由贸易协定》的第二大自由贸易协定，也是欧盟目前签署的最为广泛的贸易协定。《韩欧自由贸易协定》的内容共包括十五章，其中和数字贸易规则相关的内容主要集中在第七章服务贸易和第十章知识产权部分。《韩欧自由贸易协定》采用肯定列表方式，对服务贸易涉及的运输、保险、金融、电信等领域的开放使用国民待遇原则，该协定签署生效后，韩国获得了在欧盟从事上述领域业务的市场准入资格。在第十章知识产权保护方面，该协定除了承袭 WTO 知识产权协定的相关规则之外，在保护力度方面超过了 WTO 的相关规定，如对音乐和艺术作品版权作者的保护权益从 50 年增加到了 70 年。在《韩欧自由贸易协定》的基础上，韩国和欧盟于 2022 年 11 月又签署了包含"数字贸易畅通""数字保护主义应对"等 5 个领域共 18 项规范的"数字贸易原则"，目前正在就仅包含 2 个条款的韩欧自贸协定数字贸易部分进行协商。

（2）《欧加综合性经济贸易协定》。

《欧加综合性经济贸易协定》（Comprehensive Economic and Trade Agreement，CETA）是欧盟和加拿大之间签订的自由贸易协定,该协定最早于 2009 年 5 月在捷克布拉格召开的欧盟-加拿大峰会上启动谈判，2013 年 10 月加拿大总理哈珀与欧盟委员会主席巴罗佐在布鲁塞尔签署了初步协议。2017 年 2 月 15 日，欧洲议会以 408 票赞成、254 票反对批准通过了《欧加综合性经济贸易协定》，自此 CETA 开始进入暂时适用阶段。CETA 的签署使欧加贸易更为便捷，实质性提高了欧盟和加拿大企业获得对方市场的机会，为增强双方的经济联系创造了新的机遇，是迄今为止双方之间最领先和最全面的贸易协定。除了在降低关税壁垒、提高就业率和保护民众在工作和环境上享有的权利外，CETA 在跨境服务方面，基本取消了除极少数基础社会服务之外的所有领域，做到了全面自由的开放。在投资保护机制方面也做出了相应的改革，CETA 在保护投资的同时严格规定了政府为公共利益进行监管的权利，即使此类监管会影响外商投资利益。此外，CETA 还将"电子传输免关税"规则的力度加以提升，并对该规则的强制性约束进行了升级。在知识产权保护方面，CETA 还加强了对发明专利等的保护力度，特别强调对地理标志和药品专利等的特殊保护措施。

（3）《欧日经济伙伴关系协定》。

2018 年 7 月 17 日，欧洲理事会主席图斯克和欧盟委员会主席容克与日本首相安倍晋三在东京签署《欧日经济伙伴关系协定》（EU-Japan Economic Partnership Agreement，EPA），2019 年 2 月 1 日，该协定正式生效。EPA 是目前为止世界上规模最大的双边自由贸易协定，缔约国在经济总量上约占全球的 30%，在贸易规模上约占全球的 40%。EPA 主要就关税取消及下调、贸易规则等议题达成了一致，该协议将相互取消大部分产品的关税，其中日本将取消 94% 欧盟产品的关税，包括奶酪和葡萄酒。欧盟则逐步取消 99% 日本产品的关税，包括汽车和电视机，并且该协定延续了《全球电子商务宣言》中不对电子传输征收关税的一贯做法，另外在电子合同与电子认证和电子签名领域，约定以电子方式订立合约时一方不得采取或维持管制电子交易的措施，还进一步强调了在线交易平台对消费者保护的若干规定。在数据跨境流动方面，EPA 暂时延迟了对数据可以自由流动的规定。但 2023 年 10 月 28 日，欧盟和日本在大阪举行的七国集团（G7）贸易部长会议期间，在"欧盟-日本高级别经济对话"上就跨境数据流达成了协议，该协议将取消数据本地化要求，使金融服务、运输、机械和电子商务等多个行业的企业受益，使其无须烦琐且成本高昂的管理即可处理数据。该协议条款一旦获得双方国家批准，将被纳入《欧日经济伙伴关系协定》，从而为两国经济数字化发展提供重要的推动力。

2. "欧式模板"的主要特征

欧盟作为当今世界政治和经济一体化程度最高的区域集团，在数字产业消费和整体发展上具有较强的竞争力，根据欧盟统计局的数据，欧盟国家的 80% 左右家庭已经通过互联网购买商品或服务，电子商务交易市场规模已达数万亿欧元，表现出强劲的发展潜力和发展势头。与数字产业蓬勃发展形成鲜明对比的是，欧盟在数字贸易规则的制定方面和美国相比呈现出明显的滞后性，尤其是在大型数据平台公司的数量和规模上也和美国存在着较大的差距，因此使得数字贸易规则的"欧式模板"呈现出与"美式模板"截然不同的特点，具体表现在以下几个方面。

一是数字贸易规则"欧式模板"启动晚、数量少。和"美式模板"相比，欧洲在数字贸易规则的谈判和制定方面表现出明显的启动较晚的特点，《跨太平洋战略经济伙伴关系协定》于 2005 年就已经达成一般性协议，而《韩欧自由贸易协定》直到 2015 年才开始全面生效。另外在欧盟参与签署的数十个 FTAs 中，直接以数字贸易章节出现的数量相对较少，大多是分散出现在"电信章""金融章""电子商务章"，另外在数字贸易规则全球影响力和主导权方面也和"美式模板"存在一定的差距。

二是规则文本分布零散，缺乏完整独立的体系。与"美式模板"在美国主导下形成的完整且自成体系的数字贸易规则文本相比，由于欧盟内部成员众多，且成员内不同国家由于利益和立场不同而带来的核心诉求不一致，所以尽管欧盟已经和相关国家签署了一定数量的 FTAs（Free Trade Agreement，自由贸易协定），但是关于数字贸易的相关规定分布较为零散，相对缺乏专门针对数字贸易的具体章节。例如，随着社会经济数字化程度的日益深入，通过数字化手段流通的视听服务是否仍然适用于 GATS（General

Agreement on Trade in Service，服务贸易总协定）的相关规定。另外，面对数字贸易时代新的贸易形态的不断演变，诸如在传统贸易中普遍适用的相关规则能否沿袭到数字贸易中，"欧式模板"还欠缺具体的解释和应对之策。

三是重视个人信息隐私保护。隐私保护是数字贸易规则"欧式模板"的典型特色，基于历史与文化传统，欧盟历来非常重视对个人信息的隐私保护，并据此出台了一系列相关的法案和条例。诸如《通用数据保护条例》主要是为了保护个人数据安全，《数字市场法案》和《数字服务法案》主要是为了保护数字市场的安全运行，特别是在《韩欧自由贸易协定》和《欧加综合性经济贸易协定》中，部分条款主张要注重加强对个人基本权利和自由的保障，在对待个人数据传输和隐私保护方面要制定相应的规则。"欧式模板"高标准的隐私保护条款使得数字贸易规则中的诸多核心条款的谈判举步维艰，例如在很多 FTAs 中围绕知识产权保护和跨境数据自由流动等方面出现的矛盾迟迟得不到解决，从而影响了数字贸易规则"欧式模板"的前进步伐。

四是坚持"文化例外原则"。"文化例外原则"是一种政策主张，是指诸如电影、音乐等视听产品不能像其他产品一样完全遵从市场规律，不能完全按照自由贸易原则进行交易，目的旨在保护本国文化免受其他文化的侵袭。"文化例外原则"最早由法国在 20世纪 80 年代提出，认为文化产品不仅具有商品属性，还承载着精神层面和价值观层面的内涵，因此不应完全遵循贸易自由化原则。在 1993 年的乌拉圭回合谈判中，法国基于历史和现实等各种因素的考量，坚决反对将文化产品市场完全放开，特别是电影和电视市场。在 2022 年达成的《欧盟和智利自由贸易协定》中同样将视听等文化产品排除在自由贸易谈判的范围之外，"文化例外原则"已经成为数字贸易规则"欧式模板"的最鲜明特色之一。

三、数字贸易规则的"美式模板"与"欧式模板"的比较

美国和欧盟在数字贸易规则的制定方面处于先行者的地位，具有较强的话语权和主导权，并分别形成了具有各自鲜明特色的"美式模板"与"欧式模板"。据统计，截至目前，在 WTO 发布的和数字贸易相关的 40 多项 FTAs 中，32 项由美国主导，7 项由欧盟主导，剩余的协议也是主要由和美国以及欧盟签署协议的国家之间签订。从"美式模板"与"欧式模板"已经签署的代表性协议围绕的主要议题出发，二者的区别集中体现在跨境数据自由流动、源代码保护以及数字税等三个方面，下面分别进行阐述。

1. 跨境数据自由流动问题

由于美国在数字经济领域发展较早，因此形成了完整的数字贸易体系，尤其在大型数据平台公司和数字型高科技企业方面具有明显的先发优势，在这些因素的影响下，对待跨境数据自由流动问题，美国总的原则是持支持态度，在"美式模板"的诸多协议中都明确反对对以商业为目的的数据自由流动施加限制措施。但该规定在这个总的规定原则下又体现出一定的灵活性，允许缔约国在某些例外情况下，比如实现合法公共政策时

进行适当的限制或者禁止流动,但应在综合考虑各方情况的前提下满足一定的必要条件。在此理念以及技术中立原则下,反对数据本地化就顺理成章成为"美式模板"的核心主张,并在美国参与的几乎所有区域贸易协定中都有所体现。例如在 TPP 第十四章第十一条中,要求成员国允许跨境数据自由流动,并可以在为了实现特定公共政策目标时进行必要限制,类似的规定在 CPTPP 第 14.11.2 中也进行了明确的规定,禁止数据本地化也成为了参与美式规则国家的共同主张。和美国支持跨境数据自由流动和禁止数据本地化截然相反的是,欧盟出于保护个人数据和隐私的角度,对跨境数据自由流动设置了一系列限制条件,当这些限制条件无法实现时就会被强制要求数据本地化,该要求在《通用数据保护条例》(GDPR,General Data Protection Regulation)中得以集中体现。这和欧盟在国际数字贸易竞争中处于相对弱势地位,无法从数字贸易中获取到和美国同等的利益密切相关,当在经济利益的竞争中无法获取优势地位时,争取数字贸易规则的话语权等政治利益的考量就显得尤为重要。

2. 源代码保护问题

源代码保护是数字贸易规则的另一个核心议题,加强对源代码的保护有利于维护软件开发者的合法权利,防止以数字产品为载体的数字技术的泄露,在该问题上"美式模板"与"欧式模板"既有一致的地方,同时也存在一定的分歧。美国在源代码披露问题上的基本原则是持反对态度,其在缔约国参与的各个协议中也要求不得以披露源代码作为进入目的国经营的准入条件,仅仅在因为特定调查、审查、执行或司法程序的需要等情况下设置了例外条款。例如在 TPP 第十四章第 17 条和 USMCA 第十九章第十六条中集中体现了美式规则对源代码保护的相关规定。在这两个条款的具体规定中,明确要求不将设立数据中心作为允许 TPP 缔约方企业进入市场的准入条件,具体来说,也不要求数字贸易各提供者转让或获取软件源代码作为在成员国境内使用、销售和进口软件的条件。欧盟在源代码保护问题上也持支持态度,禁止以披露源代码作为市场准入的限制条件,这一点上和美式规则基本保持一致,但是在例外条款的设置上做出了更加严格的规定,只有在满足违反公平竞争法、为了保护知识产权和安全需要的前提下才可以要求源代码的强制披露。另外对交易双方自愿达成的商业谈判合同制,可以按照双方谈判的具体协议适当公开源代码。

3. 电子传输免征关税问题

在电子传输免征关税问题上,美国和欧盟同样存在相同点和不同点。二者相同的地方在于原则上都支持电子传输免征关税,事实上该原则早在 1998 年由 WTO 成员达成的《电子商务工作计划》中已经达成一致,目前已经成为绝大多数国家的共识。在电子传输国内税征收方面,美国虽然没有进行专门规定,但是仍然奉行数字产品的非歧视待遇,这在 2019 年美日之间签署的 UJDTA 中得以体现。在电子传输免征关税方面,美式规则则做出了明确的规定,例如 TPP 第十四章第三条中明确禁止成员国对数据跨境传输以及数字贸易征收关税,但是也设置了相应的例外条款,比如允许缔约国在一些特殊例外情况可根据国内需要以国内税的形式对数字服务贸易征收相关税收。欧盟在电子传输免征关税问题上原则上和"美式模板"一致，但由于受其一直遵循的文化例外原则的影响，对视听产品做出了例外规定。例如作为欧盟重要成员国之一的法国在其《数字税法案》中明确规定可以按3%的税率向在数字贸易中年度营业额超过7.5亿欧元并且在该国收入超过2 500万欧元的企业征收税款。

第三节　数字贸易壁垒

一、数字贸易壁垒含义

传统贸易壁垒又称贸易障碍，是指以实现保护国内相关产业、增加财政收入等相关目的而对国与国之间商品和服务所设置的相关限制性措施，主要是指对一国进口实行的各种限制性措施，凡是使正常贸易受到阻碍而使得市场竞争机制遭到扭曲的各种人为措施都属于贸易壁垒的概念范畴。随着数字经济时代的来临，数据和信息作为一种重要的生产要素，其自由流动既是数字经济产业发展的需要，同时也是数字经济产业全球化发展的必然结果，数字贸易作为一种迥然不同于传统贸易的新的发展形态，数字服务和数字产品的在线交付和高效交换成为跨境数字贸易发展的典型特点。不同国家政府出于维护本国数据主权和信息安全的考虑，纷纷在事关数字贸易发展的跨境数据自由流动、数字知识产权、源代码保护、网络安全、电子传输关税等方面设置或多或少的限制性措施，由于当前阶段有关数字贸易规则的全球统一标准并未建立，关于数字贸易壁垒的谈判也是分歧重重，并最终影响到数字经济的长远健康发展。

因此，数字贸易壁垒作为数字经济时代的一种新型贸易壁垒，既有着和传统贸易壁垒的相似特点，同时也表现出一定的独特性和复杂性。借鉴 OECD、UNCTAD 等国际性组织和国内外学者的界定和分类标准，可以引申出本书关于数字贸易壁垒的内涵：数字经济时代为了保障国家安全、网络安全和个人数据安全，以维护本国利益、保护本国产业发展为根本目的，通过国家立法或设置技术标准的形式在数据基础设施、电子支付、知识产权、跨境数据流动等领域设立的一系列限制数字产品和数字服务的监管措施。数字贸易壁垒的成因包括监管分歧、市场准入分歧和区域数字治理碎片化等，发达国家和发展中国家由于在数字经济领域发展的成熟程度不同，也导致二者在数字贸易壁垒方面存在明显差异，例如以"美式模板"为代表的国家由于数字经济起步较早，发展成熟度较高，因此其力主降低数字贸易壁垒，实现数字产品和服务的跨境自由流动，而大部分发展中国家由于在数字贸易上处于比较劣势，因此在数字贸易壁垒领域的主张则更多的是关注政策方面的影响。

和传统贸易壁垒相比较，数字贸易壁垒的特点主要表现在歧视性、多样性、隐蔽性、争议性和灵活性等几个方面。其中歧视性是指一国通过严格的法规限制或技术标准，对数字产品和服务的进口实行不公平的歧视性政策；多样性一是表现在数字贸易壁垒的手段和形式的多样性，二是表现在数字贸易壁垒带来影响的多样性；隐蔽性是指通过多样化的手段从数据采集、数据存储、数据加工、数据流通到数据分析和应用等将数字贸易壁垒贯穿于数字产品或数字服务的全部环节；数字贸易壁垒的争议性来源于数字贸易规则欠缺全球性的统一标准，不同国家出于自身利益的考量，在数字贸易壁垒的形式、数字贸易壁垒的手段和数字贸易壁垒的标准等方面存在争议；灵活性是指随着不断发展的数字技术和多样化的数字贸易壁垒手段，使得国家可以根据不同发展阶段的需要灵活转换数字贸易壁垒的具体措施。

二、数字贸易壁垒分类

和传统的贸易壁垒一样，可以将数字贸易壁垒分为关税壁垒和非关税壁垒两类[①]，下面分别予以介绍。

1. 数字贸易关税壁垒

数字经济时代数据要素跨境流动愈加频繁，和传统贸易相比较，数字贸易由于将无形的数据流作为重要的依托载体，从而使得对其监管的难度大大提升。另外，在传统贸易体系下的监管对象主要是有形的货物贸易，所以在关税的征管上相对更加明确和具体，关税征管对象、征收方式、税率的确定和征收数额也都是以传统贸易标的为基础制定的。而现行的海关估计体系并没有跟上数字贸易的快速发展趋势，从而导致对数字产品和服务的估价存在困难，再加上全球数字贸易规则的不统一，也使得关税壁垒成为限制数字贸易的重要措施。

在对待数字贸易关税征收问题上，不同国家由于数字贸易发展水平、经济实力以及利益诉求的不同而体现出明显的差异。以美国和欧盟为代表的发达国家在电子数据传输免征关税问题上原则是一致的，即都主张对数字贸易主体企业不加征关税，但在政策的有效期和征收对象方面略有差异。美国由于数字贸易起步早、实力强而具有先行优势，因此其对数字贸易关税征收持比较开放的态度，提倡并支持对电子传输实行永久免关税，欧盟则表现出更加审慎的态度，虽主张对电子传输免关税但并不赞成永久免征，另外由于受到"文化例外"原则的影响，规定可以在满足特定的条件下对视听产品等加征相应的关税。而大部分的发展中国家由于在数字贸易领域起步晚，在技术上处于比较劣势，不具备大型的数字跨国交易平台和数字企业，如果对电子传输免征关税则会导致其国际收入受到严重影响而带来贸易逆差，并且出于缺乏对数据流动的监管可能会导致本国利益受损的考虑，因此大都支持对数字贸易产品和服务征收关税。

2. 数字贸易非关税壁垒

数字贸易非关税壁垒和关税壁垒的目的都在于对数字产品和服务的跨境流动实行相应的限制性措施，由于数字贸易对象的非竞争性、非排他性以及虚拟性特点，因此数字贸易的非关税壁垒的具体措施主要集中在前文所述的数据本地化、个人数据保护以及网络审查等方面。

---

① 伊万·沙拉法诺夫，白树强. WTO 视角下数字产品贸易合作机制研究——基于数字贸易发展现状及壁垒研究[J]. 国际贸易问题，2018（02）：149-163.

在数字贸易发展的初级阶段，由于数字产品交易规模较小，大部分国家对数据要素跨境流动和数据本地化并没有施加限制措施，但随着数据跨境流动的愈加频繁以及数据信息在生产、分配、流通等各环节重要性的提升，数据要素作为战略性资源的作用日益凸显，越来越多的国家开始对数据要素跨境流动以及本地化制定相应的规定。最初表现在需要具备一定的特定条件才可以本地化存储，后来随着对数据要素重要性认识的提升以及实现特定目的的作用下开始对数据流动实施严格的管制措施。对数据要素跨境流动设置的相应限制措施主要体现在设施本地化、服务与数据的本地化等方面，数据本地化要求使得后发国家企业在一定程度上丧失了学习发达国家数字企业的机会，从而降低了企业的竞争力，拉大了不同类型国家之间的数字技术差距。

在个人数据保护方面，美国和欧盟采取的惯常措施是将立法与自主保护二者结合起来。美国在 2021 年制定了《美国数据隐私和保护法》，赋予人们控制其个人信息的权利，并进一步在《美国隐私权法》中明确在数据收集方面，各实体、服务提供商不得收集、处理、保留或传输超出其提供业务、产品所必需、适当或有限的数据。数据传输方面，未经个人明确同意、没有允许的明确目的，不得收集生物识别信息或遗传信息，不得将相关信息传输给第三方。敏感数据在未获得个人明确同意前也不允许向第三方传输。欧盟国家提出第三国政府如若不履行全面保护数据安全的相应规定，则不允许向其区域范围内传输个人信息。大部分发展中国家由于在法律法规制定方面起步较晚并且不完善，虽然也主张对个人数据和隐私进行保护，但在面对海量的跨境数据流动方面，很难做到完全的数据保护和数据安全。

网络审查也是数字贸易非关税壁垒的重要表现之一，部分国家由于不同的文化与价值观背景，出于对维护公共秩序、保障国家安全等方面的需要，会对网络上的全部或部分信息进行筛选和过滤。例如我国于 2022 年新修订的《网络安全审查办法》相关条目规定："为了确保关键信息基础设施供应链安全，保障网络安全和数据安全，维护国家安全，关键信息基础设施的运营者采购网络产品和服务可能影响国家安全的，应当按照国家网络安全规定通过安全审查。"在数字贸易规则的"美式模板"与"欧式模板"中都有相关协定，规定在满足特定条件和一定的适用范围内可以对互联网进行审查，但相对于发展中国家来说，发达国家在网络审查方面相对比较宽松，只对宣扬恐怖主义以及维护国家供应链安全等存在风险的特定网站采取屏蔽或过滤措施。

三、数字贸易壁垒对经济的影响

形式多样的数字贸易壁垒由于其歧视性、隐蔽性以及灵活性的特点，会在多个方面对经济发展带来相应影响。首先表现在数字贸易壁垒会影响市场效率的提高，数字贸易依托数据跨境流动作为重要载体，可以促进市场信息的增加和市场交易主体之间的互动，使得生产要素在全球范围内实现更加高效的配置，从而降低类似于传统贸易壁垒以及信息不对称带来的不利影响并提高市场效率，但是数字贸易通过关税壁垒和非关税壁垒在客观上限制了这一进程的实现；其次，数字贸易壁垒还会影响企业的国际化程度，例如对跨境数据流动、电子支付、市场准入以及知识产权保护等领域的限制性规定，会在无形中增加数字型企业国际化扩张的成本，从而降低其开展数字贸易的意愿，另外由于发达国家对先进数字技术的封锁，也会降低后发国家企业学习的机会，从而不利于企业的国际化程度；再次，数字贸易规则的不统一带来的数字贸易壁垒的差异化使得企业在国际市场竞争中面临着更大的经营风险，因为企业在遵守不同国家管制规则时会增加其经营成本，并且随着数字贸易壁垒多样化的增加，企业进入新的市场的难度也就随之增加，就会不利于出口产品种类和市场规模的扩大并最终影响到全球经济的均衡发展；最后，数字贸易壁垒还会影响数字经济的发展和全球数字治理，数字贸易的快速发展得益于数字产品和服务的在线交付和高效率的交换，然而数字贸易壁垒的存在提高了交易成本，降低了交换效率，从而影响到数字经济的发展。另外，不同国家在数据自由流动、个人数据隐私以及知识产权保护等标准设定上的不一致，也对全球数字治理特别是数字贸易规则的制定提出了严峻挑战。

第四节　中国数字贸易发展

进入 21 世纪以来，随着信息技术加速向国际经贸领域延伸，大数据、区块链、物联网以及人工智能等新一代技术的出现和普及，贸易方式、贸易对象、贸易格局相较于传统贸易已发生显著变化，数字化浪潮下数字贸易已经成为新一轮全球化的重要驱动力量，数字贸易也成为推动全球贸易复苏的重要支撑。

一、全球数字贸易发展概述

WTO 相关数据显示，2023 年，全球可数字化交付的服务出口额达 4.25 万亿美元，同比增长 9%，在全球服务出口额中占比 54.2%。近五年内全球数字化交付服务出口每年增长 10.8%，远高于同期服务出口 5.9% 的增长率。2023 年全球数字化交付服务出口排名前 5 位的经济体分别是美国、英国、爱尔兰、印度和德国，其出口额约占全球比重的 45.2%。从表 8-2 可以看出，2023 年全球主要经济体可数字化交付服务出口前 10 的经济体中，只有印度和中国两个发展中经济体，其中，中国排名第 6 位，全球占比 4.9%。美国以 6 492.6 亿美元的出口总额稳居第一，英国、爱尔兰紧随其后，位居出口总额的二、三位，中国以 2 070.1 亿美元的出口总额位居全球第六位，约占美国出口总额的 31.9%。2023 年，发展中国家数字化规模和发达国家相比仍有一定的差距，出口总额仍未突破万亿美元，印度作为发展中国家的代表，其可数字化交付出口总额达到 2 571.2 亿美元，同比增速达到 17.3%，呈现出较快的增长速度和较大的增长潜力。

表 8-2　2021—2023 年全球数字化交付服务出口前 10 大经济体

单位：亿美元；%

排名	国别	2023		2022		2021	
		出口额	增速	出口额	增速	出口额	增速
1	美国	6 492.6	2.9	6 307.6	4.7	6 024	12.9
2	英国	4 380.9	16.3	3 766.6	−1	3 803.7	19.8
3	爱尔兰	3 280.9	11.1	2 954.3	0.1	2 951.8	22
4	印度	2 571.2	17.3	2 192.6	26.7	1 731.2	20.4
5	德国	2 476.5	3.9	2 384	−3.3	2 464.8	21.2
6	中国	2 070.1	4.3	1 984.1	7.2	1 850.8	26.2
7	荷兰	1 936.4	13.3	1 709.31	6.5	1 604.7	9.5
8	新加坡	1 818.8	6.2	1 712.2	9.5	1 563.4	20.7
9	法国	1 698.1	12.7	1 507.3	0	1 507.1	15.4
10	卢森堡	1 217.4	4.1	1 169.8	−8.9	1 284.2	23.4

数据来源：WTO 数据库。

另外，随着数字技术与国际贸易领域的深度融合，跨境电商在传统的 B2B 模式的基础上，企业直接面向消费者提供产品或服务的商业形式实现突破，数字贸易时代 B2B 与 B2C 呈现出同步发展的势头，全球数字订购贸易也呈现出强劲的增长潜力。在新一轮科技革命和产业变革的推动下，信息通信技术（ICT，Information and Communications Technology）成为助推数字贸易快速发展的重要支撑。根据高盛发布的 2024 年《全球电商手册》相关数据显示，2023 年全球电子商务销售额达到 3.6 万亿美元，预计 2024 年将同比增长 8%至 3.9 万亿美元，预计 2023—2028 年间，全球电子商务销售额年均复合增长率为 7%，到 2028 年规模将达 5 万亿美元。根据 WTO 相关数据显示，2022 年，全球 ICT 服务出口达 9 686 亿美元，同比增长 6.1%。2011—2022 年，全球 ICT 服务出口年均增速达 9.2%，占服务出口总额的比重从 17.0%上升至 23.2%。另外，在数据全球化快速普及背景下，数据的跨境流动作为全球资金、信息、技术、人才等要素交换的基础，对于塑造数字贸易新业态，打造数字贸易新模式起到了重要的引领作用，根据 IDC 发布的相关报告，2024 年全球数据总量将达到 159.2 泽字节（ZB），2028 年在此基础上将增加到 384.6 ZB，数据跨境流动对经济增长的贡献也将显著增强。伴随着数字贸易的加速发展，数字贸易规则的构建和重塑成为各国关注的焦点，国家之间围绕跨境数据流动、个人隐私保护、源代码披露、数据存储本地化、知识产权保护、电子传输关税、强制性技术转让等议题进行了一系列的规则谈判和协调，数字贸易规则的"美式模板""欧式模板""亚太模板"相继形成，为推动全球数字贸易的健康发展营造了良好的发展环境和制度保障。

二、中国数字贸易总体发展情况

当前阶段，数字贸易正成为推动全球贸易格局深刻变革的重要推动力，中国作为全球经济总量第二的数字经济大国，数字贸易呈现出蓬勃的发展势头，已成为贸易强国建设的重要支柱。主要表现在中国数字贸易规模持续扩大，数字贸易结构不断优化，数字领军企业不断增多，形成了数字贸易区域发展不平衡、发展特色鲜明、优势互补的整体格局。

1. 中国数字贸易规模持续扩大

根据商务部发布的《中国数字贸易发展报告（2024）》相关数据显示，2023 年，中国可数字化交付的服务进出口总额达 3 859 亿美元，同比增长 3.5%，规模再创历史新高。其中出口额约 2 190.4 亿美元，同比增长 4%；进口额约 1 668.6 亿美元，同比增长 2.9%；实现贸易顺差 521.8 亿美元。另据海关总署统计，2023 年中国跨境电商进出口额达 2.37万亿元人民币，同比增长 15.3%。其中，出口额达 1.84 万亿元，同比增长 20.2%，进口5 335 亿元，增长 1.1%。纵向来看，中国可数字化交付的服务贸易进出口总额从 2010 年的 1 267 亿美元增加到 2023 年的 3 859 亿美元，在 13 年的时间里增加超过 3 倍，中国可数字化交付服务贸易进出口额占服务贸易进出口的比重超过 50%。横向来看，2010—2023年间，和美国、英国、德国、日本等数字贸易大国相比，中国可数字化交付服务贸易出口额占世界可数字化交付服务贸易出口额的比重仅高于日本而低于美国、英国和德国等国家，可参见图 8-2。

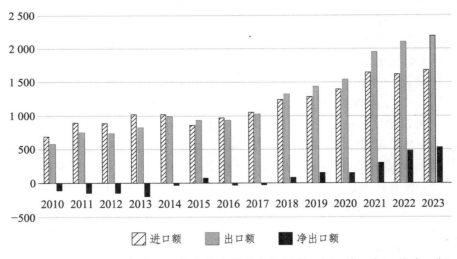

图 8-2　2010—2023 年中国可数字化交付服务贸易进口额、出口额、净出口额

2. 中国数字贸易结构不断优化

中国数字贸易规模快速增长的同时，其内部结构正在不断得到优化。在数字货物贸易领域，通过不断优化结构使得出口货物的附加值得以显著提升。相关数据显示，2023

年，外贸"新三样"（新能源汽车、锂电池、光伏）产品出口总额达到 1.06 万亿元，和去年同期相比增长接近 30%。这体现出作为外贸新引擎的数字贸易日益强劲，充分彰显了我国经济的强大韧性和活力。未来，我国数字货物贸易将进一步向高附加值和高科技含量产品转移，数字化、绿色化和低碳化融合发展的新能源产业将呈现出强劲的增长潜力。在数字服务贸易领域，数据跨境流动正成为贸易的新标的，数据跨境流动的规模和价值的快速提升催生了基于数据价值的全新产业链的加速发展，与此同时，中国的数字文化贸易日益成为文化贸易规模增长、结构优化的新引擎，数字文化产品海外市场优势地位得到进一步巩固。在数字技术贸易领域，伴随着 5G、人工智能、大数据、云计算等颠覆性技术的加速迭代，数字技术对贸易结构的优化和变革产生了深刻影响，在新技术的驱动下，以集成电路、区块链、半导体产业为代表的我国信息通信技术得到了快速发展，以高端化、数字化和智能化为代表的优质消费品呈现出旺盛的需求。

3. 中国数字贸易竞争力不断提升

数字贸易竞争力已成为中国塑造国际竞争新优势的关键支撑，近年来得益于对数字贸易的日益重视，无论从数字贸易规模、数字贸易区域发展还是国际市场布局以及数字基础设施建设方面，中国数字贸易都呈现出较强的竞争力。根据中国企业评价协会与中国信息通信研究院发布的中国数字经济 500 强相关数据显示，TOP 500 营收总额达到 64.6 万亿元，同比增长 6.8%；平均营收 1 291.5 亿元，同比增长 6.7%。头部企业主要分布在数字传媒、电子商务、通信、电子以及计算机等行业。截至 2023 年，以阿里巴巴、字节跳动以及腾讯为代表的中国市值超 10 亿美元的数字贸易企业已超 200 家，在《2023 年中国产业电商"百强榜"》榜单中，包含 11 家电商上市公司和 11 家"独角兽"企业。独角兽企业重点分布在金融科技、软件服务、电子商务等领域。此外，我国数字服务平台企业无论在规模和影响力方面都得到迅速壮大，成为我国企业参与国际商业活动的重要支撑和重塑商业生态的新引擎。

4. 中国数字贸易区域发展不平衡

从中国数字贸易区域发展情况来看，呈现出典型的区域发展不平衡、发展特色鲜明、协同并进的整体格局。具体来看，得益于较强的数字创新能力和较为完善的数字基础设施建设以及人才、资金和技术的聚集，东部地区数字贸易整体规模优势较为显著。根据商务部相关数据，2023 年，东部地区可数字化交付服务进出口规模达 3 530.7 亿美元，全国占比高达 91.5%，出口为 2 001.8 亿美元，进口为 1 528.9 亿美元，顺差为 472.9 亿美元，排名前五位的省市分别为上海、广东、北京、江苏和浙江，数字贸易发展优势地位显著。中西部地区和东北地区 2023 年可数字化交付服务贸易规模分别为 233.2 亿美元和 95.2 亿美元，占全国的比重分别为 6% 和 2.5%，三地区总和为全国的 8.5%，可数字化交付服务贸易规模占东部地区的比重仅为 9.3%。和东部地区相比，中西部和东北地区还具有较大的差距，正处于加速赶超阶段。从区域发展特色来看，以粤港澳大湾区、长三角以及京津冀为代表的发展中心分别围绕打造国际科技创新中心、跨境数据便利化和数据要素价值化、一体化大数据中心协同创新体系为核心，通过优化不同区域数字化资源的配置和加强企业之间的全面合作，初步形成了区域特色鲜明、优势互补的中国数字贸易发展格局。图 8-3 为 2023 年中国各地区可数字化交付服务进出口占比。

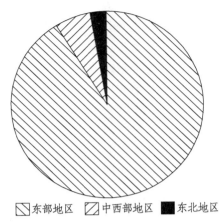

◹ 东部地区　◺ 中西部地区　■ 东北地区

图 8-3　2023 年中国各地区可数字化交付服务进出口占比

三、中国数字贸易分领域发展情况

中国数字贸易在规模持续扩大、结构不断优化的同时，围绕数字产品贸易、技术贸易、服务贸易以及数据贸易枢纽地位构建等领域也取得了长足发展。具体表现在数字产品贸易焕发活力，已成为中国对外贸易的重要构成部分，数字技术贸易稳步发展，创新能力得到进一步增强，数字服务贸易场景丰富，增长势能逐渐蓄积。

1. 中国数字产品贸易发展情况

在新技术推力和新需求拉力的共同作用下，数字产品贸易得以产生并得到迅速发展，根据数字产品用途的性质，数字产品贸易的对象主要包括数字内容性产品、数字交换工具和数字过程与服务等内容。中国在数字产品贸易领域的比较优势主要集中在网络游戏、网络文学以及影视作品领域。根据伽马数据发布的《2023 年中国游戏出海研究报告》显示，2023 全球游戏市场规模为人民币 11 773.79 亿元，同比增长 6%。全球移动游戏市场规模为 6 062.67 亿元，同比增长 1.98%。中国自研游戏在海外市场的实际收入是 163.66 亿美元，折合人民币约为 1 153.26 亿元。中国移动游戏出海的目的国主要是美、日、韩、德等发达国家，2023 年尤其是在日本和韩国市场，中国出海移动游戏实现了正增长。另外，国家广播电视总局通过在海外设立数量众多的电视中国剧场，持续推动了中国优秀电视节目覆盖全球 100 多个国家和地区，引发了观看热潮。在网络文学方面，根据中国社会科学院文学研究所发布的《2023 中国网络文学发展研究报告》显示，2023 年度，中国网络文学"出海"市场规模超 40 亿元，海外原创作品约 62 万部，海外访问用户约 2.3 亿，覆盖 200 多个国家和地区，《赘婿》《大国重工》《大医凌然》等 16 部中国网文作品被收录至大英图书馆的中文馆藏书目中，中国网络文学在海外影响力日益提升。表 8-3 为 2023 年中国游戏公司海外市场收入及品牌情况。

表 8-3　2023 年中国游戏公司海外市场收入及品牌情况

公司名称	游戏品牌	海外收入
腾讯	《幻塔》《胜利女神：妮姬》《白夜极光》《妄想山海》《小森生活》《胡桃日记》《全民奇迹 2》	532 亿元
米哈游	《原神》《崩坏》	177.37 亿元
三七互娱	《斗罗大陆：魂师对决》《Puzzles & Survival》《云上城之歌》《叫我大掌柜》《小小蚁国》	58.07 亿元
莉莉丝	《剑与家园》《剑与远征》《万国觉醒》	42.61 亿元

2. 中国数字技术贸易发展情况

随着数字化进程的不断推进，新一代信息技术的内涵被大大拓宽，云计算、大数据、区块链等赋能的数字技术贸易发展势头日益迅猛。2023 年，中国电信、计算机和信息服务贸易规模约为 1 290.1 亿美元，同比增长 3.9%。从图 8-4 可以看出，2010—2023 年间中国电信、计算机和信息服务出口额从 105 亿美元增加到 903.4 亿美元，在 13 年时间内增加了 8.6 倍。根据中国信通院发布的《云计算白皮书（2024 年）》数据显示，2023 年，全球云计算市场规模为 5 864 亿美元，同比增长 19.4%，我国云计算市场规模达 6 165 亿元，同比增长 35.5%，仍保持较高活力，预计 2027 年我国云计算市场将突破 2.1 万亿元。世界知识产权组织（WIPO）发布的全球创新指数显示，2023 年中国创新能力综合排名全球第 12 位，瑞士、瑞典、美国、英国和新加坡分别位列排名的前 5 位。2023 年，全球 PCT（《专利合作条约》）国际专利申请总量为 27.26 万件，中国申请量为 69 610 件，占申请总量的 25.5%左右，排名位居世界首位，美国以 55 678 件申请量位居全球第二，日本、韩国和德国紧随其后。以上数据显示，中国在关键核心技术领域创新能力得到大幅提升，将显著助力于中国数字技术贸易的发展并在竞争愈发激烈的国际分工格局中占据重要地位。

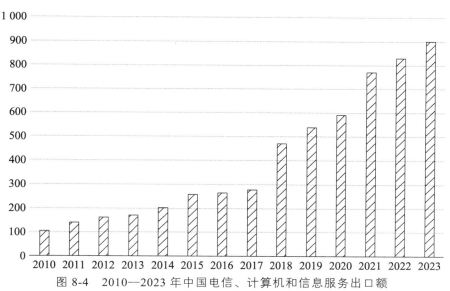

图 8-4　2010—2023 年中国电信、计算机和信息服务出口额

3. 中国数字服务贸易发展情况

当前阶段，随着新一代数字技术和信息技术的广泛应用，传统货物贸易指向了技术、金融、数据和知识产权等领域，数字服务贸易已成为全球贸易增长的重要引擎，并深刻影响着国际贸易分工和国际经济格局。中国数字服务贸易总体规模较大，具备较强的竞争力和比较优势，但数字服务贸易内部结构并不均衡，主要依赖于其他商业服务和电信服务，知识密集型产业仍主要依赖进口，保险和电信服务产业一直垄断性较强，导致其在发展活力和创新性方面相对欠缺。2023 年，中国金融服务、保险服务、知识产权使用费服务进出口规模分别为 80.9 亿美元、243.8 亿美元、534.7 亿美元，在可数字化交付服务中的占比分别为 2.1%、6.3% 和 13.9%，中国数字服务贸易的重要性日益凸显。中国企业承接离岸信息技术外包、业务流程外包和知识流程外包执行额分别为 605.7 亿美元、251.6 亿美元和 656.2 亿美元，同比分别增长 7.9%、12.3% 和 12.5%。在人民币跨境支付清算（CIPS，Cross-border Interbank Payment System）系统建设方面，截至 2023 年末，CIPS 系统参与者共有 1 484 家，业务范围覆盖全球 182 个国家和地区。在数字人民币发展方面，根据人民银行公布的相关数据，截至 2024 年 5 月底，数字人民币累计交易金额达到 6.6 万亿元，相较于 2023 年交易金同比增长 7.3 倍，数字人民币试点范围已拓展至 17 个省（市）的 26 个地区。数字人民币在我国的普及在增加传统货币功能的同时，对于快速追踪资金流向、抢占数字货币时代国际市场先机发挥了重要作用，同时还助推了中国数字贸易的加速发展。

思考题

1. 数字贸易的概念和特征是什么？
2. 数字贸易与传统贸易的异同点体现在哪些方面？
3. 数字贸易规则的"美式模板"的代表性协定及主要内容有哪些？
4. 数字贸易规则的"欧式模板"的代表性协定及主要内容有哪些？
5. 数字贸易壁垒的含义及分类。
6. 中国数字贸易的发展现状如何？

第九章　数字货币

本章导读

　　党的二十大报告提出，加快发展数字经济，促进数字经济和实体经济深度融合。数字经济是世界科技革命和产业变革的先机，更是新一轮国际竞争的重点领域。在以数字技术为代表的第四次工业革命方兴未艾的当今时代，数字货币和加密技术是信息化、智能化为代表的第四次工业革命的必然产物，是数字技术在金融科技方面的最新产物，代表着金融发展的新领域。

本章知识点

　　1. 掌握数字货币的概念与特征；
　　2. 掌握数字货币的交易机制；
　　3. 理解央行数字货币。

第一节　数字货币的概念与特征

一、数字货币的概念

　　数字货币简称为 DC，是英文"Digital Currency"的缩写，是电子货币形式的替代货币。在数字经济背景下，数字是一种普遍存在的货币形式，被广泛运用于购物、投资、汇款等各种交易过程中。数字货币是指以数字形式存在的货币，使用密码学和区块链技术来保证交易的安全性和不可篡改性，具有去中心化的特点。数字货币不受任何中央机构或政府的控制，是一种独立存在的货币形式。经济活动中的数字金币和密码货币都属于数字货币。

　　数字货币代表着一种去中心化的、以数字形式存在的货币形式，通常由其开发者发行并维护，主要在特定的虚拟社群中流通。欧洲银行业监管机构将其描述为：一种非官方的数字化价值表现，它不由中央银行或政府主管，不与法定货币直接绑定，但因其在公众中的认可度，能够用作交易媒介，也能在电子设备上便捷地转移、存储或交易。

这种货币模式可被视为依托于节点网络和技术加密方法的虚拟货币。比特币的诞生对传统的货币系统构成了重大冲击。尽管它可归类于广义的虚拟货币，但它与互联网公司发行的虚拟货币有着根本不同，因此被特别称为数字货币。

二、数字货币的本质

货币的演进始终与科技进步和经济活动紧密相连，数字货币作为现代社会发展的产物，其出现是顺应商业社会变迁的必然趋势。货币的本质，无论是何种形态，首要目标都是为了简化交易，提供便利。货币的价值基石在于人们的信任，这种无形的信任促使货币得以流通，使用频率越高，其效用就越显著。作为交换的媒介，货币的关键在于象征的社会共识，只要被广泛接受并用于便捷交易，其形式并不重要。马克思在其著作《资本论》中揭示，货币是一种特殊的通用商品，集价值衡量与交易媒介于一身。因此，只要具备作为等价物的能力，并能充当商品和服务交换的纽带，那么"数字"同样具备成为货币的基础。

数字货币起源于民间的比特币，尽管它并非由官方发行且缺乏实物对应，但区块链和加密技术却凭借其保障支付安全的特点赢得了大众的信任。比特币已经实现了与全球多数国家法定货币的自由兑换，并在广泛的交易场景中发挥作用，充分体现了货币的支付功能。相较于传统的纸币，数字货币融合了点对点交易和匿名性的优点，更进一步的是，它突破了纸币的局限，能在多元的交易媒介和渠道上实现无缝支付。

数字资产是现代社会中涌现的创新金融形态，凭借数字科技赋予的独特属性，扮演着现代经济中的流通媒介角色，顺应了数字化时代的新支付潮流。作为数字经济的核心构建，数字资产依托于一套精密的技术体系。首先，它源于一个开源的算法创新，任何用户都能参与并监督其发展，因为每一步修改都公开透明，无法被篡改，确保了其不可伪造的特性；其次，所有的交易经由分布式网络验证并记录，全球网络共享同一账本，从而确保交易的公正性和安全性，实现了无须第三方的点对点交易模式。这一过程可比喻为，两位需求者通过共享的加密密钥进行交易，这与古代的信物交易方式有着异质但相通之处，那时的交易凭证可能是复杂的签名或隐藏在信物中的隐秘信息。

依托于高度发达的信息技术，数字资产的交易实现了纯粹的点对点交互，没有中介介入，也没有监管者的介入，甚至连交易密码——那串代表价值的数字，都成为信任的基石，完全建立在技术的信任机制上。互联网的普及使得数字资产的交易体验达到了前所未有的便捷，这无疑是其备受瞩目的重要原因。

国际货币基金组织（IMF）在其 2020 年终报告中显示，全球范围内，80%的发达经济体和 45 个新兴市场国家中的中央银行正全力以赴地探讨中央银行数字货币（CBDC，Central Bank Digital Currency）的可能性，其中 30%的机构明确计划在未来几年内推出这一创新。以 G7 成员国为核心的国际合作正在 CBDC 领域加速推进。在中国，中国人民银行作为先锋，已在深圳、苏州、雄安新区和成都等地进行了前瞻性的试点项目，显示出中国央行数字货币的跃进态势。然而，尽管进展显著，法定数字货币对金融体系的实质性影响尚处于初步阶段。

另一方面，私人数字货币的崛起不容忽视。自十年前开始流通以来，它们已经在金融秩序和经济稳定上产生了深远影响。截至 2020 年 2 月 8 日，全球市场上活跃的私人数字货币种类多达 5 096 种，分布在 20 445 个交易平台上，总市值突破 2.8 万亿美元，日交易额更是超过了 1 340 亿美元的大关。这无疑预示着数字货币时代的来临，其潜在影响将逐渐显现。

三、数字货币的特征

数字货币具有许多独特的特点，使其在金融和科技领域引起了广泛的关注和应用。以下是数字货币的一些主要特征：

（一）数字化

数字货币以数字形式存在，完全依托于计算机技术和网络通信。这种数字化特性使得货币的存储、交易和传输更加高效、便捷，突破了传统实物货币在时空上的限制。数字化还为货币的精确计量和快速流转提供了基础，促进了金融交易的自动化和智能化。

（二）去中心化

区别于传统的中心化货币体系，数字货币通常采用去中心化的架构。它不依赖于单一的中央机构或权威来发行和管理，而是通过分布式账本技术，如区块链，实现全网节点共同维护和验证交易。这一特征降低了对中心化机构的依赖，提高了货币体系的自主性和抗风险能力。

（三）匿名性

在一定程度上，数字货币可以提供匿名交易的可能。用户在进行交易时可以隐藏自己的真实身份信息，保护了个人隐私。然而，需要注意的是，完全的匿名性也可能带来一些问题，如被用于非法活动等，因此监管也在不断探索如何在保护隐私和防范风险之间取得平衡。

（四）便捷性

数字货币的交易可以在瞬间完成，无须烦琐的手续和等待时间。通过移动设备或其他电子终端，用户可以随时随地进行支付和转账，极大地提高了交易效率和便利性。特别是在跨境交易中，数字货币能够显著缩短交易时间和降低成本。

（五）安全性

凭借先进的加密技术，数字货币确保了交易的安全和不可篡改。每一笔交易都被记录在区块链上，具有高度的透明度和可追溯性，有效防止了欺诈和伪造行为。同时，数字货币的私钥机制保障了用户对自己资产的控制和安全。

（六）可编程性

数字货币具有可编程的特性，这使得可以根据特定的需求和规则对其进行定制化编程。例如，可以设定在特定条件下自动执行交易或实现资金的定向流动，为金融创新和智能合约的应用提供了广阔空间。

四、数字货币的类型

当前，数字货币成为国际组织、各国央行、业界与学界所共同关注的热点问题。数字货币到底是什么？简单来说，数字货币就是数字化形态的现金。数字货币跟纸币一样，都有流通与支付职能，但同时具有可控匿名性、投融资功能。与支付宝、微信等电子支付相比，数字货币在没有联网、没有信号的情况下也可以收付款。同时，在设备允许的情况下，收款方无故不能拒收数字货币。目前，数字货币有以下四种类型：

一是央行主导的法定数字货币，如中国的 DCEP（Digital Currency Electronic Payment，数字货币与电子支付），可视为数字化的狭义法定货币，意味着中央银行直接发行的"数字负债"，旨在部分替换 M0（流通中的现金）。正如英国央行的研究所示，其考虑的 CBDC 可能对 M1（M0+单位活期存款）产生影响，揭示了数字化对广义法定货币潜在变革的一面。至于技术支持，"数字"一词可能关联到分布式账本技术，但也可能无关，甚至可能采用非去中心化技术。中国在这方面的研究进展因中央银行和各领域的重视，已在全球范围内领先。

二是超主权数字货币，涉及跨国央行及 IMF 等国际金融机构的探索。国内学术界曾尝试利用分布式技术改进 SDR（Special Drawing Right，特别提款权）等概念。尽管此类研究主要由国际组织推动，但由于部分国家如美国的积极性不高，实际进展有限。

三是民间稳定币，是一种追求价格稳定的数字货币，旨在为波动的加密货币市场提供"稳定器"，它们可以依托法定货币、加密货币，或是无抵押的。尽管属于私人数字货币类别，但它们具有一定的"准公共"特性，然而，受法律法规限制，此类货币在国内的发展较为受限。

四是普通加密货币，以比特币为代表，已在市场中运作成熟，政府关注点在于投资者保护、交易合法性以及反洗钱措施。在中国，这一领域展现出一种"半地下经济"的特征，尽管如此，华人及华资在全球加密货币挖矿能力中占据显著地位。

五、数字货币的重要作用

随着数字经济发展的不断深入，数字货币的重要作用越发凸显。具体而言，数字货币对经济发展的重要作用体现在以下四个方面：

第一，数字货币的崛起为货币政策操作开启了崭新的领域。在全面数字货币化的环境中，央行有可能超越零利率的界限，实施负名义利率策略。此外，数字货币的创新性还体现在量化宽松策略上，通过直接向公众发放数字货币，不仅直接刺激消费和债务偿还，还能有效推动央行实现经济稳定的货币政策目标。

第二，数字货币对于提升货币政策的透明度起到了至关重要的作用。理论普遍认为，透明化的货币政策能显著提升政策传导效果，减少市场不确定性，从而巩固金融稳定。尽管各国央行已在通货膨胀目标制方面取得了显著进展，但数字货币的引入为增强政策框架的透明度提供了新的契机。央行可以通过数字货币设定固定且明确的价格水平目标，为经济体系提供一个可靠的名义基准，进一步巩固金融市场的稳定。

第三，发行数字货币是央行应对实物现金使用减少趋势的明智之举，同时也为央行带来了新的铸币税收来源。随着电子支付的普及，现金在日常交易中的使用频率逐渐降低。若纸币最终退出历史舞台，银行存款将成为经济中唯一的货币形式，央行可能失去发行钞票的职能。而当前，铸币税主要依赖于实物现金的发行。因此，为了应对公众对现金需求的下降，央行推出便捷易用且能与电子支付系统无缝对接的数字货币，不仅满足了市场需求，还能重新获得部分铸币税收入。

第四，数字货币对于金融系统的稳定性具有显著的增强作用。从技术层面来看，数字货币允许个人、企业以及非银机构直接以央行数字货币进行交易，这减轻了商业银行在清算方面的责任，分散了支付系统的流动性和信贷风险。从实践角度看，央行数字货币可以与商业银行系统结合发行和运行，确保政策的稳健性和可持续性。此外，央行发行的数字货币为居民提供了无风险的存款替代选项，减少了对政府存款担保的依赖，从而降低了金融体系内的道德风险，进一步增强了金融系统的整体稳定性。

六、数字货币的优势

在当今数字化浪潮汹涌澎湃的时代，数字货币作为一种新兴的金融创新产物，正逐渐走入人们的视野并展现出诸多显著优势。数字货币的出现，不仅是货币形式的一次变革，更有可能对经济和社会产生深远的影响。

数字货币最为突出的优势之一是其高度的便捷性。与传统货币相比，数字货币无须依赖实体媒介，通过数字形式存在于网络空间中。这使得人们在进行支付和交易时，只需使用电子设备即可轻松完成，无论是在日常生活消费还是商业交易场景中，都极大地提高了交易的效率和便利性。不再需要携带大量现金或烦琐地使用银行卡进行刷卡操作，一键支付即可快速完成资金转移。

从成本角度来看，数字货币也带来了重大变革。传统货币的印制、运输、存储和管理都需要耗费大量的人力、物力和财力资源。而数字货币的存在几乎消除了这些成本，没有了实体货币的损耗和维护费用。对于金融机构而言，数字货币的运营成本也相对较低，降低了整个金融体系的运行成本。此外，数字货币还能减少现金交易中可能产生的假钞风险以及因现金流转带来的损耗。

在安全性方面，数字货币凭借先进的加密技术构建了坚固的安全防线。通过复杂的算法和加密机制，保障了数字货币的真实性和不可篡改性。每一笔数字货币的交易记录都被准确地记录在区块链等分布式账本上，使得交易具有高度的可追溯性和透明性。这不仅降低了货币被伪造的风险，也为防范金融犯罪提供了有力手段，如洗钱、诈骗等违法活动在数字货币的环境下将更难以得逞。同时，数字货币的安全机制也保护了用户的财产安全和隐私。

数字货币还展现出强大的金融包容性。在一些地区，尤其是发展中国家和偏远地区，金融服务的覆盖可能并不完善，部分人群难以享受到充分的银行服务。数字货币的出现打破了这种地域和金融服务限制，只要有网络和电子设备，人们就可以参与数字货币的交易和使用，极大地拓展了金融服务的覆盖范围。为那些被传统金融体系边缘化的人们提供了参与经济活动的机会，促进了金融资源的公平分配和社会的均衡发展。

在跨境支付领域，数字货币更是具有巨大的潜力。传统的跨境支付往往面临着复杂的流程、高额的手续费和较长的时间成本。而数字货币能够简化这些程序，实现快速、高效的跨境资金转移。数字货币的全球性和去中心化特性，有可能降低对中间银行和支付机构的依赖，减少中间环节的费用和时间消耗，提升跨境支付的整体效率。这对于促进国际贸易和全球经济一体化具有重要意义。

数字货币的智能性也是其独特优势之一。通过编程和智能合约技术，可以在数字货币上附加各种条件和规则，实现更加灵活和多样化的支付方式。例如，根据特定的时间、条件或事件触发资金的自动支付或转移，为金融创新和商业模式创新提供了广阔空间，有助于推动金融服务的个性化和定制化发展。

随着金融科技的不断进步，数字货币还将继续演进和完善。其优势有望在更多领域得到发挥和拓展。例如，在供应链金融领域，数字货币可以实现对商品和资金流的精准跟踪和管理，提高供应链的效率和透明度；在公共服务领域，数字货币可以用于公共缴费、福利发放等，提高政府服务的便捷性和效率。

总之，数字货币凭借其便捷性、成本优势、安全性、金融包容性、跨境支付优势和智能性等诸多优势，已经成为金融领域重要的研究和发展方向。尽管面临一些挑战和问题，但随着技术的不断进步和完善，数字货币有望在未来的经济和金融体系中发挥越来越重要的作用。它不仅将改变人们的支付方式和金融行为习惯，还可能推动整个金融行业的变革和创新。应积极关注数字货币的发展动态，充分利用其优势，同时妥善应对可能出现的问题，以实现数字货币的健康、有序发展，为经济和社会的进步作出贡献。

第二节 数字货币的起源与发展

一、数字货币产生的背景

数字货币产生的背景可以追溯到人们对传统金融体系的不满和对新技术的探索，具体包括以下重要方面：

1．金融危机

2008 年的全球金融危机暴露了传统金融体系的弊端，包括对中心化机构的过度依赖、高昂的交易成本、缺乏透明度和金融不平等等问题。这促使人们开始寻求一种更加开放、透明和去中心化的金融体系。

2．区块链技术的出现

中本聪在 2008 年发布了比特币的白皮书，提出了一种去中心化的数字货币系统，这一系统基于区块链技术，通过分布式账本和加密算法确保了交易的安全和可信度。区块链技术的出现为数字货币的实现提供了技术基础。

3．数字化趋势

随着互联网和移动技术的发展，人们对数字化支付和资产管理的需求不断增加。数字货币作为一种数字化的资产，能够满足人们对便捷、快速和安全支付的需求。

4．全球化和跨境支付需求

随着全球化进程的加速，人们对跨境支付和汇款的需求不断增加。传统的跨境支付方式通常需要经过多个中介机构，费用高昂且时间长，数字货币的出现为跨境支付提供了更加便捷和经济高效的解决方案。

5．金融科技创新

金融科技（FinTech）的快速发展为数字货币的出现提供了土壤。人们开始探索如何利用新技术改进金融服务，数字货币作为金融科技创新的一部分，成为金融领域的热点话题。

数字货币产生的背景主要包括对传统金融体系的不满、区块链技术的出现、数字化趋势、全球化和跨境支付需求以及金融科技创新。这些因素共同推动了数字货币的发展和普及，为金融领域带来了许多创新和变革。

二、数字货币的起源

数字货币的历史可以追溯到 20 世纪 90 年代末和 21 世纪初，当时一些计算机科学家和密码学家开始探索如何利用加密技术和分布式系统来创建一种去中心化的数字货币。然而，真正引发数字货币发展的里程碑事件是 2008 年，中本聪发表了一篇题为《比特币：一种点对点的电子现金系统》的论文，提出了比特币的概念和技术架构，即比特币和区块链技术。在这篇论文中，中本聪提出了一种去中心化的数字货币系统，该系统不依赖于中央机构，而是通过点对点的网络进行交易验证和记录。这一系统的核心是区块链技术，即一种去中心化的分布式账本技术，通过密码学算法确保交易的安全和可信度。

2009 年，中本聪发布了比特币的开源软件，并进行了第一笔比特币交易，从而正式诞生了比特币作为第一个数字货币。比特币的特点包括去中心化、匿名性、不可篡改、固定发行量等，这些特点使得比特币成为了一种全新的货币形式，引起了全球范围内的关注和讨论。

比特币的诞生标志着数字货币时代的开启，随后出现了许多其他类型的数字货币，如莱特币、以太坊、Ripple 等，这些数字货币在技术和应用上都有不同的特点和创新，丰富了数字货币的形态和功能。

总的来说，数字货币的起源可以追溯到中本聪在 2008 年发布的比特币白皮书，这标志着一种全新的货币形式和金融技术的诞生，为金融领域带来了许多创新和变革。

三、数字货币的发展阶段

数字货币自诞生以来经历了快速的发展，以下是数字货币发展的一些重要阶段和趋势：

1. 早期数字货币概念的提出（20 世纪末）

在 20 世纪末，一些学者和密码学专家开始探讨数字化货币的概念，提出了一些基于密码学和分布式系统的电子货币方案。其中最著名的是 1998 年由计算机科学家 Wei Dai 提出的"B-money"概念和同年由密码学家 Nick Szabo 提出的"Bit Gold"概念，这些概念为后来的数字货币奠定了理论基础。

2. 比特币的诞生（2009 年）

2009 年，中本聪发布了比特币的白皮书，正式提出了基于区块链技术的去中心化数字货币方案。比特币的诞生标志着数字货币的开端，它成为了世界上第一种真正意义上的数字货币，开启了数字货币的时代。

3. 比特币的发展和普及（2010 年后）

随着比特币网络的建立和发展，比特币逐渐被人们所认识和接受，开始在一些互联网社区和黑市上流通。2010 年，比特币交易平台，日本东京的比特币交易商（Mt.Gox）成立，为比特币的交易和流通提供了便利，推动了比特币的普及。

4. 区块链技术的应用拓展（2014年后）

2014年后，随着区块链技术的不断发展和应用拓展，出现了更多种类的数字货币，如莱特币（Litecoin）、以太坊（Ethereum）等，这些数字货币在区块链技术的基础上进行了创新和改进，为数字货币的发展开辟了新的可能性。

5. 数字货币市场的蓬勃发展（2017年后）

2017年后，数字货币市场经历了一轮蓬勃发展，出现了大量新的数字货币项目和ICO（Initial Coin Offering）融资模式，数字货币市场规模迅速扩大，吸引了大量投资者和交易者的关注和参与。

6. 政府监管和法律规范（2018年后）

2018年后，随着数字货币市场的快速发展和波动，各国政府开始加强对数字货币的监管和法律规范，以防范金融风险和保护投资者权益，数字货币市场进入了更加规范和透明的发展阶段。

7. 中心化数字货币的崛起（2020年后）

2020年后，一些国家开始探索发行中心化数字货币（Central Bank Digital Currency，CBDC），如中国的数字人民币等，这标志着数字货币进入了新的发展阶段，数字货币与传统金融体系的融合和竞争日益加剧。

数字货币经历了从单一的比特币到多样化的数字货币，从技术创新到金融机构参与，从监管挑战到新兴应用的发展。数字货币市场已经成为了一个充满活力和创新的领域，为金融领域带来了许多变革和机遇。然而，数字货币市场也面临着监管、安全和合规等方面的挑战，需要持续关注和解决。

四、数字货币发展的国际新进展

（1）中国：数字人民币的国内应用和国际合作持续推进。

在国内应用方面，2022年，中国的数字人民币在应用领域与试点范围上取得了令人瞩目的进展。自年初数字人民币（试点版）应用上线以来，国内众多商业巨头积极融入其中，共同推动其普及与应用。如今，数字人民币已广泛应用于餐饮、旅游、日常消费等多个线上线下场景，成功打造了一系列可复制、可推广的运营模式。年内，试点城市范围两次扩大，截至年底，共有26个区域分布于17个省市参与试点，彰显了中国在数字货币领域的决心与实力。

在功能优化方面，数字人民币的支付功能得到了进一步的强化。新引入的"即时充值"和"智能管理"功能不仅提升了用户体验，也为数字货币的广泛应用奠定了坚实基础。随着数字人民币在经济中的影响力日益增强，中国人民银行自2022年12月起将其正式计入流通货币（M0）统计数据。截至当月底，流通中的数字人民币总额已达136.1亿元，标志着数字货币在中国的广泛应用与快速发展。

在国际合作方面，中国人民银行数字货币研究所以我国香港金融管理局为主，与泰国中央银行、阿联酋中央银行及国际清算银行（香港）创新中心共同推进的多边央行数字货币桥（mBridge）项目取得了显著成果。2022年10月的项目报告显示，来自四地的20家商业银行在8月15日至9月23日期间，通过mBridge平台成功进行了首次实际交易试点。这不仅标志着CBDC跨地区跨境支付从试验阶段迈向了实践阶段，也充分展示了中国在全球数字货币领域的领导地位与影响力。在试点期间，平台发行的CBDC价值超过1200万美元，促成了160多笔交易，总值超过2200万美元，这是迄今为止最大规模的跨境CBDC试点测试，为全球数字货币的发展注入了新的活力。

（2）美国：数字资产发展上升到国家战略层面。

2022年3月，美国总统乔·拜登（Joe Biden）签署了《关于促进数字资产负责任发展的行政命令》，这一举动象征着美国对数字资产的战略重视提升至国家级。行政命令中提及了加密货币快速增长可能带来的各种风险，从而促成了加密资产监管的全面整合时期。对此，白宫于同年9月出台了《综合框架：负责任地发展数字资产》，文件关注了加密货币在消费者与投资者保护、国家安全和环境保护等方面的问题，并表示意图强化美国在此领域的领先地位，提倡监管机构间以及公私部门的合作。与此同时，财政部在同一时期的报告中提出，美国的监管和执法机构应加强对加密货币行业非法行为的监督，制定监管指导原则和规则，并增进协作。

对于CBDC（中央银行数字货币），拜登的行政命令是将其研发置于首要任务，强调美国需在国际CBDC讨论和多边对话中发挥引领作用。遵循该命令，美国财政部在2022年9月发表了《未来的货币和支付系统》报告，研究了可能的美国CBDC设计方案。为了配合美联储的工作，财政部将领导一个跨部门的"CBDC工作组"来协调相关事务。同月，白宫科技政策办公室（OSTP，Office of Science and Technology Policy）发布了一份报告，明确了美国CBDC系统应遵循的8项政策目标，探讨了技术设计选择及其潜在影响。OSTP不仅会参与财政部领导的CBDC工作组，还与国家科学基金会（NSF，National Science Foundation）合作制定全国性的数字资产研发计划以支持美联储的工作。

（3）欧盟：加密资产立法和CBDC研发稳步推进。

2022年，欧盟立法者批准了《加密资产市场监管法案》（MiCA），此法案在欧洲议会的最终投票中决定。该提案源于2020年9月欧盟委员会的倡议，旨在创建一个欧盟范围内的加密资产统一法规，旨在为加密资产提供法律基础，推动技术创新，保障用户和投资者权益，以及维护金融稳定。2022年6月，欧盟委员会、立法者和成员国已就MiCA达成共识。

另一方面，欧洲中央银行（ECB，European Central Bank）的数字欧元计划稳步进行。2021年7月启动该项目，并计划进行两年的研究。在2022年3月，ECB委托的一份报告揭示了公众对广泛接受的、便捷快速支付方式的偏好。同年9月，ECB公布了数字欧元研究阶段的进展，讨论了其推出的可行性及初步设计概念。12月，ECB再次发布报告，介绍了关于数字欧元设计和发行的更多选择方案，反映了项目调查阶段的进一步发展。

第三节　数字货币的交易机制

一、交易平台与钱包

数字货币的交易机制主要通过交易平台和钱包进行。交易平台是一个专门用于买卖商品、服务或资产的在线平台。它的主要功能包括提供交易市场、交易订单管理、资金管理、数据分析和报告等。交易平台的特点包括安全性、可靠性、高效性、用户友好性和多样化的交易产品。安全性是交易平台最重要的特点之一，需要采取各种措施来保护用户的资金和个人信息。可靠性是指交易平台需要保证交易的准确性和及时性，确保交易订单能够被正确执行。高效性是指交易平台需要具备快速的交易执行能力，以满足用户对快速交易的需求。用户友好性是指交易平台需要提供简单易用的界面和操作流程，让用户能够轻松地进行交易。多样化的交易产品是指交易平台需要提供多种不同类型的交易产品，满足用户对不同投资品种的需求。

钱包是用于存储、管理和使用数字货币的工具。它的主要功能包括数字货币的存储、转账、收款和支付等。钱包的特点包括安全性、便捷性、多样性和可扩展性。安全性是钱包最重要的特点之一，需要采取各种加密和安全措施来保护用户的数字货币免受盗窃和欺诈。便捷性是指钱包需要提供简单易用的操作界面和快速的交易处理能力，让用户能够方便地进行数字货币的存储和使用。多样性是指钱包需要支持多种不同类型的数字货币，满足用户对不同数字货币的存储和管理需求。可扩展性是指钱包需要具备良好的扩展性，能够适应数字货币市场的不断发展和变化，满足用户对新型数字货币的需求。

交易平台和钱包都是与数字货币相关的工具，它们之间有着密切的联系，但也存在一些区别。交易平台主要用于数字货币的买卖和交易，它提供了交易市场、订单管理和资金管理等功能，让用户能够进行数字货币的交易活动。而钱包主要用于数字货币的存储和管理，它提供了数字货币的存储、转账、收款和支付等功能，让用户能够方便地管理自己的数字货币资产。因此，交易平台更注重数字货币的交易活动，而钱包更注重数字货币的存储和管理。同时，交易平台通常需要用户进行实名认证和资金交易，而钱包则更注重用户的私密性和安全性。交易平台和钱包在数字货币生态系统中各司其职，共同为用户提供便捷、安全的数字货币服务。

二、价格波动与投资策略

数字货币的交易机制涉及价格波动和投资策略，这是一个非常重要的方面。数字货币市场的价格波动性很高，这意味着投资者需要制定相应的投资策略来应对这种波动。以下是一些常见的投资策略：

1．长期投资

长期投资是一种相对稳健的策略，投资者会选择相信未来某个数字货币的价值会增长，并且愿意持有该货币一段较长的时间。这种策略需要投资者对数字货币市场有较深入的了解，并且愿意承担长期的风险。

2．短期交易

短期交易是指投资者在较短的时间内买卖数字货币，以追求价格波动带来的利润。这种策略需要投资者对市场有敏锐的洞察力和快速的决策能力，同时也需要承担较高的交易风险。

3．分散投资

分散投资是指投资者将资金分散投资于多种数字货币，以降低整体投资组合的风险。这种策略需要投资者对不同数字货币的特性和市场走势有较全面的了解，以及对风险的有效控制能力。

4．技术分析与基本分析

技术分析是通过对数字货币市场的历史价格和交易量等数据进行分析，预测未来价格走势的一种方法。基本分析则是通过对数字货币的基本面因素进行分析，如项目背景、团队实力等来判断其未来的投资价值。这两种分析方法可以帮助投资者制定更科学的投资决策。

总的来说，数字货币的交易机制涉及复杂的市场因素和投资策略，投资者需要根据自身的风险偏好和市场认知来选择合适的交易策略，同时也需要不断学习和调整策略，以适应市场的变化。

三、市场监管与合规

数字货币交易机制的市场监管与合规是确保数字货币交易安全、公平、透明的重要保障。市场监管机构应当加强对数字货币交易平台的监管，确保其合规运营，保护投资者权益，防范市场风险。合规方面主要包括以下几个方面：

（1）监管机构的角色：监管机构应当明确数字货币交易市场的监管职责和权限，建立健全的监管制度和法律法规，加强对数字货币交易平台的监管力度，防范市场操纵、内幕交易等违法行为。

（2）合规要求：数字货币交易平台应当遵守相关法律法规，建立健全的内部管理制度，包括风险控制、信息披露、资金存管等制度，确保交易活动合规、公平、透明。

（3）风险防范：监管机构应当加强对数字货币交易市场的风险监测和评估，及时发现和应对市场风险，保护投资者利益，维护市场稳定。

（4）国际合作：数字货币交易市场具有全球化特点，监管机构应当加强国际合作，共同应对跨境数字货币交易的监管挑战，建立跨境监管机制，防范跨境资金流动带来的风险。

总之，市场监管与合规是数字货币交易机制中不可或缺的一环，只有加强监管与合规，才能确保数字货币交易市场的健康发展，保护投资者利益，维护市场秩序。

四、数字货币的信用机制

随着区块链技术的进步，数字货币以其去中心化的本质崭露头角，在国家和商业银行体系之外建立了新的货币信用机制。

1. 以去中心化的分布式记账方式实现信用建构

由于数字货币的去中心化特征，利用分布式账本技术，将会计信息分散保存在区块链网络的各个节点上。这种设计使得篡改账本的挑战从单一服务器扩展到整个社会的众多节点，这种篡改的可行性，在技术层面几乎为零，极大地增强了数字货币记账的可信度。此外，去中心化的货币发行方式也确保了货币滥发的不可能性。

2. 借助时间戳加密属性实现信用建构

在缺乏中心化权威机构的信誉保障下，数字货币作为一种去中心化的货币形式，其核心挑战在于如何抵御数字复制导致的货币重复使用问题，以维护货币的信誉。通过运用时间戳的加密技术，区块链能够为每一笔货币交易打上时间标签，并将这些信息广播至网络中的所有节点，从而有效地阻止了数字货币的双重支付或多重支付现象，进而保障了交易的安全性。

3. 通过自由市场竞争实现货币信用建构

借助去中心化这种创新模式，依赖数字技术，使得数字货币在激烈的市场竞争中确立其信誉，确保优质与低质的区分，从而构建起坚实的货币信任体系。全球范围内，各种数字货币各具特色，它们之间的竞争不仅体现在技术层面，如成熟度、安全性和用户界面，还取决于共识机制、市场接受度等因素，这些共同塑造了它们作为价值记录媒介的市场地位。通过竞争筛选，劣币被淘汰，优良货币得以确立，进而形成普遍认可的货币效能。

与传统的中心化信用构建模式截然不同，基于去中心化特征，数字货币孕育出了新的信用方式。传统的货币，如金属货币，国家对金属资源的控制意味着对货币的控制；纸币虽免于资源依赖，但其防伪手段仍需国家权威背书。然而，数字货币的去中心化特性彻底改变了这一格局，不再受限于单一服务器的控制，所有数据分散存储在全球网络的节点。

区块链技术的革新催生了超越国家管控的货币信任构建，随之而来的是与传统经济学理论相异的数字货币理论，称之为"数字货币新货币理论"。该理论强调从去中心化的视角构建货币信任，对传统的主权货币体系构成挑战。然而，在科技进步和社会发展的驱动下，各国对数字货币的货币属性逐渐开放接纳。

第四节 数字货币的技术支撑

一、区块链技术及其在数字货币中的应用

1.区块链技术概述

区块链技术的出现，使得数字货币可以在没有中央机构的情况下进行交易和结算，大大降低了交易成本和提高了交易效率。区块链技术的核心原理包括分布式存储、共识机制和加密算法。分布式存储使得数据不再集中存储在单一的中心服务器上，而是分布在网络的各个节点上，提高了数据的安全性和可靠性。共识机制是指网络中的节点如何达成一致的交易验证结果，常见的共识机制包括工作量证明（PoW）、权益证明（PoS）和权益股份证明（DPoS）等。加密算法则保障了数据的安全性和隐私性，确保交易记录不被篡改和泄露。除了作为数字货币的底层技术支撑外，区块链技术还被广泛应用于金融、供应链管理、物联网、医疗健康等领域。它的去中心化、安全性和透明性特点，使得区块链技术在各个行业都有着广阔的应用前景。随着区块链技术的不断发展和完善，相信它将会为数字货币和其他行业带来更多创新和变革。

2.区块链技术在数字货币中的应用

在数字时代，区块链技术已成为5 000多种加密货币的基石，其中包括家喻户晓的比特币和以太坊。随着世界继续快速数字化，了解区块链的基本原理和影响不再只是技术爱好者和金融奇才的专利，它正在成为任何探索数字领域的人的基本知识。去中心化是区块链技术的核心，使其有别于传统的中心化系统。想象一场比赛，一百万观众仔细观察每一个动作：这类似于区块链网络固有的透明度和警惕性。不变性是区块链的另一个关键原则，确保信息一旦记录就无法更改或删除。区块链中的每个块都有一个独特的加密哈希，类似于不可伪造的数字指纹。由于可能的哈希组合数量庞大（仅比特币就有2^{256}），区块链数据的完整性几乎不受操纵。区块链技术的前景超越了加密货币，提供了广泛的潜在应用。专家预测，到2027年，全球GDP的10%可能存储在区块链平台上，从而彻底改变从金融和供应链管理到医疗保健和房地产等行业。在加密货币交易领域，速度和可扩展性至关重要。比特币网络每分钟处理300~500笔交易，类似于高速汽车追逐的疯狂速度。

除了技术上的复杂性之外，区块链最终是关于人及其在数字生态系统中的互动。无论是促进安全交易、实现金融包容性还是促进创新，区块链都有可能改变生活并重塑数字经济的未来。我们不仅是技术革命的参与者，更是一个更加透明、公平和相互联系的世界的缔造者。

二、共识机制及其在数字货币中的应用

1. 共识机制定义与分类

共识机制，作为区块链技术的核心组成部分，旨在实现去中心化网络中各节点对于特定数据或状态的一致认可。在缺乏中心化权威机构的情况下，共识机制通过一系列算法和规则，确保所有参与节点能够就区块链上的交易记录、区块生成等关键信息达成共识。这种机制不仅保障了区块链数据的完整性和不可篡改性，同时也为数字货币的安全、透明交易奠定了基础。根据实现方式的不同，共识机制可分为多种类型。其中，工作量证明（PoW）、权益证明（PoS）、股份授权证明（DPOS）等是最为常见的几种。PoW通过节点解决复杂的计算难题来验证交易和生成新区块，这种方式虽安全但效率较低。PoS则基于节点所持有的数字货币数量来确定其参与共识的权利和收益，相较于PoW在效率和能源消耗上有所优化。DPOS则进一步提升了效率，通过持有者投票选出一定数量的代表节点来参与共识过程。随着区块链技术的不断发展，新型共识机制也在不断涌现。这些新型共识机制在安全性、效率和可扩展性等方面进行了改进和创新，以适应更广泛的应用场景和需求。其中，分片技术（Sharding）是一种值得关注的新型共识机制。分片技术（Sharding）作为区块链领域的一项创新，其核心思想是将整个网络划分为多个较小的、独立的分片，每个分片处理一部分交易和验证工作。通过这种方式，分片技术显著提高了区块链网络的吞吐量和处理速度，使得更多的交易能够在短时间内得到确认。同时，分片技术还降低了单个节点的负载，增强了网络的稳定性和可扩展性。

2. 共识机制在数字货币中的应用

共识机制在数字货币中的作用，主要体现在保障交易安全、防止双重支付以及维护网络稳定性等方面。通过共识机制，数字货币系统能够在去中心化的环境下实现交易的确认和记录，从而确保每一笔交易都是真实、有效的。此外，共识机制还为数字货币的发行和流通提供了基础。工作量证明（PoW）是比特币采用的核心共识机制。在比特币网络中，节点通过解决复杂的哈希计算难题来争夺新区块的生成权。这一过程需要大量的计算资源和时间，因此被称为"挖矿"。成功解决难题的节点将获得新区块的生成权，并获得一定数量的比特币作为奖励。PoW机制在比特币中的应用，确保了网络的安全性和去中心化。由于挖矿过程需要大量的计算资源，攻击者需要掌握足够的算力才能对网络发起攻击，这使得比特币网络具有很高的安全性。同时，由于任何节点都可以参与挖矿，比特币网络也实现了真正的去中心化。权益证明（PoS）是另一种重要的共识机制，以太坊等区块链项目采用了这种机制。与PoW不同，PoS不再依赖算力竞争来生成新区块，而是根据节点持有的数字货币数量来分配参与共识的权利。在以太坊中，持有一定数量的以太币（ETH, Ether）的节点可以参与共识过程。这些节点被称为验证者，他们负责验证交易、生成新区块并维护网络的安全。验证者通过抵押一定数量的ETH来获得参与共识的资格，如果他们的行为不符合规则，将会受到惩罚并被剥夺参与共识的权利。股份授权证明（DPoS, Delegated Proof of Stake）是一种由比特股提出的共识机制。DPoS

是 PoS 的改进版，通过引入代表节点的股东来实现共识确认。DPoS 中的所有股东都可以选择和信任特定的节点，即"见证人"，这些见证人负责验证交易和生成区块。DPoS 机制是一种相对快速和高效的共识机制。由于选举产生的见证人数量较少，节点间的通信和共识达成更加迅速。此外，DPoS 机制还引入了惩罚机制，一旦见证人出现违规行为，会被剥夺记账权或者遭到罚款，从而保证了网络安全性。

共识机制作为区块链技术的核心组成部分，在数字货币等领域发挥着至关重要的作用。不同的共识机制具有不同的特点和适用场景，选择合适的共识机制对于保障网络的安全性和效率至关重要。总的来说，共识机制的发展将不断推动区块链技术的进步和应用场景的拓展。随着更多创新和优化措施的实施，共识机制将在数字货币等领域发挥更加重要的作用，为构建更加安全、高效和可扩展的区块链网络提供有力支持。

三、加密技术及其在数字货币中的应用

1. 加密技术概述

加密技术作为信息安全的核心组成部分，已经广泛应用于各个行业领域，为数据安全提供了坚实的保障。其核心思想是通过特定的算法和密钥，将原始数据转换为一种难以直接读取的形式，以达到防止未经授权访问或篡改数据的目的。在电子商务、VPN 等领域有着广泛的应用，深受广大用户的喜爱。加密技术主要包含两个元素：算法和密钥。算法是将普通文本与一串数字（密钥）结合，产生不可理解的密文的步骤；而密钥则是对数据进行编码和解码的工具。

加密技术主要分为对称加密和非对称加密两类。对称加密采用相同的密钥进行加密和解密，如数据加密标准（DES，Data Encryption Standard）和国际数据加密算法（IDEA，International Data Encryption Algorithm）就是对称加密的典型代表。这种加密方式简单快捷，密钥较短，破译困难。另一方面，非对称加密则使用一对密钥，包括公开密钥和私有密钥。如果用公开密钥加密数据，只有对应的私有密钥才能解密，反之亦然。非对称加密的典型代表是 RSA 算法。

2. 加密技术在数字货币领域的应用

在数字货币领域，加密技术发挥了至关重要的作用。数字货币是基于区块链技术的一种去中心化数字货币，使用分布式网络架构来管理和控制交易。每个交易都会被记录在区块链上，并使用密码学技术来确保交易的安全和匿名性。AES 加密算法就是数字货币中广泛应用的对称加密算法之一，可以为交易信息提供优秀的安全性。以比特币为例，比特币交易过程中就采用了 AES（Advanced Encryption Standard，高级加密标准）加密算法来保证交易信息的安全性。

总之，数字货币的安全性建立在加密技术之上。加密技术是数字货币的核心，确保了交易的安全性和隐私性。数字货币使用了公钥加密和私钥解密的技术，这意味着只有

持有私钥的人才能对交易进行授权和签名，从而保护了交易的真实性和完整性，降低了黑客攻击和信息泄露等风险。随着数字货币市场的不断发展，加密技术将继续发挥重要作用，为数字经济的健康发展提供有力支撑。

四、智能合约技术及其在数字货币中的应用

1. 智能合约技术的原理和特点

智能合约技术是一种基于区块链的编程技术，其基本原理是利用代码和算法来执行、管理和强制合约条款。智能合约通过将合约条款编码成可执行的计算机程序，然后在区块链上进行存储和执行。这种技术的核心是将合约的执行过程自动化，从而消除了传统合约中需要第三方进行执行和监督的需求。相较于传统合约，智能合约具有许多独特的特点和优势。首先，智能合约的执行是自动化的，不需要人工干预，从而减少了人为错误和欺诈的可能性。其次，智能合约的执行是不可篡改的，一旦合约被部署在区块链上，就无法被修改或删除，确保了合约的可靠性和安全性。此外，智能合约的执行是透明的，所有的交易和执行记录都会被记录在区块链上，任何人都可以查看，从而增加了合约执行的可信度。另外，智能合约还具有高效性和成本效益性。由于智能合约的执行是自动化的，可以大大减少合约执行的时间和成本。此外，智能合约还可以实现复杂的合约条款和逻辑，从而扩展了合约的应用范围。总的来说，智能合约技术的原理是基于区块链技术的自动化合约，其特点和优势包括自动化执行、不可篡改性、透明性、高效性和成本效益性。这些特点使得智能合约在金融、供应链管理、房地产等领域具有广泛的应用前景。

2. 智能合约技术在数字货币领域的应用

智能合约技术在数字货币领域的应用非常广泛，为数字货币交易、资产管理和支付结算等方面带来了许多创新和改变。在数字货币交易方面，智能合约技术可以实现自动化交易，无须第三方中介，从而降低交易成本和提高交易效率。例如，以太坊网络上的智能合约可以用于创建去中心化交易所，实现数字货币的快速交易和结算，同时保障交易的安全性和透明度。在资产管理方面，智能合约技术可以实现数字货币的多样化资产管理。通过智能合约，用户可以创建代币化资产，如稳定币、证券代币等，实现资产的数字化和流动性增强。此外，智能合约还可以用于实现数字货币的资产证明和溯源，提高资产管理的透明度和可信度。在支付结算方面，智能合约技术可以实现快速、安全的跨境支付和结算。通过智能合约，可以实现数字货币的即时清算和结算，避免传统银行体系的中介环节，降低支付成本和加快资金流动速度。此外，智能合约还可以实现多方参与的复杂支付结算，如供应链金融、跨境贸易等领域的支付结算。

总的来说，智能合约技术在数字货币领域的应用为数字货币交易、资产管理和支付结算带来了更高效、更安全、更便捷的解决方案，推动了数字货币领域的创新和发展。

第五节　央行数字货币

一、央行数字货币的概念

中国人民银行发布的关于数字货币的白皮书——央行数字货币白皮书，其中准确地界定了央行数字货币的概念。

中国人民银行发行的数字货币是中国人民银行发行的以数字形式存在的法定货币，由指定的运营机构参与运营，以广义账户体系为基础，支持银行的账户双耦合的功能，以实物人民币等价，具有价值特征和法偿性。

央行在公布央行数字货币的定义的时候，明确地提出了6个特征。第一，数字货币有账户和价值的双重特征，不计复利息。第二，低成本。从中央银行发行到商业银行，或是专业银行，通过商业银行发行到个人，发行成本很低。和现钞不同，因为现钞涉及储存 ATM、押运等，发行成本相对较高。第三，支付及结算。因为现有的货币支付过程中，支付实际上是通过账户结算的，存在时间差。但是基于央行货币，支付的过程就是结算的过程。第四，货币的可匿名性。跟现在的这个纸钞有很多特点很像，因为纸钞具有匿名性，但是现在纸钞票的匿名性大家也有不同的观点，因为纸钞有冠字号，纸钞的使用轨迹是可以追踪的。第五，数字货币具有安全性，基于中央银行发行的货币，网络特征决定了它比加密货币更安全。第六，可编程性，这个特征虽然说在这次的白皮书里面说得不对，但其实这个可编程性有可能是未来真正的央行数字货币，可能深入到居民生活中每一个细节的一个非常重要的部分，因为可编程性就意味着央行在发行货币的时候就已经预留了很多的技术接口，可以在未来跟更多的应用场景相结合。

二、央行数字货币匿名的优势

数字货币的匿名性要强于微信和支付宝，因为它是双耦合的，而微信和支付宝是强耦合的，它们跟个人账户是直接捆绑的，每一笔支付都意味着账户里资金的流动。个人账户资金不是匿名，但现钞的使用在某种意义上是匿名的，所以它的匿名性比现有的电子支付会好一些。

在利用央行数字货币支付的时候，可以对个人的很多数据进行保护。第一，原来运用很多电子平台支付，多少会存在一些个人信息的泄露。第二，不需要银行账户，使用上比原有的电子支付更方便。第三，不需要提现，因为它本身就是现金。第四，能够离线支付。目前的电子支付需要网络才能实现，未来的央行数字货币直接离线支付就可以，两个硬件一碰就能够完成。

三、央行数字货币的技术形态和运行机制

未来央行的货币是基于 Token 的。如果是一个纯粹的 Token，实际上是匿名的。如果完全匿名就会存在问题，对于金融体系的管理有可能失控。现在很多中央银行，都在讨论可控匿名。最开始进入这个环节的时候，有几种类型，一是基于个人身份的，还有一个是基于准账户的，而只要能识别个人特征的信息，就是基于准账户的。第三个是完全基于 Token 的，但是中央银行使用的还是对个人设定准入门槛。也就是说，央行其实有一个最终集中统一的账，记录谁拥有数字货币。

数字货币属于双层运行机制。从理论讲，央行数字货币机制可以分为两种形式。第一种是单层式的，中央银行直接运营数字货币，发行、编队、直接零售、管理等均由央行负责。这种形式很少见，适用于经济体量很小，中央银行能触及到方方面面。第二种是双层式的，中国人民银行的数字货币使用的是双层机制。就是中央银行参与，中间还有一层是商业银行和其他支付机构，中央银行对接商业银行，商业银行对接私人用户。中间层的商业银行支付机构可以创造钱包，中央银行把数字货币给中间层，中间层再分发给其他零售用户，零售用户使用这些中间层创设的钱包。

虽然数字货币的派发机制一样，但是中间的货币派生和传导机制不一样。传统的货币发行是中央银行给商业银行发钱，商业银行把钱给居民，居民把钱再存到商业银行，再贷款。央行数字货币是中央银行给商业银行，商业银行拿钱直接给用户，用户把钱包拿在自己手里，也就是没有派生功能的现钞。

第六节　数字货币发展的金融风险与防范

习近平经济思想强调，坚持正确的工作策略和方法，是做好经济工作的方法论。为积极稳妥发展数字技术和数字货币，从辩证思维、底线思维和问题导向出发，密切关注比特币等虚拟货币出现或潜在的金融风险。

一、防范化解金融风险——紧盯数字货币的媒介作用

金融安全是国家安全的重要组成部分。防范化解重大风险是三大攻坚战之一，党和国家按照"稳定大局、统筹协调、分类施策、精准拆弹"的基本方针推进工作，守住了不发生系统性金融风险的底线。党的二十大对金融工作明确要求，深化金融体制改革，而数字货币，尤其是非法定数字货币是金融风险的重要新媒介之一，其金融产品属性，容易让投资者受误导，诱发投机行为。2021 年，我国针对私人数字货币的监管扩展到境内境外各类代币融资业务。换言之，从私人数字货币产生以来，我国经历了"放松监管—严格监管—全面监管"的历程。数字货币是元宇宙与现实世界产生密切经济联系的枢纽，而元宇宙给现实世界带来的风险正源于数字货币。

传统的法定货币如美元的稳定性被加密资产如比特币所挑战，后者因其波动性常被视作投机的温床。这种投机风险主要体现在两个层面：首先，投资者的心理预期起着关键作用。比特币的复杂算法和限量供应特性，使得市场中有人预期其价值将大幅攀升，进而囤积，造成供需失衡，推动价格飙升。如果没有严格的监管机制，这可能导致供需失衡加剧，进而引发严重的经济动荡。

其次，数字货币市场的波动性暴露了现有监管体系的漏洞。平台监管不足、法律法规的滞后以及投资者教育的缺失，使得投机者有机可乘，他们利用这些缝隙进行恶意操纵，夸大宣传，以期快速获取非法利润。当投机行为泛滥，如同炒房热潮般蔓延至"挖矿"等领域，币值的不稳定可能会触发金融危机，甚至催生投资者在投资失利后采取极端手段，如报复社会，引发社会恐慌。

二、筑牢网络安全防线——警惕数字货币的技术漏洞

当前，我国的法定数字货币技术借鉴了私人数字货币的技术架构，但尚未建立起独特的技术规范，这给其安全性带来了不确定性。以河南省新密市发生的第一起利用数字人民币实施的电信网络欺诈案件为例，法定数字货币所具有的可控匿名性和可追溯性等特性，并不能完全防止相关非法活动的发生。同时，监管机构的权力和先进技术的应用可能导致"算力霸权"甚至是"数据利维坦"的局面。为应对这一挑战，应当倡导区块链的去中心化理念，借助互联网社区的自治机制，消除可能出现的"霸权"和"利维坦"现象，通过持续的发展和创新来解决数字货币监管领域中的问题。

尽管数字货币在公众视线中出现的时间比较短暂，其交易平台的稳健性和成熟度仍有待提高，这使得技术缺陷的可能性较大。一旦这些平台遭受网络黑客的侵袭，可能导致严重的财务损害。各交易平台和互联网企业之间的安全性存在显著差异，因此，各种数字货币的安全隐患也各不相同。例如，日本的两大数字货币交易所 Mt.Gox 和 Coincheck，因安全控制措施不足，惨遭黑客入侵，总计损失了近万亿日元。考虑到法律和政策的差异，当前的法规难以有效地应对数字货币犯罪，如何在国家层面上制定有效的管理策略是一大挑战。这明显揭示了数字货币去中心化技术的潜在问题，其所带来的金融风险不容忽视。数字货币领域的监管是一个既复杂又充满变化的任务，需要持续的调整和完善。同时，国际合作对于实现有效的监管至关重要。

三、坚持系统观念——克服数字货币的其他缺陷

党的二十大报告在总结历史经验基础上，阐述了"六个必须坚持"等科学方法论，其中包括"必须坚持系统观念"。基于此，为促进数字货币平稳、合法、健康发展，必须以系统思维克服其在国际话语权、生态方面的缺陷。在国际话语权方面，数字货币通过点对点交易提供了极大便利，突破了时空限制，在世界范围内交易流通。但是，数字货币运行需要极大电力消耗以及财力消耗，世界各国发展水平不一致，发达国家可以使用

高效电力设备，极大缩短了交易过程，而众多发展中国家经济实力相对较弱，在数字货币研发与使用上都不如发达国家，发达国家掌握着大部分财富，经济实力不平衡使发达国家在数字货币方面掌控话语权，数字币值随之波动，造成了众多发展中国家经济损失，也会造成投资者损失惨重，甚至诱发社会动荡、政局变动。在生态等外部性负面影响方面，如前所述，数字货币运行、比特币"挖矿"行为都耗电量大，导致数字货币发展初期由于耗电量大导致间接污染严重，让人们深感忧虑。随着比特币升值，不少人购买大量矿机开启了大规模挖矿生意。上百万台并运到伊朗等国那些全球电价洼地（伊朗电价仅为 0.01 美元/度，是中国的八分之一），24 小时不停机地"挖矿"。据统计，比特币挖矿的年耗电量大约为 121.36 太瓦时。*Nature Climate Change*（《自然气候变化》）显示，20 年内将导致全球平均气温提高 2 ℃。这显然不利于保护地球，也与绿色理念背道而驰。近年来，内蒙古、四川、江苏等地全面清理关停虚拟货币"挖矿"项目，设立虚拟货币"挖矿"企业举报平台，国家发改委将"挖矿"列入"淘汰类产能"，收到了明显效果，需再接再厉。

思考题

1. 什么是数字货币？数字货币有哪些特征？

2. 什么是央行数字货币？央行数字货币有哪些优势？

3. 简要分析区块链技术在数字货币中的运用。

4. 数字货币为什么会产生？数字货币有哪些发展阶段？数字货币的发展趋势是什么？

5. 数字货币的交易机制有哪些？描述数字货币发展中的金融风险与防范。

第十章　数字经济与新质生产力

本章导读

　　新质生产力是符合新发展理念的先进生产力质态，具有高科技、高效能、高质量的典型特征，数字经济作为抢抓新一轮科技革命和产业变革新机遇，重塑国家竞争新优势的战略重点，其包含的数字产业化、产业数字化、数据价值化和数字治理等内容本身就代表着先进的生产力，因此数字经济和新质生产力具有天然契合性并在助推新质生产力形成和发展过程中发挥着重要作用。本章主要在对新质生产力的内涵特征、数字经济赋能新质生产力发展的理论逻辑进行阐述的基础上，从激发数据要素价值潜能、弥合数字经济发展鸿沟、加强数字技术创新能力和完善数字经济治理体系四个方面提出加快形成新质生产力的实现路径。

本章知识点

1. 掌握新质生产力的概念；
2. 掌握新质生产力的特征；
3. 理解数字经济赋能新质生产力的发展理论逻辑；
4. 掌握数字经济驱动新质生产力的发展实现路径。

第一节　新质生产力概述

一、新质生产力概念的提出与演进

　　新质生产力一词是由习近平总书记于 2023 年 9 月在黑龙江考察调研期间首次提出。习近平指出，积极培育新能源、新材料、先进制造、电子信息等战略性新兴产业，积极培育未来产业，加快形成新质生产力，增强发展新动能。2023 年 12 月，中央经济工作会议进一步强调"要以科技创新推动产业创新，特别是以颠覆性技术和前沿技术催生新产业、新模式、新动能，发展新质生产力"，对加快新质生产力的发展作出了战略举措上的安排。2024 年 1 月，习近平总书记在中共中央政治局第十一次集体学习时又进一步明确新质生产力是创新起主导作用，摆脱传统经济增长方式、生产力发展路径，具有高科技、高效能、高质量特征，符合新发展理念的先进生产力质态。它由技术革命性突破、生产要素创新性配置、产业深度转型升级而催生，以劳动者、劳动资料、劳动对象及其优化组合的跃升为基本内涵，以全要素生产率大幅提升为核心标志，特点是创新，关键在质优，本质是先进生产力。并强调发展新质生产力是推动高质量发展的内在要求和重要着力点，必须继续做好创新这篇大文章，推动新质生产力加快发展。在 2024 年《政府工作报告》列举的十大工作任务中，其中第一条就指出要大力推进现代化产业体系建设，加快发展新质生产力，要充分发挥创新主导作用，以科技创新推动产业创新，加快推进新型工业化，提高全要素生产率，不断塑造发展新动能新优势，促进社会生产力实现新的跃升。

从新质生产力概念的提出及其演进的过程可以看出，作为先进生产力的具体体现形式，新质生产力与马克思主义生产力理论的本质是一脉相承的，是将其与中国具体实践相结合并在深度融合创新的基础上产生的新突破。新质生产力作为生产力 3.0 时代的具体表现，与生产力的 1.0 时代和 2.0 时代不同的是，1.0 时代强调生产力主要由劳动力、劳动工具和劳动对象三部分构成，2.0 时代将科学技术作为一个重要的影响因素构建了新的生产力公式=科学技术 ×（劳动力+劳动工具+劳动对象+生产管理），新质生产力作为 3.0 时代现代化生产力的表现形式，从多个因素入手构建了新质生产力公式=（科学技术^{革命性突破}+生产要素^{创新性配置}+产业^{深度转型升级}）×（劳动力+劳动工具+劳动对象）^{优化组合}。从该公式来看，新质生产力是在科学技术取得革命性突破、生产要素实现创新性配置以及产业实现深度转型升级的前提下，对劳动力、劳动工具、劳动对象三要素的优化组合基础上对传统生产力带来的跃迁和质变。

二、新质生产力的内涵

新质生产力作为全球经济逐渐向数字经济转型背景下以信息化、网络化、数字化、智能化、绿色化为关键支撑的现代化生产力，是数字时代更具融合性和更能体现新内涵的生产力，准确把握和深刻理解其理论内涵对于更好地发展新质生产力，推动我国经济高质量发展具有重要意义[①]。

1. 新质生产力的起点是"新"

新质生产力的"新"主要体现在和传统生产力的区别上，新质生产力的核心在于创新。传统生产力主要依靠基本生产要素的投入，如投资、劳动力、土地等因素来驱动发展，劳动密集型特征较为明显，生产效率的提升会受到诸多条件的限制，是一种相对粗放型的驱动模式。而新质生产力则主要依靠创新驱动，新质生产力中的"新"，指的是新技术、新模式、新产业、新业态、新领域、新赛道、新动能、新优势的集合。一方面，

[①] 康凤云，邹生根. 深刻把握新质生产力的科学内涵、鲜明特征与培育路径. 光明日报，2024-05-24.

新质生产力强调要以科技创新推动产业创新，特别是以关键性颠覆性技术和前沿技术催生新产业、新模式、新动能发展新质生产力。在新一轮科技革命和产业变革加速到来的背景下，只有面向前沿领域及早布局，提前谋划变革性技术，夯实未来发展技术基础，形成并发展新质生产力，才能抢占未来竞争的制高点。另一方面，新质生产力不仅包括技术业态层面的创新，还包括管理和制度层面的创新，新质生产力通过将形式多样的生产要素进行创新性配置，激发要素内在的质量变革、效率变革和动力变革，从而为经济社会的高质量发展提供坚实支撑。

2. 新质生产力的关键是"质"

新质生产力是在我国经济发展面临的环境和全球竞争格局已经发生重大变化的形势下提出的，准确理解新质生产力的关键在于对"质"的认识。新质生产力的"质"是相对于"量"而言的，是在量的基础上实现的质的跃升，哲学上的量变引起质变的原理在经济上同样适用。经过40多年的改革开放，我国无论是在经济总量、外贸规模、技术水平以及综合国力等方面都已经位居世界前列，而我国经济的量变也必将引起世界经济格局的质变。与之相对应的是，我国生产力的水平也应从传统的要素驱动转向以创新驱动为核心的质变上来。对新质生产力的"质"的理解可以从两个方面阐释：一是质态，新质生产力是把数据作为驱动经济运行的新质生产要素，强调生产要依靠数字技术、知识力量、科技手段和创新赋能以达到生产提质增效，从而打破了传统生产要素的质态；二是质效，新质生产力要使得生产工艺、品质大幅提升，要以新技术新产品驱动新的社会需求。其核心是以新促质、以质取新，其重点是在数字化和智能化时代，将科技创新要素赋能现代产业以衍生新形式和新质态。

3. 新质生产力落脚于"生产力"

在创新驱动基础上寻求生产力质态和质效的根本变化是新质生产力的落脚点。新质生产力强调的是能够产生物质财富新增量、能够大幅提升质量效率、能够实现绿色低碳可持续的生产力，更加体现出科技是第一生产力、创新是第一动力的时代内涵。马克思主义政治经济学关于生产力的论述为新质生产力的构建提供了学理基础，1845年马克思在《德意志形态》中首次正式使用了生产力概念，认为一定的生产方式始终是与一定的共同活动方式紧密相连，而这种共同活动方式本身就是生产力[①]。科学技术是生产力是马克思关于科学技术在生产力乃至整个社会发展中的地位和作用的重要论断，当关键性技术取得革命性突破从而产生质变，势必引发生产力核心因素变革，引发生产力的质变。[②]我国经济之所以能够不断取得历史性跨越和突破性发展，就在于不断深化对生产力客观发展规律的认识，不断推进对生产力理论的丰富和发展，努力构建适合我国国情的科技自立自强的技术体系、产业体系和制度体系，通过不断调整生产关系激发社会发展活力，从而加快形成新质生产力。

① 马克思，恩格斯. 马克思恩格斯文集：第1卷. 北京：人民出版社，2009，532-533.
② 常雨桐，王彬. 新质生产力的理论意涵、发展形式与实践进路. 西藏发展论坛，2024（02），12-17.

三、新质生产力的特征

新质生产力作为一种先进的生产力，无论在生产方式、技术水平还是对资源的利用以及带来的社会效应等方面都和传统生产力有着显著区别，新质生产力在发展动力、发展形态、发展理念等方面也和传统生产力形成了鲜明对比，其特征主要体现在以下几个方面。

1. 高效性

高效性是新质生产力的重要特征之一，大幅度提升全要素生产率是发展新质生产力的关键和核心标志，新质生产力以科技创新为引领，通过不断拓展和扩大生产边界，催生出新产业、新模式、新动能，从而推动产业体系优化发展，促进全要素生产率的提升[①]。具体来说，新质生产力的高效性主要体现在以下三方面，首先，新质生产力可以激发劳动生产效率的不断提升，和传统生产率的提升主要依靠资源和要素投入驱动不同的是，当今时代随着数字技术带来的颠覆式突破和快速迭代升级，生产工具呈现出智能化、无人化和数字化的发展趋势，生产工具的变革能够引起劳动生产方式的发展变革，生产工具的数字化变革能够显著促进劳动生产效率的提升；其次，新质生产力能够驱动知识生产效率的提高，数字信息技术作为新质生产力的核心，凭借数字技术的加速迭代创新，通过对数据库结构和非结构化算法的优化，能够显著提升对数据和信息的加工效率，特别是随着大数据时代的到来，知识生成和传播的规律被广泛认识，以生成式人工智能为代表的大模型的快速迭代使得知识生产效率得到大幅提升；最后，新质生产力具有无限提高的人力劳动替代率。当前，以自动化为主要形式的产业转型升级在制造业行业中得以广泛应用，在人工智能技术加持下，工业机器人的应用场景不断创新，未来随着其一体化、小型化、标准化和精密化的发展，必将不断加强对人力劳动的替代，从而从根本上提高企业的管理和经营效率。

2. 创新性

新质生产力是以创新起主导作用的先进生产力质态，其本质在于通过关键性技术和颠覆性技术突破为经济发展提供更强劲的驱动力。新质生产力以重大科技创新为引领，战略性新兴产业和未来产业是新质生产力发展的主要载体和具体表现形式。以新一代信息技术产业、新材料、新能源产业、节能环保产业、高端装备制造产业以及数字创意产业为代表的战略性新兴产业和以未来制造、未来信息、未来材料、未来能源、未来空间、未来健康为代表的未来产业，这些产业的特征是具有高成长性、战略性、先导性并且具有典型的高科技特征，对于开辟未来产业竞争新业态、新赛道具有重要意义。新质生产力的形成过程实质上就是科技创新驱动上述产业向现实生产力转化的过程，因此前沿技术的创新突破在创造新产品、形成新业态、产生新价值等事关新质生产力发展的关键领域的作用得到前所未有的体现。新质生产力通过摆脱传统生产力依赖要素驱动的数量型

① 原磊. 以发展新质生产力提升全要素生产率. 学习时报，2024-05-08.

增长模式，不断对生产方式、科学技术和产业形态进行革新，充分发挥了科技创新的核心引领作用，增加了关键性技术和颠覆性技术的有效供给，以新型的生产方式促进了新质生产力的发展。

3. 可持续性

新质生产力是我国由高速增长阶段转向高质量发展阶段而催生的产物，绿色可持续发展是高质量发展的应有之义，习近平总书记指出，"绿色发展是高质量发展的底色，新质生产力本身就是绿色生产力。必须加快发展方式绿色转型，助力碳达峰碳中和。"因此新质生产力更加强调人与自然的和谐共生，更加强调是对环境友好的绿色生产力。新质生产力作为能够促进生产效率、创新能力和经济增长的新技术、新业态、新模式，其可持续性主要表现在三个方面。第一，新质生产力通过提高能源使用效率和优化资源配置来实现绿色可持续发展。新能源技术、节能环保技术的发展大大减少了对化石燃料的依赖程度，在智能化和数字化技术的加持下，智能电网调配系统和能源管理系统可以更加有效地分配和使用能源，循环经济模式的推广也使资源的利用效率大大提高。第二，新质生产力通过节约资源实现可持续发展。新质生产力的智能化特征可以在生产中实现对原材料的精准采购、使用和回收，从而最大限度节约原材料的使用，另外新质生产力还为资源节约提供了更多的机会和可能性，例如 3D 打印技术允许精确地使用材料，减少了制造过程中的废料。精准农业技术能够优化肥料和水的使用，提高农作物产量，同时减少资源浪费。第三，新质生产力为经济可持续发展提供动力源泉。技术创新是经济可持续发展的关键驱动力，而新质生产力的核心因素正是创新，因此可以说新质生产力为经济可持续性发展提供了动力源泉。它通过对传统产业量的增长和质的提升的变革，引起生产函数和生产关系的深刻变化，从而实现对传统产业升级转型，为经济可持续发展提供了新的驱动力。

第二节　数字经济赋能新质生产力发展的理论逻辑

新质生产力作为先进生产力的具体体现，是推动构建现代化产业体系的关键力量，实现发展方式转变并引领高质量发展的关键动力[①]。与之相契合的是，数字经济作为新一轮科技革命和产业变革的重要抓手，其包含的数字产业化、产业数字化、数据价值化以及数字治理等内容本身就代表着先进生产力，因此数字经济和新质生产力之间存在着高度的契合性和天然的内在联系，数字经济在赋能新质生产力形成和发展的过程中发挥着基础性和关键性作用，数字经济在数据要素、数字基础设施、数字技术创新以及数字治理等方面为新质生产力的发展提供不竭动力[②]。

① 杨蕙馨，焦勇. 理解新质生产力的内涵[N]. 经济日报，2023-12-22.
② 焦勇，齐梅霞. 数字经济赋能新质生产力发展[J]. 经济与管理评论，2024，40（03）：17-30.

一、数据要素赋能新质生产力发展

数据作为一种新型生产要素，与传统生产要素相比，因其独特的可再生性、价值多元性以及包容性等特点，对新质生产力的形成和发展起到了至关重要的作用，其在重构生产力方面主要表现为依附倍增性和集约替代性，在重构生产关系方面主要表现为网状共享性和分配特殊性[①]。

（1）数据是数字经济时代核心要素，是构建新发展格局的关键支撑。2020 年 4 月，中共中央、国务院发布《关于构建更加完善的要素市场化配置体制机制的意见》，明确将数据列为继土地、劳动、资本和技术之后的第五种生产要素，从而在政策体系上将数据纳入生产要素的行列。2021 年 3 月，《国民经济和社会发展第十四个五年规划和 2035 年远景目标纲要》中进一步部署："迎接数字时代，激活数据要素潜能，推进网络强国建设，加快建设数字经济、数字社会、数字政府。"将激活数据要素潜能作为发展数据经济、建设数字中国的重要举措。2022 年 1 月，国务院印发《"十四五"数字经济发展规划》，对数据要素作出专章部署，提出要强化高质量数据要素供给、加快数据要素市场化流通、创新数据要素开发利用机制等重点任务举措，从而初步形成了数据要素建设的基本框架。2024 年 1 月，国家数据局联合 17 个部门联合印发了《"数据要素×"三年行动计划（2024—2026 年）》进一步强调要发挥数据要素报酬递增、低成本复用等特点，优化资源配置，赋能实体经济，推动发挥数据要素乘数效应，释放数据要素价值，加快发展新质生产力。

（2）新质生产力是在技术创新和数据要素的催化下，生产力结构、性质和发展模式发生改变而形成的一种崭新形态，主要通过数据要素作用于传统生产力三要素即劳动资料、劳动者和劳动对象等维度助推新质生产力的形成和发展[②]。首先，数据要素催生了新质劳动资料。劳动资料是劳动者在劳动过程中用来改变或影响劳动对象的一切物质资料或物质条件。数据要素通过同社会生产等各领域的深度融合可以优化生产要素的配置方式，从而提升资源配置效率和产业的数字化转型。数据要素与数智技术的结合可以推动传统生产工具的颠覆式创新，传统设备通过智能化改造和升级，企业内部生产的各流程各环节可以通过数据的实时流通和共享，从而驱动传统生产模式向数字化转型。其次，数据要素孕育了新质劳动对象。劳动对象是指把自己的劳动加在其上的一切物质资料，是生产力中必不可少的要素之一。数字经济时代，在数字产业化和产业数字化的发展趋势下，数据要素本身就是新质劳动对象的一部分。数据作为新质劳动对象，可再生性和可复制性的特点使其打破了传统劳动对象受到时间和空间限制而带来的不利影响，可以通过在不同场景下对数据要素的深度挖掘和广泛应用，促使数据服务、数据产品等新业态、新商业模式的出现和蓬勃发展。再次，数据要素培育了新质劳动力。劳动力是指蕴藏在人体中的脑力和体力的总和，物质资料生产过程是劳动力作用于生产资料的过程。

---

① 任保平，李婧瑜. 数据成为新生产要素的政治经济学阐释[J]. 当代经济研究，2023（11）：5-17.
② 许中缘，郑煌杰. 数据要素赋能新质生产力：内在机理、现实障碍与法治进路[J]. 上海经济研究，2024（05）：37-52.

离开劳动力，生产资料本身是不可能创造任何东西的。数字经济时代，数据要素通过与劳动力的深度融合，可以为其创造出更能适应数字化、智能化的现代工作环境。并且随着 AIGC（生成式人工智能）时代的到来，生产力的主体已经不再仅仅局限于人类劳动者，机器人的广泛应用和基于数据要素的人机协同也可以实现更高效、更准确、更创新的工作决策，从而为新质生产力的培育提供更加强有力的人才支撑。

二、数字基础设施赋能新质生产力发展

数字基础设施是数字经济发展的关键构件，也是推动经济社会高质量发展的重要引擎，对于推动生产力的现代化、智能化和数字化提供了重要平台，同时也为新质生产力的形成和加速发展提供底层支撑[①]。

（1）数字基础设施是以数据创新为驱动、通信网络为基础、数据算力设施为核心的基础设施体系。数字基础设施作为立足当下、面向未来的新型基础建设，顺应了网络化、数字化、智能化的社会发展趋势，为人类未来新的生产生活方式提供平台和保障[②]。数字基础设施的范围广泛，由多个领域和技术组成，主要包括：① 以 5G/6G、工业互联网为代表的网络基础设施，5G 通过有机融合泛在通信、计算与控制能力，开启了人机物互联的新范式。6G 在 5G 的基础上超越了"万物互联"的愿景，带来了"万物智联、数字孪生"的跨越式提升，在网络覆盖领域、可靠性、定位精度等方面实现了重大突破。工业互联网通过对新一代信息通信技术和工业经济进行深度融合，实现了对人、机、物和系统的全面连接，为工业以及产业数字化、智能化、网络化发展奠定了重要基础。② 以云计算、大数据中心、区块链等为代表的信息服务基础设施。云计算作为分布式计算的一种，通过计算机网络将大量的计算资源整合起来并运用虚拟化技术形成了计算能力较强的系统，在向用户提供个性化服务的同时还避免了资源浪费。大数据中心是指服务于大数据存储、挖掘、分析和应用的数据中心，通过数据加速汇集提高信息资源整合应用能力，精准分析、提升政府公共服务水平，数据开放助推城市数字经济发展。③ 以超算中心为代表的科技创新支撑类基础设施。超算中心是主要提供国家高科技领域和尖端技术研究所需的运算速度和存储容量，能够在极短的时间内完成大规模数据集的处理和复杂的科学计算，并进行深度数据分析和挖掘，帮助企业优化资源分配和生产流程，在推动科技进步和促进科研发展方面也具有举足轻重的作用，已成为全球各国竞相发展的重点领域。

（2）数字基础设施的不断发展和完善为新质生产力构筑了重要的平台。2024 政府工作报告指出，实施制造业数字化转型行动，加快工业互联网规模化应用，加快推进服务业数字化。该表述的实质是将数字化作为新质生产力发展的源泉和重要驱动力，而数据基础设施为支撑数字经济和数字化转型提供了重要的软硬件支撑。因此，数字基础设施

① 张夏恒. 数字经济加速新质生产力生成的内在逻辑与实现路径[J]. 西南大学学报（社会科学版），2024（3）：1-15.
② 刘松. 数字基础设施——数字化生产生活新图景. 人民日报，2020-4-28.

的不断完善可以驱动新质生产力的形成和发展，新一代数字信息基础设施通过在源头对数据信息的有效收集，通过 5G/6G、工业互联网、云计算以及超算中心等支撑，在超强计算能力系统的基础上不仅可以实现数据的高效快速传输，还可以在极短的时间内实现复杂数据的处理和分析能力，在推动数字经济创新发展的基础上为加快形成新质生产力提供基础保障。另外，以 5G/6G、工业互联网、云计算中心、大数据中心、国家超算中心为代表的数字基础设施为新质生产力的发展提供了坚实的技术支撑，在数据、算法、算力三者有机整合基础上形成的人工智能可以发挥多领域的优势，实现数据等核心生产要素在智能化生产过程中的协同作用，并在此基础上提升整体生产效率。最后，数字基础设施加速重构了新质生产力的发展形态。在新一轮科技革命和产业变革的大背景下，世界各国都在不断加大对数字基础设施的投资和建设力度，例如中国提出了"新基建"战略，美国推出了"宽带美国"计划，德国发布了《数字战略 2025》。加快数字基础设施建设为世界各国重构生产力新形态，拓展应用新场景、打造新业态注入了新的动力，其产生的网络外溢效应通过作用于生产技术和规模效率的提高，在提升全要素生产力的基础上推进新质生产力的快速发展。

三、数字技术创新赋能新质生产力发展

数字技术创新是指以云计算、大数据、区块链、人工智能、5G/6G、物联网、移动互联网、虚拟现实等为代表的数字技术与其他技术领域深度融合，从而催生出更强大、更综合、更绿色的综合技术体系并伴随着新产品、新业态、新模式出现的过程。数字技术创新作为数字经济的核心驱动力，通过数字技术与生产力三要素即劳动者、劳动资料和劳动对象的数字化融合，在数字技术关键性突破的基础上改变了生产力发展和演变的形态，从而成为新质生产力发展的动力引擎。

（1）生产力是指劳动者利用劳动资料作用于劳动对象从而形成的利用和改造自然的能力，是人类社会发展和进步的决定性力量。世界经济发展变迁的历史就是由不断的技术创新驱动生产力从低级到高级、从落后到先进的演化历程。随着新一轮科技革命和产业变革的加速演进，人工智能、大数据、区块链等数字技术的蓬勃发展，不仅实现着对产业全方位、全链条、全周期的渗透和赋能，而且推动着人类生产、生活和生态的深刻变化[1]。从学理上来看，数字技术创新主要通过赋予劳动者和生产资料的数字化属性，从而驱动生产力内部构成要素的变革，而生产资料正是由劳动资料和劳动对象两部分构成，因此数字技术创新正是通过改变生产力三要素进而赋能新质生产力的发展。正如马克思指出的那样："各种经济时代的区别，不在于生产什么，而在于怎样生产，用什么劳动资料生产。劳动资料不仅是人类劳动力发展的测量器，而且是劳动借以进行的社会关系的指示器。[2]"数字经济时代，数字技术链接、渗透、赋能万物，通过赋予智能传感设备、工业机器人、工业互联网等劳动资料数字化属性，在以强大的算力技术为基础和

---

① 戚聿东，徐凯歌. 加强数字技术创新与应用 加快发展新质生产力. 光明日报，2023-10-4.
② 马克思.《资本论》第一卷,《马克思恩格斯文集》第五卷. 北京：人民出版社，2009，第 210 页.

领先的算法技术为推手的作用下，打破时空限制，实现了再生产各环节的融合再造，推动着新质生产力的加速变迁。

（2）数字技术创新赋能新质生产力发展主要通过作用于数字经济规模的扩大和高质量绿色发展，从而实现生产力质的飞跃和赋予生产力新的内涵。首先，数字经济基础上催生的新质生产力与传统依赖资本等要素积累形成的生产力具有本质的区别，在第一次科技革命和第二次科技革命的蒸汽机时代和电气化时代，相关技术突破和新发明的应用使得生产力克服了劳动过程中体力的限制和大规模流水线生产方式的形成。而在以数字技术创新和突破为标志的新一轮科技革命时代，生产力随着生产要素的数字化变革发生了新的跃迁。以数字经济为基础的新质生产力在驱动战略性新兴产业和未来产业等方面的作用日益凸显，技术集群的逐渐聚合引发了"技术奇点"，技术发展在极短的时间内发生的范式转移对新技术、新产业、新业态的形成带来了突破性的变革，在数字技术创新驱动下实现的增长模式和依靠传统的要素积累实现的粗放式增长模式相比较，在质量、效率和动力等方面都不可同日而语。另外，数字技术创新通过驱动数字经济高质量绿色发展，给新质生产力赋予了新的内涵。数字经济高质量绿色发展需要新的生产力理论进行指导，新质生产力是以高科技、高效能、高质量为基本特征，符合新发展理念的先进生产力质态，是既能够将传统增长路径与高质量发展相契合，又更具融通性、更具新内涵的数字经济时代的生产力。此外，数字技术的绿色化创新对于优化企业的生产过程，促进技术迭代升级和绿色产品开发也拓展了新的发展空间，不仅能够有效提升生产要素的使用效率，同时对于构建数字经济时代高科技、低能耗的清洁生产发展模式提供有效助力，进一步驱动绿色新质生产力的生成和发展[①]。

四、数字治理赋能新质生产力发展

习近平总书记指出："数字技术正以新理念、新业态、新模式全面融入人类经济、政治、文化、社会、生态文明建设各领域和全过程，给人类生产生活带来广泛而深刻的影响。"随着数字技术创新和迭代速度的不断加快，在为人类开辟出全新的社会图景的同时，也带来了诸如信息污染、数据泄露篡改、网络黑客等前所未有的风险和挑战，因此数字治理的必要性和迫切性日益成为一个重要问题，高质量数字治理能够为新质生产力营造安全的发展环境和制度保障。

（1）数字治理为新质生产力发展提供完善的法治环境。为有效应对数字经济时代数字技术带来的风险挑战，保护数据隐私和安全，克服人工智能技术带来的伦理风险以及"信息茧房"等问题，我国政府不断加强顶层设计，出台了和数字治理相关的一系列法律法规，为打造并提供新质生产力发展的法治环境提供了基础保障。自 2016 年以来相继颁布出台了《中华人民共和国网络安全法》《数据出境安全评估办法》《互联网信息服务深度合成管理规定》《"十四五"国家信息化规划》《关于构建数据基础制度更好发挥数据要

---

① 焦勇，齐梅霞. 数字经济赋能新质生产力发展[J]. 经济与管理评论，2024-05-15.

素作用的意见》等一系列法律法规，初步构建了我国数字治理的法律体系。完善的数字治理法律体系是构建新时代数字经济新秩序的必然选择，在加强网络安全保护、优化数字基础设施、推进数字产业化和产业数字化转型以及加强数字经济国际合作等方面都发挥了重要作用。另外通过数字治理的系列法律法规对于增强政府的数字履职能力，将数字经济时代最核心的数据要素归属权在国家和地方、政府各部门、政府和企业、政府和个人之间进行明确划分，从而有利于清楚界定各法律主体在数据收集、处理、加工等环节享有的具体权利，破除数据流动的制度障碍，并且有利于在更大范围内释放数据要素的经济价值，在具体要素市场上为新质生产力的发展提供制度保障。

（2）当今时代，数据已成为和劳动、土地、资本、技术相并列的第五种生产要素，数字治理可以从不同领域、不同层面进行，从而为新质生产力的健康安全发展提供保障。具体来说，首先，通过加强对互联网平台治理，在把握平台经济发展基本规律的基础上加强相关法律法规建设，优化平台运行规则和营商环境，提高产品服务大众水平，推动关键核心技术突破；其次，通过进一步强化技术规则治理，建立和完善数字技术应用审查机制和监管法律体系，开展技术算法规制、标准制定、安全评估审查、伦理论证等工作，进一步夯实新兴技术发展的机制基础和伦理边界，为新质生产力发展提供治理保障。

（3）通过强化网络安全保障建设，为新质生产力发展打造立体化的智慧监管体系。在强化网络安全建设的前提下基于数字技术监管、数字信息监管、数字主客体监管等多元化的监管方式为政府智慧办公、公共安全、城镇管理以及基层治理提供更高效、更安全的数字治理支撑体系，并在此基础上将数字技术创新与传统产业进行深度融合，从而催生出以智慧产业为代表的各种新业态、新模式，为新质生产力的健康发展提供了多元化的业态保障。

（4）通过加强数字素养的培育为新质生产力发展提供人才资源。随着数字经济的蓬勃发展和数字经济理念的深入人心，我国开始逐步构建更加便捷普惠的数字社会，在我国社会各领域对数字素养意识培养方面不断加强数字治理以及数字社会建设的普及，从而为新质生产力的发展储备相应的人才资源。

第三节　数字经济时代加快形成新质生产力的实现路径

新质生产力是数字经济时代的先进生产力，是一种高效、创新和可持续的生产力，其产生的时代背景和核心特征与数字经济具有高度的契合性，数字经济已成为加快形成新质生产力的重要驱动力，通过激发数据要素价值潜能可以构筑新质生产力的发展基础，通过弥合数字经济发展鸿沟，可以促进新质生产力均衡发展，通过加强数字技术创新能力，可以为新质生产力发展提供动力源泉，通过完善数字经济治理体系，可以构建新质生产力的制度保障。

一、激发数据要素价值潜能，构筑新质生产力发展基础

数据作为继劳动、土地、资本和技术之后的第五要素，是数字化、智能化、网络化的基础，数据要素通过计算的方式参与到生产经营活动中并发挥着重要的价值，是推动数字经济发展的重要引擎，同时也构筑了新质生产力的发展基础。2022 年 12 月，中共中央、国务院《关于构建数据基础制度更好发挥数据要素作用的意见》明确指出，要充分实现数据要素价值，以数字化驱动生产生活方式和治理方式变革，为推进数字中国建设注入强大动力。

（1）要加快完善数据要素市场。数据是发展新质生产力的重要基础，数据要素蕴含着巨大的价值空间和发展潜力。自新质生产力的概念被提出以来，国家在多个层面提出要以数据要素为基础，以数字技术创新驱动新质生产力的发展。数据要素作为数字经济时代第五要素，其利用规模和利用水平的高低不仅关乎自身潜能的发挥，同时对劳动、土地、资本以及技术等传统要素的合理配置也带来重要影响，在数据要素充分共享和流通基础上能够赋能新质生产力的加速发展。

（2）要健全数据基础制度。数据基础制度的建设不仅关乎数据要素潜能的释放，同时对于以数字化赋能高质量发展也具有重要作用。目前我国在数据基础制度体系构建方面已经取得了长足进展，一系列和数据安全、个人信息保护相关法律法规先后出台，为做强做优做大数字经济提供了基础保障。目前应根据数据要素市场现状在数据要素确权、公共数据开放、数据资源开发利用以及数据要素跨境流动和数据安全审查等方面加快政策制定，从而为数字中国建设夯实基础。

（3）要统筹数据发展和安全。在数字经济发展过程中，数据发展和安全问题息息相关，二者具有紧密的内在联系，安全是发展的前提，发展是安全的保障。只有在保障数据安全的基础上谋求数据发展，通过不断加快数据技术创新，促进数据资源的开发利用，才能培养与新质生产力相契合的数字劳动力，并以高质量发展促进高水平安全。同时还要积极推动数据领域对外开放合作，完善数据跨境流动规则，拓展数据领域国际合作空间，更好利用国内国际两个市场、两种资源，服务高水平对外开放和构建新发展格局①。

二、弥合数字经济发展鸿沟，促进新质生产力均衡发展

我国数字经济发展总体规模已经位居世界前列，为新质生产力的形成和发展奠定了基础，但是在不同创新主体、不同行业以及不同地区之间仍然存在明显的差异，从而影响了新质生产力在我国的均衡发展。

具体来说，首先，在不同的创新主体之间仍然存在显著的数字鸿沟，大型企业由于其雄厚的资金实力和资源基础，往往具备大规模数据收集、分析和整理能力，也能够在数字资产和数字基础设施方面投入更多的资金和资源，从而获取竞争的比较优势。与之

---

① 刘烈宏. 进一步释放数据要素价值 加快推进数字中国建设. 旗帜，2024-04.

形成鲜明对比的是，大量的中小型企业以及创业公司由于受限于资金和技术障碍，很难获取到企业持续发展所需的数字资源，从而影响了进一步的创新和发展能力。其次，在不同行业之间存在显著的数字鸿沟。对一些具有资金和技术优势的企业，由于在数字化转型方面起步较早，从而具备了相应的先行优势，在数字资源获取和数字基础设施建设方面的优势也使其能够更方便地获取数字资源，而一些传统型行业由于设备老化、数字化转型的成本和代价高昂等原因较难获取到数字资源，另外，数字壁垒和技术差距所带来的限制也影响了不同行业获取数字资源的平衡性。再次，在不同地区之间也存在显著的数字鸿沟。由于不同地区之间的经济发展基础、数字基础设施建设、获取数字信息的渠道和平台甚至数字技术创新能力和意识之间的差异，使得我国东部地区和中西部地区之间、创新中心城市和后发城市之间数字鸿沟逐渐拉大。

数字鸿沟的存在不利于我国新质生产力的均衡发展，因此首先可以通过建立开放、可访问的数字资源共享平台，在充分保障大型企业合法权益的基础上允许大量的中小型企业共享部分数据、技术和创新要素，从而加强不同类型企业之间的协同效应。其次，政府可以通过设立专项基金或创新投资基金，为各种类型的企业进行数字化创新提供相应的资金支持，从而克服创新主体数字资源不足所带来的负面影响。再次，应鼓励不同行业之间加强合作与分享，在数字化转型方面起步较早，具备先行优势的企业可以与传统或在数字化方面相对落后的企业之间进行合作，通过分享数字化技术经验、转型案例或直接进行技术帮扶的形式助力传统行业加快数字化转型。从政府层面来讲，可以为传统行业在资金、税收或融资等方面采取相应的优惠政策，降低其数字化转型的成本。最后，针对不同地区之间存在的数字鸿沟，可以进一步加大对数字基础设施相对薄弱地区的投资和建设力度，扩大网络覆盖，提高宽带接入速度，推动物联网技术的应用领域；还可以通过构建相应的平台和渠道促进不同地区之间的信息共享和协作，注重提升中西部地区数字技术创新意识和能力，增强其进行数字关键技术创新的主动性，在提升其数字经济综合竞争力的基础上促进新质生产力的均衡发展。

三、加强数字技术创新能力，提供新质生产力动力源泉

数字技术创新通过将数字技术与劳动者、劳动资料和劳动对象的数字化融合，在数字技术关键性突破的基础上改变生产力发展和演变形态，从而为新质生产力的形成和发展提供动力源泉。

（1）应进一步提高数字技术自主创新能力和创新意识。数字技术创新能力的提升是新质生产力发展的核心驱动力，企业作为数字技术的创新主体，应进一步加强技术研发投入，推动数字技术的创新和突破。通过构筑由大型企业、科研机构和中小企业组成的协同研发团队，持续加大数字基础设施建设和数字技术研发资金投入，在弥合不同创新主体、不同行业以及不同地区之间数字鸿沟的基础上，从根本上增强我国产业链的韧性和自主创新能力。在提高创新主动性和创新意识方面，可以通过持续深化教育体制改革，培养具有批判精神和质疑思维的创新型人才，注重对人才解决实际问题能力的塑造。通

过完善现有的科研评价体系，破除当前阶段衡量创新的"五唯"评价标准，更加注重对数字技术创新成果转化和实际应用效果的评价。在此基础上，还应加强对技术创新的保护，通过政策和资金支持以及创造更多的市场机会等，为市场创新主体搭建交流和合作的平台，从而构建出良好的创新生态环境。

（2）应持续加大政府对数字技术的创新投入。投入是产出的前提和必要条件，政府应从全局视角出发，构建基础研究和科研基金体系支持计划，着眼于长远和未来，鼓励科研机构和人员在事关数字技术关键性领域进行更深入、更长期的探索，力求在关键性、颠覆性技术领域实现突破和创新。另外要进一步明确投资领域和重点方向，针对云计算、大数据、区块链、人工智能、5G/6G、物联网、移动互联网、虚拟现实等对新质生产力发展起到战略性作用的关键领域，可以考虑设立专项计划或研发资金，鼓励和引导科研机构和人员进行科技攻关。企业作为数字技术创新的主体，政府还应充分调动其进行创新的动力，可以考虑在税收、财政、金融和知识产权等方面加大支持和保护力度，减少企业在数字技术创新方面的风险，降低其创新的成本和压力，在发挥我国超大规模市场优势的基础上，为新质生产力发展提供源源不断的动力。

（3）要建立和完善创新成果转化体系。加强创新成果转化体系建设可以为新质生产力发展提供新动能，促进数字核心技术产业链、价值链、生态链的有效衔接，建立企业孵化、知识产权运营以及成果转化为一体的技术转移机制，通过科研机构、数字企业以及投资平台等各方之间的协同合作，有效推动创新成果向现实生产力转化，从而为支撑实体经济高质量发展提供坚实支撑。另外还要积极构建创新联盟和创新共同体，促进产业链上各环节之间的合作与协同，发挥创新链、产业战略联盟以及数字技术创新共同体的合力作用，并在逐步优化数据要素流动环境的基础上，提升创新链的整体效能，推进科技创新成果加速转移转化，支撑加快形成和发展新质生产力。

四、完善数字经济治理体系，构建新质生产力制度保障

数字经济治理是做强做优做大数字经济的基础,也是加快数字中国建设的基本要求。我国《"十四五"数字经济发展规划》提出，"以数据为关键要素，以数字技术与实体经济深度融合为主线，加强数字基础设施建设，完善数字经济治理体系，协同推进数字产业化和产业数字化，赋能传统产业转型升级。"因此不断完善数字经济治理体系，不仅可以降低新质生产力的生成风险，还可以为新质生产力构建提供制度保障。

（1）要完善数字经济相关法律法规。数据作为数字经济的重要生产要素，其有效供给和规范流通对于形成以数据要素为纽带的数字经济和实体经济的动态交互、深度连接、协同增效具有重要意义。因此应在现有法律法规体系的基础上，针对数据要素加快出台相关的规则制度，对数据要素确权、数据要素流通、数据要素价值确定明确相应的细则，从而充分发挥数据要素的价值潜能。在数字技术设施建设、数字产业化和产业数字化方面加强立法，为新质生产力新产业、新业态发展提供保障。对数字平台和数字企业，也应在现有法律法规体系的基础上，在确保企业合法权益的前提下促进其公平竞争，消除

垄断和市场壁垒导致的交易成本提高和市场效率低下等问题，从而不断提升数字化发展的法治水平。

（2）应加强对数据安全和隐私保护力度。根据《中华人民共和国数据安全法》第七条规定，国家保护个人、组织与数据有关的权益，鼓励数据依法合理有效利用，保障数据依法有序自由流动，促进以数据为关键要素的数字经济发展。相关法律法规的出台为数据安全提供了基本遵循，未来应在此基础上，进一步明确数据的权益和保护责任，建立更符合实际的数据安全评估和认证机制，加大对侵犯个人和企业数据安全和隐私的惩罚力度，为以数字经济治理进而提升新质生产力发展提供基本的制度保障。

（3）要形成数字经济治理的多元共治格局。数字经济治理作为一项系统性工程，需要在政府主管部门、监管机构、数字企业、行业组织、媒体以及社会公众等多主体之间加强协调沟通，建立彼此间对话和合作机制，通过开放共享的数字化合作平台，促进数字信息在不同主体之间的有效传输。另外还要明确各主体在数字经济治理中的责任，通过创新监管技术、改进监管手段，形成社会、媒体和公众共同参与的监督合力，健全多元化治理机制，增强多元共治的民主性和可持续性。

思考题

1. 如何理解新质生产力的内涵？
2. 新质生产力的特征体现在哪些方面？
3. 论述数字经济赋能新质生产力发展的理论逻辑。
4. 数字经济时代如何加快形成新质生产力？

第十一章　数字化治理

本章导读

　　治理方式变革、生产方式变革和生活方式变革构成了国家数字化转型的三重目标。习近平总书记高度重视利用数字技术赋能国家治理现代化建设工作。国家治理体系和治理能力是一个国家制度和制度执行能力的集中体现。在国家治理实践中，数字化赋能的价值正在逐步显现。数字技术为国家治理创新提供了全方位、多领域、跨层级的解决方案，可以大大提高国家治理的整体效能，从而进一步提升国家综合竞争力。当前，在城市治理、风险防控、环境治理等方面，数字化赋能的价值正在逐步显现。数字化治理是中国政府破解政务"数据孤岛"的重要手段，是对治理现代化的精准前瞻和预判，是国家治理体系现代化的关键驱动力。

本章知识点

1. 掌握数字化治理的概念、特征、原则与意义；
2. 熟悉数字政府的特征、数字政府转型的意义；
3. 掌握数字化转型提升政府治理能力；
4. 了解数字化治理的应用与实践。

第一节　数字化治理的基本理论

一、数字化治理的概念

　　数字化治理是指利用信息技术和数字化工具来提升政府和公共机构的治理能力，以实现更高效、更透明、更智能的公共管理和服务。数字化治理涉及政府部门、公共服务机构和社会组织等利用数字技术和数据资源，通过信息化手段改进管理方式，提高服务水平，推动政府决策和公共事务的科学化、规范化和智能化。

　　数字化治理的核心目标是提高政府治理效能，推动政府决策的科学化和精细化，提升公共服务的便捷性和质量，增强政府与公民、企业之间的互动和沟通，促进社会治理的现代化和智能化。数字化治理的实施需要整合信息技术、数据资源和管理手段，构建数字化治理体系，推动政府治理模式的转型升级。

二、数字化治理的特征

随着数字化时代的到来，以互联网、大数据、人工智能等现代信息技术为驱动力的数字化治理正在逐渐改变我们的生活方式和社会结构。数字化治理作为现代社会治理的一种新模式，具备高效便捷性、数据驱动性、互动参与性、创新融合性等显著特征，为社会治理带来了前所未有的变革。

1. 高效便捷性

数字化治理的首要特征在于其高效便捷性。数字化治理通过利用信息技术手段，实现了治理流程的自动化、智能化，大大提高了治理效率。一方面，数字化治理通过建设电子政务平台，实现了政务服务的一站式办理。公民和企业可以通过互联网进行在线申请、查询、办理各类政务服务，避免了烦琐的线下排队和等待。同时，政务服务的数字化也简化了办事流程，减少了纸质材料的使用，降低了办事成本。另一方面，数字化治理还借助大数据、云计算等技术手段，实现了治理数据的实时采集、分析和应用。政府部门可以根据数据分析结果，精准制定政策、优化服务，提高治理决策的科学性和有效性。

2. 数据驱动性

数字化治理的另一个显著特征是数据驱动性。在数字化治理中，数据成为了社会治理的核心要素和驱动力。首先，数据驱动性体现在治理决策的科学化。政府部门通过收集和分析各类治理数据，可以深入了解社会问题的本质和规律，从而制定更加精准、有效的治理策略。其次，数据驱动性还体现在治理过程的可视化。通过构建数字化治理平台，政府部门可以将治理过程、治理效果以数据图表的形式呈现出来，方便公众了解和监督政府工作。此外，数据驱动性还推动了治理手段的创新。例如，基于大数据的预测性分析可以帮助政府提前预警社会风险，基于人工智能的智能决策系统可以帮助政府快速应对突发事件等。

3. 互动参与性

数字化治理还具有显著的互动参与性特征。传统的社会治理模式往往是由政府单方面主导和推动的，公众参与的程度较低。而数字化治理则通过信息技术手段，促进了政府与公众之间的双向互动和广泛参与。一方面，数字化治理为公众提供了多样化的参与渠道和方式。例如，通过社交媒体、在线调查、公民论坛等渠道，公众可以方便地表达自己的意见和诉求，参与政策讨论和决策过程。另一方面，数字化治理也提升了政府回应公众诉求的能力和效率。政府部门可以通过网络平台及时收集、整理和分析公众意见，针对性地调整政策和服务方向，增强政府与公众之间的互信和合作。

4. 创新融合性

数字化治理还具有创新融合性特征，这主要体现在数字化治理在技术和理念上的创新，以及不同领域之间的融合。首先，在技术创新方面，数字化治理充分利用了云计算、大数据、物联网、人工智能等现代信息技术，推动了治理手段和方式的创新。例如，通过构建智慧城市管理系统，实现对城市基础设施、公共服务、公共安全等领域的智能化管理和服务。其次，在理念创新方面，数字化治理强调以人民为中心、服务为导向的治理理念，注重提升公众满意度和获得感。同时，数字化治理也倡导开放、共享、协作的治理文化，推动政府部门、企业、社会组织等多元主体共同参与社会治理。最后，在融合方面，数字化治理促进了不同领域之间的融合。例如，在数字经济与实体经济融合方面，数字化治理推动了传统产业的数字化转型和升级；在城乡融合方面，数字化治理通过建设数字乡村、智慧社区等项目，促进了城乡之间的协调发展。

这些特征使得数字化治理能够提高政府治理效能，改善公共服务水平，推动社会治理现代化，促进政府决策的科学化和精细化，以及增强政府与公民、企业之间的互动和沟通。

三、数字化治理的基本原则

数字化治理是指利用信息技术和数字化工具来管理和监督政府与社会组织的运作以及提供公共服务。数字化治理的意义在于提高治理的效率、透明度和公平性，从而促进社会发展和民生改善。

1. 透明度

确保政府决策的公开和透明。透明度可以增加决策的合法性，减少腐败和滥用权力的可能性，同时也能提高政府与公民之间的信任度和互动。在数字化治理中，政府应当积极公开信息、数据以及决策过程，让公民能够了解政府的运作，并参与到决策中来。

2. 问责制

建立起完善的责任体系，确保政府和相关机构对其行为和决策承担责任。通过数字化技术，可以实现对政府行为的追踪和监督，确保权力受到约束和监督，同时也能加强对公共资源的管理和分配，提高行政效能。

3. 用户参与

这意味着政府需要主动倾听和回应公民的意见和需求，通过数字化平台和工具提供更多参与决策的机会，实现民主治理的全面参与和共治。同时，在用户参与的过程中，政府应当保障公民的隐私和个人信息安全，建立起健全的信息保护机制，防止数据泄露和滥用，确保数字化治理的合法性和正当性。

综合来看，数字化治理的基本原则包括透明度、问责制、用户参与和信息安全，这些原则共同构成了一个公正、高效和可持续的数字化治理体系，有助于推动政府和社会组织向着更加开放、负责和智能的方向发展。

四、数字化治理的意义

数字化治理的实施需要政府部门加强信息化建设和数字化能力建设，推动政府数据资源整合和共享，构建数字化治理平台和智能化决策支持系统，培育数字化治理人才队伍，加强法律法规建设和风险管理，推动数字化治理与社会治理的深度融合，实现政府治理的现代化和智能化。

1. 提升治理效率

数字化治理的首要意义在于提升治理效率。传统的治理模式往往受限于烦琐的流程和纸质文档的处理，导致治理效率低下。而数字化治理通过引入现代信息技术，实现了治理流程的自动化、智能化和数字化，大大提高了治理效率。

具体而言，数字化治理可以通过建设电子政务平台，实现政务服务的一站式办理，减少线下排队和等待时间，提高办事效率。同时，数字化治理还可以通过大数据分析等技术手段，实现治理数据的实时采集、处理和应用，为政府决策提供及时、准确的数据支持，提高决策效率。

2. 促进信息透明

数字化治理的另一个重要意义在于促进信息透明。在传统治理模式下，信息不对称问题普遍存在，政府与公众之间的信息沟通不畅，容易导致信任缺失和误解。而数字化治理通过推动政务信息的公开透明，有效解决了这一问题。

一方面，数字化治理可以通过网络平台及时发布政务信息，方便公众获取和了解政府的工作进展、政策导向等信息。另一方面，数字化治理还可以通过建立互动沟通渠道，鼓励公众参与政策讨论和决策过程，提高公众的参与感和满意度。这种信息透明化的机制有助于增强政府公信力，提升社会治理的效能。

3. 推动决策科学

数字化治理在推动决策科学方面具有重要意义。在传统治理模式下，决策往往依赖于经验和直觉，缺乏足够的数据支持和分析。而数字化治理通过引入大数据、人工智能等先进技术，使得决策过程更加科学、精准。

首先，数字化治理可以通过大数据分析，对海量数据进行深入挖掘和分析，揭示问题的本质和规律，为决策提供有力支持。其次，数字化治理还可以利用人工智能技术进行预测性分析，帮助政府提前识别潜在风险并制定相应策略。这些技术的应用使得决策更加客观、准确，提高了决策的质量和效率。

4. 创新治理手段

数字化治理为创新治理手段提供了广阔的空间。传统的治理手段往往局限于行政命令、法律法规等单一方式，难以满足复杂多变的社会治理需求。而数字化治理通过引入现代信息技术和新型治理工具，丰富了治理手段的选择和应用。

例如，数字化治理可以利用物联网技术实现城市基础设施的智能化管理，提高城市运行效率；可以利用区块链技术构建可信的数据共享平台，促进跨部门、跨领域的信息共享与协作；还可以利用社交媒体等新媒体平台加强与公众的互动沟通，提高社会治理的民主化和参与度。这些新型治理手段的应用使得治理更加精准、高效和灵活。

5. 强化监督评价

数字化治理在强化监督评价方面也具有重要意义。传统的监督评价往往依赖事后审计和人工检查等方式，存在时效性差、覆盖范围有限等问题。而数字化治理通过引入信息化监督手段，实现了对治理过程和效果的实时监测和评估。

数字化治理可以利用大数据分析技术，对治理数据进行深入挖掘和分析，发现潜在问题和风险点，为监督提供有力支持。数字化治理还可以建立在线监督平台，方便公众对政府工作进行实时监督和反馈，提高了监督的透明度和公正性。这种信息化监督机制的建立有助于加强政府自身的自我约束和纠偏能力，提升社会治理的质量和水平。

综上所述，数字化治理在提升治理效率、促进信息透明、推动决策科学、创新治理手段以及强化监督评价等方面具有重要意义。我们有理由相信，在数字化治理的推动下，社会治理将迎来更加美好的发展前景。

五、数字化治理的发展趋势

数字化治理是指利用信息技术和数字化手段来提升政府治理效能、改善公共服务水平、推动社会治理现代化的过程。随着科技的不断发展和社会的不断变迁，数字化治理也在不断演进和发展。以下将从六个方面详细阐述数字化治理的发展趋势。

1. 数据驱动的智能化决策

随着大数据和人工智能技术的不断发展，数字化治理将更加注重数据驱动的智能化决策。政府部门将更加依赖数据分析和挖掘，以实现对社会经济运行和公共事务的深度理解和精准决策。通过大数据分析，政府可以更好地了解社会民生状况、经济发展趋势、环境变化等，从而制定更科学、更有效的政策和措施。

2. 智能化公共服务

数字化治理将倡导智能化公共服务，通过智能化技术提升服务体验，满足公众多样化、个性化的需求。智能城市建设、智慧交通、智能医疗等领域的发展将成为数字化治理的重要方向。政府将利用物联网、人工智能等技术，提供更便捷、高效的公共服务，改善民生，提升城市管理水平。

3. 跨部门信息共享和协同

数字化治理将促进政府部门间、政府与社会组织之间的信息共享和协同。通过建立统一的数据平台和信息共享机制，实现跨部门数据资源整合和共享，提高决策效率和服务质量。政府各部门之间的信息壁垒将被打破，实现信息的互联互通，提升政府治理的整体效能。

4. 加强网络安全和信息保护

随着数字化治理的深化，加强网络安全和信息保护将成为重要任务。政府将加大对网络安全的投入，建设更加安全的信息基础设施，加强对重要数据的保护，防范网络安全风险，确保数字化治理的稳健运行。

5. 智能化决策支持系统的建设

数字化治理将推动智能化决策支持系统的建设。政府将利用人工智能、大数据分析等技术，建立智能化的决策支持系统，为政府决策提供科学化、精细化的支持。这将有助于提高政府决策的科学性和精准性，推动政府治理的现代化。

6. 全球数字化治理的深化和合作

数字化治理将在全球范围内得到进一步推广和深化。各国政府将加强数字化治理的交流与合作，共同应对全球性挑战。数字化治理将成为全球治理的重要组成部分，促进全球治理体系的现代化和协同发展。

综上所述，数字化治理的发展趋势将更加注重数据驱动的智能化决策、智能化公共服务、跨部门信息共享和协同、网络安全和信息保护、智能化决策支持系统的建设，以及全球数字化治理的深化和合作。数字化治理将成为推动政府治理现代化和社会发展的重要引擎，为构建数字化、智能化的社会治理体系提供有力支撑。

第二节　数字化治理与数字政府转型

大数据、云计算、区块链、人工智能等新一代网络信息技术，正以前所未有的速度、广度和深度，对整个人类社会的组织形式、运作逻辑、价值观念等产生系统性冲击。在这样的时代背景下，数字化转型已成为全球范围内不可阻挡的历史潮流。在中国数字化转型进程中，积极借鉴国际先进经验，结合中国国情，制定适合中国特色的数字化转型战略和政策。政府数字化转型不仅旨在提高政府效率，更是为了实现人民对美好生活的向往。我们将持续努力，推动数字化转型取得更深入进展，为人民提供更优质的公共服务，实现国家治理体系和治理能力的现代化。

一、数字政府的概念及内涵

数字政府是指政府利用数字技术和信息通信技术，提供更高效、更便捷、更透明的公共服务，推动政府治理现代化的模式。观察各地的数字政府建设实践，可以明显看出，中国已经成为政府数字化转型的一个重要基地。中国在推行数字化转型方面取得了显著进展，各地相继推出了爱山东、粤省心、渝快办、马上办、掌上办、指尖办、秒批秒办、一网通办、接诉即办等各种数字政府创新应用，形式多样，层出不穷。中国从以往的数字政府建设追随者和模仿者，迅速崛起为数字政府建设的引领者、创新者和推动者。

数字政府是一个随着信息技术发展不断充实、拓展和延伸的概念。在 20 世纪 80 年代，数字政府一词指的主要是"办公自动化"。随后，随着"三金工程"和"一站两网四库十二金"项目的推进，人们开始逐渐熟悉"电子政务"的概念。根据联合国经济与社会发展部门的定义，电子政务是政府或公共部门利用网络信息技术向公众或企业提供信息或服务的过程。这个定义侧重于工具使用的效率和效能，是基于新公共管理运动的理念构建的。

随着移动互联网和社交媒体的兴起，出现了"移动政务""社交政府""指尖政府""维基政府""自助政府""简洁政府""平台政府"等概念。尤其是随着大数据时代的到来，数字政府的概念又融入了"敏捷政府""智慧政府""智能政府""算法政府"等内涵。

不过，对数字政府概念的理解仍然相当"零碎""微观"和"技术导向"，在国家治理现代化层面，对数字政府的理论意义还未得到充分阐释。应该从政府数字化转型为国家治理体系和治理能力赋予现代化的角度，对数字政府的概念进行更加全面、宏观和结构性的理论构建。从这个视角看，政府数字化转型带来的是国家与社会关系、政府与公众关系、党和群众关系的深刻重塑和优化。

具体而言，政府数字化转型通过"技术赋能"和"技术赋权"两方面，在国家与社会、政府与公众、党和群众之间打造了新型的民情民意表达机制、社会风险感知机制、智能化决策辅助机制和精准化民意回应机制，从而构建出基于大数据的智能社会治理结构。这种社会治理结构与农业社会的"单向控制"和工业社会的"分权制衡"有着显著不同，是一种基于数字协商的全新社会治理模式。

"技术赋能"指的是技术为政府提供的能力，包括提升政府的信息获取能力、监督考核能力、市场监管能力、精准决策能力和民意回应能力等。而"技术赋权"则是指技术赋予社会的权力，通过改变集体行动逻辑、监督网络舆情等方式对政府公权力的运作形成有效约束。在国家与社会的框架下，政府数字化转型通过"技术赋能"和"技术赋权"的双向互动，为数字政府概念赋予四个层面的理论意义：

（1）它开创了新型的民情民意表达机制。当前数字政府的快速发展在很大程度上发挥了民情民意表达的重要作用，并成为传统民意表达渠道的重要补充，实现了跨地域、跨层级、跨领域的直接民意表达。

（2）它建立了新型的社会风险感知机制。通过大规模的民意数据汇总，可以总体分析、诊断和预测不同领域、不同层次的社会风险，有助于精准把握社会治理中的关键风险点、矛盾聚焦点和问题爆发点。

（3）它构筑了智能化决策辅助机制。政府数字化转型改变了传统基于社会研究或案例分析的政府决策方式，通过深度挖掘和精准预测民意大数据，提升了政府决策的科学性和民主性水平，实现了从"事后应急"到"事中实时"和"预防式"社会治理的转变。

（4）它实现了精准化的民意回应机制。政府数字化转型显著提升了对民意回应的质量，从传统以政府为中心的"粗放式""被动式"和"标准化"回应过渡到更加精准和个性化的回应方式。

总的来说，政府数字化转型为数字政府的概念注入了更为全面和宏观的理论意义。通过"技术赋能"和"技术赋权"，打造了新型社会治理结构，实现了国家治理体系和治理能力的现代化目标。

二、数字政府的特征

数字政府的兴起得益于信息技术的快速发展，尤其是互联网和大数据技术的普及应用。在数字政府中，政府部门通过数字化手段整合资源，提升办事效率，促进政务公开，提高公共服务的便利性和质量。数字政府的兴起对于提升政府治理能力、增强公共服务水平具有重要意义。

1. 信息透明和开放

信息透明是指政府将信息公开并提供给公民以及其他利益相关者的能力。开放性则指政府在政策制定、决策实施以及公共服务提供过程中，接受公众参与和监督的程度。

信息透明和开放对于数字政府的发展至关重要。首先，信息透明可以增加政府的可信度和透明度，减少信息不对称带来的不信任感。公民可以更好地了解政府的决策过程和公共资源分配情况，从而更好地行使监督权力。其次，信息透明和开放也促进了政府的效率和责任。政府部门在公开信息的同时，也会增加自身的责任感和监督压力，提升工作效率和绩效。

在数字政府的框架下，信息透明和开放更具有实质性的意义。数字技术的应用使政府可以更便捷地公开政府数据和信息，通过数字平台和应用程序将信息传递给公民，提高信息获取的便捷性和速度。同时，数字技术也有助于政府与公民之间建立更紧密的联系，促进公民参与政府决策的渠道与机制的建立。

总的来说，信息透明和开放是数字政府的重要特征之一，不仅有助于提升政府的合法性和可信度，也有利于促进政府的效率和责任意识。在数字时代，信息透明和开放将成为数字政府发展的必然趋势和重要保障。

2. 智能化和数字化服务

数字政府利用先进的技术和数字化手段，为公众提供更高效、便利的服务。智能化和数字化服务是数字政府的重要特征，具体体现在以下几个方面：

（1）改善公共服务的效率和质量。数字政府利用数字技术和大数据分析，优化管理流程，提高公共服务的响应速度和质量。通过智能化系统，政府部门能够更快捷地处理市民的需求和投诉，提升服务效率。

（2）提供个性化的服务。数字政府通过数字化平台，为不同群体的用户提供个性化的服务。例如，政府网站和移动 App 可以根据用户的需求和偏好，推荐相关的政府服务和信息，提升用户体验。

（3）跨部门协同和信息共享。数字政府通过建设统一的数字平台，实现不同政府部门之间的信息共享和协同工作。这样可以避免信息孤岛现象，提高政府工作的效率和协同性。

（4）加强政府与市民之间的互动和沟通。数字政府通过各种数字化工具，如社交媒体、在线问答平台等，加强与市民之间的互动和沟通。市民可以通过这些平台反馈意见和建议，政府也可以及时回应市民的需求，建立更加紧密的联系。

（5）推动政府决策智能化。数字政府利用大数据和人工智能等技术，分析政府运行数据和社会情况，为政府决策提供科学依据。智能化的决策系统能够帮助政府更好地制定政策和规划，提升决策的科学性和准确性。

综上所述，数字政府的智能化和数字化服务特征表现为提高公共服务效率，个性化服务，跨部门协同，加强政府与市民互动，以及推动政府决策智能化。这些特征使得数字政府能够更好地满足市民需求，提升政府治理水平，推动社会进步。

3. 数据驱动决策和管理

在数字化时代，政府机构拥有海量的数据资源，这些数据可以为政府决策提供有力支持。通过科学的数据分析和挖掘，政府可以更加准确地了解社会民生状况、经济发展趋势、公共服务需求等方面的信息。基于数据驱动的决策可以更好地解决实际问题，提高政府决策的科学性和有效性。

数据驱动决策的一个重要应用是政府政策制定。政府可以通过对各类数据的分析，了解民众的需求和诉求，把握社会热点问题，科学合理地制订政策方案。例如，政府可以通过数据分析来评估教育、医疗、社会保障等公共服务的覆盖范围和质量，制定更加符合民生需要的政策举措。此外，政府在应对突发事件和灾害管理时，也可以通过数据驱动的决策及时有效地做出应对和救援措施。

除了政策制定外，数据驱动也在政府管理中发挥着重要作用。政府可以通过数据分析来评估政府部门的绩效和效率，发现问题和瓶颈，并采取有针对性的改进措施。例如，政府可以利用大数据技术来监测交通流量，优化交通规划和信号灯控制，提高城市交通效率。在财政管理方面，政府可以通过数据分析来监控财政收支情况，预测未来财政状况，实现财政预算的精准管理。

总的来说，数据驱动决策和管理是数字政府的重要特征之一，它可以帮助政府更加科学、高效地开展工作，提升治理水平和服务质量。随着大数据和人工智能技术的不断发展，数据驱动的决策和管理将在数字政府建设中扮演越来越重要的角色，成为推动政府现代化进程的关键因素。

4．网络安全和隐私保护是至关重要的

数字政府需要确保其网络系统安全可靠，以保护政府数据和公民信息免受黑客和网络攻击的威胁。同时，数字政府也要尊重公民的隐私权，确保个人信息在数字化过程中得到妥善保护，不被滥用或泄露。因此，网络安全和隐私保护是数字政府建设中不可或缺的一环。在实践中，数字政府可以通过加强网络安全技术和制定严格的隐私保护政策来确保网络安全和隐私保护，从而建立信任和透明度，提升服务质量和公民满意度。

三、数字政府转型的意义

1．数字政府转型对政府效率的提升有着显著的意义

通过数字化工具和技术的应用，政府可以更快速、更精准地处理公共事务，提高工作效率。

（1）数字化工具的应用能够简化政府机构的运作流程，提高工作效率。传统的政府工作方式需要大量的文件、报告和手工处理程序，这些过程可能会耗费大量的时间和资源。而数字化工具的应用极大地简化这些流程，使数据和信息能够更快速地传递和处理。政府工作人员可以通过数字平台轻松地共享文件和数据，快速取得所需信息，从而提高工作效率。

（2）数字化工具还可以帮助政府更精准地分析和预测数据，从而更好地制定政策和调整措施。传统的政府决策基于有限的数据和信息，有时候可能会导致决策的不准确。而数字化工具的应用能够实时收集、处理和分析大量数据，帮助政府更全面地了解问题的本质和趋势，做出更精准的政策决策。通过数字化工具的应用，政府可以更灵活地应对不同的情况和挑战，更好地实现公共目标和利益。

综上所述，数字政府转型对政府效率的提升有着重要的意义。通过数字化工具的应用，政府可以更快速、更精准地处理公共事务，提高工作效率。数字政府转型不仅能够提升政府的执行效率，也能够提高政府的决策准确性和适应能力，更好地服务于社会公众，推动社会的发展和进步。

2．数字政府转型对政务服务的智能化具有重大意义

通过建设智能化平台，政府能够提供更为便捷的在线政务服务，满足民众多样化的需求，进而提升政府服务水平。传统的政务服务往往需要民众亲自前往相关部门办理，存在时间成本高、流程复杂等问题。然而，数字政府转型可以打破这一局限，让政务服务更加智能化、高效化。

通过数字化平台，民众可以随时随地通过互联网完成各类政务办理，无须耗费大量时间排队等候。例如，市民可以在线申请各类证件，查询相关政策，提出意见建议等，享受到更加便捷的服务体验。同时，智能化平台还可以根据个人需求提供个性化的服务推荐，提高了政务服务的质量和效率。

数字政府转型可以增强政府与民众的互动与沟通。通过数字化平台，政府可以及时

了解民众的需求和意见，更好地制定相关政策举措。同时，民众也可以通过在线渠道反映问题、提出建议，实现了政府与民众之间的双向沟通与互动。这种互动模式有利于建立起更加紧密的政民关系，提高了政府决策的针对性和民意的知晓度。

数字政府转型有助于提升政府的管理效率和透明度。通过数字化平台，政府可以实现对各类数据信息的集中管理和共享，实现了信息的高效流转和利用。这不仅有助于政府更好地了解社会状况、做出科学决策，也为政府的监督和评估提供了更为便捷的手段。同时，数字政府转型也可以提高政府的治理效能，降低行政成本，推动政府治理体系和能力建设的现代化。

总的来说，数字政府转型对政务服务的智能化具有重大意义。它不仅可以提升政府服务水平，更有助于加强政府与民众的互动与沟通，提高政府的管理效率和透明度。只有不断推进数字政府转型，才能更好地适应社会发展的需求，实现政府治理的现代化和智能化。

3. 数字政府转型对于加强政府与民众的沟通互动具有重要意义

通过建设数字化平台，政府可以更好地与民众互动，了解民意、回应民生关切，增强政府与民众的互信和互动。数字政府转型在以下几个方面对政府与民众的沟通互动起着积极的作用。

（1）数字政府转型提供了更便捷的沟通渠道。通过建立数字化平台，民众可以随时随地访问政府信息、提交意见建议，实现了政府与民众之间 24 小时全天候无障碍沟通。这种便捷的沟通方式大大降低了沟通的门槛，使更多的民众有机会参与政府事务，提高了政府与民众之间的互动频率和深度。

（2）数字政府转型促进了信息的透明共享。通过数字化平台，政府可以将更多的政府信息、政策解读、决策过程公开化，使民众对政府的运作机制和决策依据有更清晰的了解。透明的政府运作可以增强政府的合法性和权威性，也有利于建立起政府与民众之间更加平等和开放的沟通机制。

（3）数字政府转型提升了政府对民意的了解和反馈能力。通过数字平台收集分析民众反馈和意见，政府可以更及时地了解民生民情、民众关切和需求，有针对性地调整政策措施，更好地满足民众的实际需求。政府对民意的敏锐度和反馈速度得到提升，有效缩短了政策决策到实施的时间，提高了政府的执行效率和民众满意度。

综上所述，数字政府转型对于加强政府与民众的沟通互动具有重要意义。通过建设数字化平台，政府提供了便捷的沟通渠道，促进信息的透明共享，提升了政府对民意的了解和反馈能力。数字政府转型不仅推动了政府现代化治理能力的提升，也增强了政府与民众之间的互信和互动，实现了政府与民众共赢、共享的目标。

数字政府转型是未来政府发展必然趋势。科技的飞速发展让数字化成为推动社会进步的引擎，政府须紧跟时代潮流，加速数字化转型步伐。数字政府转型的意义在于提高政府效率，增进政府与民众的互动，促进政府治理现代化。数字政府转型将推动政府工作更加透明高效，提供更优质的公共服务，增强社会发展的可持续性和包容性。数字政府转型不仅是刻不容缓的任务，更是实现现代化政府的必由之路。

四、数字政府的发展历程

数字政府代表着一种崭新的行政管理模式，其核心目标在于提升公共服务的便利性，增强社会治理的精确度，以及优化经济决策的科学性。中国的数字政府构建自 20 世纪90 年代起始，至今已顺利完成信息化阶段的基础构建，正全面迈进以数据驱动为特征的快速发展期。当前，政务数据的多元化创新活动正如火如荼，预示着未来数据和智能技术将在政府决策、服务及治理模式中发挥决定性作用，引领数字政府进入智能化的新纪元。以下是中国政府数字化发展的三个阶段：

1. **政府信息化起步阶段（2002 年之前）**

1993 年，中国举行国家经济信息化联席会议，加强了信息工程化的统一领导，同年，正式启动"三金"（金桥工程、金卡工程和金关工程）工程，由此拉开了中国政府信息化建设的序幕。该阶段是中国政府信息化的筹备和起步阶段，重点是建设信息化基础设施、行业系统与政府门户网站，借助自上而下的电子业务系统提升政府办公和管理效率，提供便利的公共服务。

2. **电子政务建设阶段（2002—2018 年）**

2002 年 8 月，中共中央办公厅、国务院办公厅联合印发《国家信息化领导小组关于中国电子政务建设指导意见》，标志着中国政府信息化建设正式进入电子政务建设阶段。该阶段一方面围绕"两网一站四库十二金"展开，包括政府信息化网络、政府门户网站、数据库系统以及重点政务信息应用系统等建设；另一方面开始大力推进"互联网+政务服务"工作，2016 年，中国印发《关于加快推进"互联网+政务服务"工作的指导意见》，标志着"互联网+政务服务"成为电子政务建设重点。"一网、一门、一次"改革及全国一体化在线政务服务平台建设，有力推进了电子政务发展。同时，随着智能终端的出现和广泛普及，公共服务的供给方式以及公民和企业参与过程的执行方式受到重大影响，为电子政务发展成为数字政府创造了条件。

3. **数字政府建设阶段（2018 年至今）**

2018 年 7 月，中国印发《关于加快推进全国一体化在线政务服务平台建设的指导意见》，就深入推进"互联网+政务服务"，加快建设全国一体化在线政务服务平台，全面推进政务服务"一网通办"作出部署，标志着中国政府数字化建设进入新阶段。该阶段注重数据驱动和整体协同，旨在推动政府治理和公共服务的数字化转型，实现政府决策、执行、监督和服务等方面的全面提升。

第三节　数字化治理提升政府治理能力

党的二十大报告作出加快建设数字中国的重要部署。建设数字中国是数字时代推进中国式现代化的重要引擎，是构筑国家竞争新优势的有力支撑。2024 年印发的《数字中国建设整体布局规划》提出："以数字化驱动生产生活和治理方式变革，为以中国式现代化全面推进中华民族伟大复兴注入强大动力。"在构建数字中国的宏伟蓝图中，广泛应用数字技术于国家管理是不可或缺的组成部分，也是确保国家治理体系和治理能力现代化的关键。这需要深入理解数字技术为国家治理所带来的变革性机遇，掌握其在提升治理效能上的核心作用，进而革新治理理念，调整管理流程，改进运作模式，以实现国家治理效率的持续增强。

一、数字化赋能国家治理是时代潮流

习近平总书记指出："当今时代，数字技术作为世界科技革命和产业变革的先导力量，日益融入经济社会发展各领域全过程，深刻改变着生产方式、生活方式和社会治理方式。"随着互联网、大数据、云计算、人工智能、区块链等有关数据采集、存储、分析、应用的关键技术不断发展，全球数字化进程在 21 世纪进一步提速，正在深刻改变国家治理的理念、规则、制度与方式。以数字化推动国家治理体系完善和治理能力提升，是抓住数字化时代机遇，适应社会生产生活方式和治理方式变革，推进国家治理现代化的必然选择。

1. 科技创新驱动人类社会进步的必然趋势

回顾人类社会发展历程，科技创新始终是社会发展和治理变革的重要推动力。全球范围内的服务型政府改革，正是人们从蒸汽机时代、电气化时代步入信息化时代后，面对科技进步带来的生产生活方式变革和治理理念更新，在治理领域作出的积极回应。从广义上说，治理数字化进程包括电子化、网络化、数据化、智能化。当前，以办公自动化和在线政务服务供给为代表的电子化、网络化阶段已基本完成，极大提升了政府运行效率、公共服务效能。以数据化、智能化为重要特征的第四次工业革命正对社会生产生活方式带来前所未有的冲击和影响，对国家治理产生深刻影响。总体来看，数字化将是未来高效精准实现公共政策目标、不断满足公共服务需求的关键手段。适应这一进程，广泛应用数字技术是国家治理顺应科技发展趋势、回应治理变革需求的重要路径。

2. 推进国家治理现代化的强大动力

国家治理体系和治理能力是一个国家制度和制度执行能力的集中体现。在世界百年未有之大变局中，国家治理体系和治理能力是影响国家间竞争的重要因素。数字技术为国家治理创新提供了全方位、多领域、跨层级的解决方案，可以大大提高国家治理的整体效能，从而进一步提升国家综合竞争力。当前，在城市治理、风险防控、环境治理等方面，数字化赋能的价值正在逐步显现。比如，大数据分析能够助力精准识别城市治理热点问题并作出快速应对，综合运用多项数字技术的智能化手段能够为精准防控现代社会中的风险提供可行方案，物联传感的数据采集可以大幅提升环境治理的监测水平，等等。在提升效率、效能的基础上，数字化应用也能进一步优化完善政府行政体系、治理体系、数据开放体系以及公共服务体系，为国家治理现代化提供组织保障。数字化手段的广泛运用，必将为推进国家治理现代化注入强大动力。

3. 满足人民日益增长的美好生活需要的重要手段

让数字化发展红利广泛惠及人民群众，是在国家治理中运用数字技术的根本目标。当前，我国经济社会活动加速向线上迁移，数字化应用和服务需求快速增加。根据最新的第五十四次《中国互联网络发展状况统计报告》显示，截至2024年8月，我国的网民数量已达到10.997亿，互联网普及率攀升至78%。伴随这一趋势，广大民众对数字化服务的需求持续增强。因此，将数字技术全面而深入地融入国家管理之中，构建无处不在、智能高效、公正普适的数字化服务系统，以实现减少群众办事困扰、优化数据流通的目标，是提高人民的满足感、幸福感和安全感，以及满足人民对更美好生活的期待的关键途径。

二、数字化助力国家治理效能提升

党的十八大以来，以习近平同志为核心的党中央围绕实施网络强国战略、国家大数据战略等作出一系列重大部署，各方面工作取得新进展。我国数字政府治理服务效能显著提升，数字公共服务普惠化程度进一步提高，数字化助力社会治理更加精准有效，数字技术的应用推动国家治理各领域取得新成就。数字化对国家治理的赋能主要体现在以下方面。

1. 创新技术工具

技术变革带来的管理手段和工具的改进，是创新国家治理最直接的方式之一。互联网、大数据、云计算、人工智能、区块链等技术在国家治理各领域、各层级的应用带来了管理和服务方式的直接变化。这是数字化赋能国家治理重要的技术基础，是后续其他方面赋能得以实现的前提。数字基础设施高效联通、数据资源规模和质量加快提升，是数字中国建设的底座，也是数字化赋能国家治理的前提。新时代，我国5G实现技术、产业、网络、应用等领先，建成全球规模最大、技术领先、性能优越的网络基础设施，2023年我国数据产量位居世界第二，数字经济规模稳居世界第二，等等。这些成就的取得都为基于数据的治理工具创新奠定了坚实的物质和技术基础，也夯实了国家治理水平持续提升的基础。

2. 提升质量效能

当前，我国正在推动高质量发展。实现高质量发展需要以高效能治理为基础，而实现高效能治理需要以数字技术赋能为基础。比如，在经济治理层面，基于数字技术与数字治理的制度设计，可以推动人、财、物以及数据、技术、流程、组织等资源、要素和活动的统筹协调、协同创新，有助于进一步改善营商环境、释放市场活力。在社会治理层面，依靠大数据驱动的公共服务体系建设，着眼人民群众需求目标的实现，从"供给方设计"转向"居民点单"，促进公共服务由粗放供给向精准供给转变。基于智能算法，政府可以精准识别公众需求并优化回应策略，提供"千人千面"的个性化服务，极大改善公共服务供求不对等的局面，提升公共服务供给的质量与效率。

3. 优化运作流程

技术的深度应用将驱动业务流程优化，推动国家治理运行模式发生变革。以联通31个省（区、市）及新疆生产建设兵团、40多个国务院部门的全国一体化在线政务服务平台为例，在"网络通""数据通"基本实现的基础上，"业务通"成为可能。在技术层面解决了关键数据的跨地域、跨部门核验问题后，很多审批业务从单一运作流程逐步转变为协作交互流程。在业务流程全面数字化实现后，根据业务需求灵活调整业务流程的成本也会大大降低。很多地方推行的"最多跑一次""一件事一次办""一网通办"等服务，也是由技术变革推动流程优化的生动体现。

4. 转变理念思维

当前，数据获取、数据传输和数据存储等大数据技术不断实现突破，人工智能、机器学习、深度学习等技术快速发展，特别是以大语言模型为代表的生成式人工智能技术不断取得进展，为拓展数字技术在国家治理中的应用场景提供了新动力。通过对国家治理多场景、多模态、动态性大数据的全面收集和多维解析，有助于全面掌握社会公众需求和社会问题，精准测量和智能推演政策实施效果，为政策制定提供技术支撑，提高决策的精准性、科学性。随着数字技术在国家治理中更加广泛、深入地应用，必将推动治理理念从传统治理向现代治理、从经验治理向科学治理、从定性治理向"循数"治理转变，提升治理的科学化、智能化、精准化水平。

第四节　数字化治理提升基层治理"智治力"

基层治理是国家治理的基石，是实现国家治理体系和治理能力现代化的基础工程。应该把数字化技术融入基层治理的各个方面，不断创新治理手段，完善治理机制，提高政务服务水平，为高质量发展保驾护航。

一、推动数字技术与国家治理深度融合

数字化赋能国家治理是一项宏大的系统性工程，其影响也是系统性的。数字化不仅丰富了治理手段，提升了治理效能，也增加了治理对象，带来一些新问题和新挑战。要坚持从长远出发，坚持系统观念，统筹发展和安全，推动数字技术与国家治理的深度融合，既抓住数字化带来的机遇，又正视并积极解决新的治理问题，把各方面制度优势转化为治理效能。

1. 提升数字技术支撑国家治理的整体效能

要把坚持和加强党的全面领导贯穿在数字化赋能国家治理的各领域各环节，坚持正确的政治方向，在党的领导下构建数字化赋能国家治理的制度机制，全面推进治理运行方式、业务流程、服务模式数字化智能化。依法依规促进数据高效共享和有序开发利用，统筹推进技术融合、业务融合、数据融合，提升跨层级、跨地域、跨系统、跨部门、跨业务的协同管理和服务水平。加强数字技术在公共卫生、自然灾害、事故灾难、社会安全等突发事件应对中的运用，提高突发事件源头治理、动态监控、应急处置能力。

2. 夯实数字技术支撑国家治理的技术底座

构建自立自强的数字技术创新体系，健全社会主义市场经济条件下关键核心技术攻关新型举国体制，加强企业主导的产学研深度融合。整体提升应用基础设施水平，加快传统基础设施数字化、智能化改造。推动面向国家治理现代化的操作系统、软件、芯片、平台等软硬件载体的开发利用，完善数字技术支撑国家治理的基础环境。梳理数字技术支撑国家治理现状，针对重点领域的技术需求，加强关键核心技术攻关和场景适配，拓展数字化赋能国家治理的应用空间和场景。

3. 强化数字技术支撑国家治理的安全保障

在数字化时代的推进中，一系列挑战如隐私侵犯、信息隔离效应和数字鸿沟等问题应运而生。我们必须始终警觉于数据保护的至关重要性，强化数字技术对国家治理的防护体系。为此，我们需要深化法律制度的创新，以适应国家治理、地方管理、基层运作、农村发展和社区自治等多元场景，塑造一个公正透明的数字治理框架。同时，建立全面的风险防控机制，通过设立预警平台，提升对数字风险的深度洞察和综合应对能力，确保数字化驱动的国家治理既稳固又可管理，兼顾安全与效能。

二、数字赋能让基层治理更有速度

技术手段的介入和信息系统的整合，能够切实有效地为基层减负，提高工作效率。通过数字政务平台的搭建和使用，能够更好地完成数据归集、信息采集和录入，打破各信息系统的壁垒，实现数据共享，摒弃以往数据多头填报的繁杂工作，将基层工作人员解放出来，将更多的精力放在为群众解决实际问题中去。数字政务平台也能使得政务系

统内部信息传达低效的问题得到改善，一键派发任务、一键管理项目，为任务的逐级逐层传达提速，重塑政府的业务模式、服务模式，让办事流程更加标准化、规范化。

三、数字赋能让基层治理更有精度

数字政务平台的搭建，将基础数据入网入库，"网格化+数字化"的新型智慧管理模式，将解决问题精准到基层治理的每个点、每个面。同时通过大数据分析，还可以对辖区内行业、领域、人群存在的风险进行预测、预警和预判，主动发现存在的问题、短板和薄弱环节，进行智能分析研判，推动问题及时有效解决，切实健全和完善长效管理机制。通过数字政务平台还可实时了解任务和项目进度，并通过后台数据收集分析功能，依托已有数据，结合自身办事流程，构建预警监督和长效管理模型，为精准施策提供数据支撑，切实有效地提升政务服务精细化。

四、数字赋能让基层治理更有温度

数字政务平台能够提供统一的存储、智能计算、数据归集治理、数据共享互通、应用协同、系统集成等支撑服务，有效助推公共服务提档升级，从"最多跑一次"到甚至"一次不用跑"，从窗口办结、一事联办到"一网通办""跨省通办"，真正实现"数据多跑路，群众少跑腿"。智能平台的运用也真正打通了社会治理的"最后一公里"，通过聚合多样化的服务功能，并且将多功能、多场景融合集成到实时可视化的管理平台上，既能够对安全隐患和风险进行监测、预判和处置，有效防范和减少事故发生，保护人民财产安全；也能够对各类环境指标进行实时监测和管理，美化和改善居住环境；还能更方便快捷地获知群众需求、问题反馈，沟通群众意见，精准高效服务群众，及时受理、处理群众诉求，让人民群众切实感受到数字化带来的方便。同时移动端的开发和运用，也为群众参与社会治理开通了新渠道，通过平台互动引导公众参与，一键提升主人翁意识，营造出了全民参与、群策群力的治理氛围。

通过数字赋能，完善了网格化管理、精细化服务、信息化支撑的基层治理平台，打造出高标准服务、高品质生活、高效能治理的"新局面"，持续提升人民群众的获得感、幸福感、安全感。

第五节　数字化治理的应用与实践

一、数字化赋能社会治理共同体构建

建设社会治理共同体是提升社会治理效能、推进社会治理现代化的重要内容。中共中央、国务院印发的《数字中国建设整体布局规划》指出，要以数字化驱动治理方式变革。社会治理在互联网、大数据、区块链等科技力量的影响下不断向数字化转型。数字技术为社会治理带来新的发展动力的同时，也成为推动社会治理共同体建构的重要驱动力量。

数字化助力建立通畅渠道，加强政民沟通交流，促进形成社会治理共识。社会治理共识是影响民众对社会治理的精神认同以及参与社会治理意愿的重要因素，对于建设社会治理共同体具有不可替代的价值。数字化手段在社会治理中的应用，在社会治理多元主体之间建立了相较于传统社会治理模式更加便捷的沟通渠道，进一步提升了多元主体之间的沟通效率，在促进多元主体形成社会治理共识中发挥着重要作用。一方面，政府通过互联网以及数字化平台发布各种政务信息，促进政务公开透明，让民众能够及时了解政府治理政策等信息，并对政府公共事务进行监督，加深民众对政府的理解与认同。另一方面，基于数字技术的政务服务平台和小程序等工具大大促进了社区、街道以及职能部门多层次、多部门信息资源整合，也为公众提供了更为广泛的诉求表达途径。通过数字化工具，社会治理多元主体跨越时间和空间的限制，实现了即时无障碍沟通，增强多元主体相互间的理解和支持，促进形成社会治理共识，并在此基础上激发出多元主体共同体意识。

数字化助力提升政务服务水平，重构政民互动机制，建立政民信任关系。互联网+政务服务、数字政府建设的推进加快了政府职能转变，大大提升了政府服务水平，也通过重构政民互动机制加强了治理主体间的彼此信任。首先，数字技术使政府能够更加高效地履行其职能。通过建立数字化、智能化的信息管理系统，实时收集和分析大量数据，对政策效果进行快速评估和调整，基于数据驱动的决策过程，提高了政策制定的科学性和预见性，使政府能够更加灵活地响应社会变化和民众需求。其次，数字化推动、提升政府服务水平。数字化公共服务平台收集民众诉求信息，进行大数据分析，为民众提供有针对性的精准化服务。同时，数字化公共服务平台能够优化政府的资源配置，提高公共服务效率，居民通过数字化平台可以轻松便捷地办理各类事务，让"信息跑路"替代"群众跑腿"。再次，通过数字化公共服务平台，居民可以反映诉求，政府可以及时有效地回应诉求，实现居民有需求，政府有回应。政府在及时有效地回应居民诉求中塑造责任型政府形象，增强民众对政府的信任度。

数字化助力社会治理机制优化，拓宽社会参与路径，提升多元主体参与效率。多元主体共同参与是建构社会治理共同体的关键。数字技术应用为推动多元主体参与社会治理提供了强有力的物质技术支撑。首先，通过数字化赋能建立综合性智能化平台，创新社会治理协同机制，打破政府部门和部门内部不同层级的组织边界以及政务信息孤岛，促进信息资源共享，实现政府内部决策协同、管理协同和服务协同，提升政府社会治理效率。其次，民众社会治理参与度不足是当前社会治理共同体建设面临的突出问题。数字技术优势为动员居民参与社区治理提供了更多可能性，通过开发线上议事小程序和小应用、建立微信工作群等，为社区居民积极建言献策、共同参与社区治理提供便捷路径。另一方面，通过数字化手段不断创新和丰富社区活动的内容与形式，以社区活动为载体建立趣缘共同体，激发社区活力，提高居民参与社区治理的积极性。再次，数字化平台和工具为社会组织参与社会治理提供了更多机会，提高了社会治理效能。如律师、退休法律工作者等社会力量在数字化平台协同法院、信访部门共同参与矛盾纠纷化解的社会治理实践。

2024年政府工作报告明确指出，要加快发展新质生产力，开展"人工智能+"行动。新质生产力、"人工智能+"将为政府治理变革和社会治理现代化带来新机遇，也将为调动多元主体参与社会治理积极性和主动性，建立社会成员共同参与的社会治理格局提供更加强有力的支撑。

二、社会保障的数字化治理

当前，以新一代信息技术为主导的革新浪潮汹涌澎湃，社会的数字化转型已成趋势，构建全面的社会保障（社保）数字化管理体系已成为所有社会保障从业者亟待解决的关键问题。社保数字化治理是提升社保服务效率、推动社保管理向网络化演进的有力手段，对中国社保制度的改进与进步起到至关重要的作用。在实践中，在面临诸多在社保数字化治理的道路上的挑战，需要紧密结合实际情况，深思熟虑，勇敢面对困难，寻求社保数字化治理的新突破。

现阶段，中国的社会保障架构主要包括养老保险、社会救助、医疗保险和失业保险等多个领域。然而，这些领域间缺乏集中的管理和信息交流机制，导致民众在处理社会保障事务时，往往需往返多个机构重复办理，极大地降低了服务效率。此外，没有一个整合的信息共享系统也容易让人在办理手续时发生遗漏或错误，增加了困扰。如果能构建一个统一的数字化社会保障平台，各板块将能有效协同工作，显著提升工作效率。

我国的社会保障体系由多个各自为政的部门构成，各部门间数据资源未能实现有效的整合与共享，导致了宝贵的资源在重复建设中被大量消耗。同时，各个业务中心建立了独立的数据存储库，这种方式可能导致严重的资源冗余。值得注意的是，有些业务系统仅仅依赖本地备份，未将数据上传至云端，这使得一旦数据中心遇到故障或计算机遭受病毒感染，数据丢失的风险显著增加。此外，针对病毒侵入和系统漏洞的防范策略并不完善，缺乏系统的规划。在遭遇外部攻击或病毒入侵时，现有的信息存储设施和安全防护可能不足以保护个人信息的安全，甚至可能导致系统过载或崩溃，进而干扰人们的日常生活和工作秩序。

以下措施对社会保障数字化治理或有助益：

1. 统一规范和标准

为了实现社会保障体系的无缝协作和高效运作，迫切需要构建一个全面的、智能化的网络一体化系统。这个系统应整合各部门的资源，采用标准化的数据管理模式，使得信息的流动不仅限于单一部门，而是实现多部门的实时共享，从而大大提高运营效率。政府部门间应明确分工并协同执行，以精细化的策略优化社会保障规划。此外，鼓励各部门充分运用数字化工具，如在线办公平台，使其成为处理日常事务和解决难题的主要手段，这样既能减轻人员的工作压力，又能提升服务响应速度。引入最新的信息技术和专业人才，打造一个先进的数据共享平台，其核心目标是通过高科技手段，将各系统的孤立数据转化为统一、透明的信息资源库。这样不仅能简化操作流程，还能提升整个社会保障系统的整体效能。

2. 建立一个统一的社会保障系统

为提升社会保障服务的效能，构建一个集中的数字化信息平台至关重要。该平台旨在统一管理各分支的数据，促进跨部门的信息共享与业务协同，使民众能一次性处理多项事务，大幅提升服务效率，同时减轻员工的工作压力。在条件许可的情况下，可推进社保机构的办公自动化，运用电子文档存储信息，并建立严格的安全保障体系以确保系统的稳定和数据的安全。此外，应定期在线备份社保信息，以规避因设备故障造成的数据遗失风险。

3. 更新和维护社会保障部门的现有设备

目前，众多社会保障机构所使用的设施多为早期购置，其功能及效能已无法适应当前社会福利服务对硬件的需求。因此，社保部门应当建立定期维护和检验机制，适时引入先进的设备以替换过时的装置，确保整个社会保障体系的正常运转，以满足数字化社会管理的需求。此举旨在避免因设备老化或计算能力不足导致的工作效能减退乃至数据安全风险。

4. 强化数字包容，让社会保障服务更加暖心

在推动数字化管理的进程中，从业者需兼顾数字技术的优势，同时关注那些在数字鸿沟中弱势的群体。为提升社保服务的智慧化程度，相关部门可实施远程协助、家庭代办及预约上门等关怀措施。随着数字化和智能化技术的进步，我国的社会保障体系将面临更多挑战，需要密切关注技术发展趋势，不断学习先进的数字技术，以适应这一领域的持续变化和发展。未来，数字技术和人工智能或将深刻重塑行业格局，某些职业可能因数字经济的崛起而消亡，新的领域也将随之诞生。增强数字包容性，推广数字化的社会保障职业教育，使更多人能通过数字媒介学习新技能，是拓宽职业发展空间的关键。

当下，以新一代信息技术为主导的变革方兴未艾，数字化转型已成为必然趋势。要加强社保机构的线上平台建设，改进社保服务体系，借助数字化工具提高我国社会保障工作的效能和服务质量，使民众生活更为便捷，减轻工作人员的压力，加强各社保部门间的协同合作，形成资源和信息的整合共享。同时，建立高效且实际可行的社会保障制度，确保全民都能享受到养老和医疗保障，进而推动我国社会的稳定健康发展。

三、乡村的数字化治理

乡村治理数字化是指将数字化技术融入乡村治理体系，推动乡村治理从经验式治理转向精准化治理，从少数人参与的治理向多数人参与的治理转变，促进乡村治理中自治、法治与德治的"三治合一"，进而提高乡村治理效率。

1. 数字技术引领乡村服务革新

随着数字技术的飞速发展，乡村地区也迎来了前所未有的服务革新。数字化技术不仅让信息流动更加畅通无阻，深入到了乡村的每一个角落，更实现了远程教育和在线医疗的普及，让村民们在家门口就能享受到与城市同等水平的教育和医疗资源。此外，通过提升博物馆、图书馆和文化馆的数字化水平，乡村的文化生活也得以极大丰富，让村民能够更便捷地接触到各种文化知识和艺术享受。

在政务服务方面，数字化技术更是发挥了巨大作用。通过拓展"互联网+政务服务"至农村地区，不仅简化了办事流程，还实现了线上、移动及高效办理服务，让数据流动代替了群众的奔波，极大地提高了政务服务效率，让村民们享受到更加便捷、高效的政府服务。

2. 数字技术赋能村庄高效运营

在村庄运营方面，数字技术同样发挥着重要作用。通过采用"网格化+数字化"模式，村庄管理效率得到了显著提升。利用数字化技术，村务和财务信息得以更加透明公开，村民可以随时随地了解到村庄的最新动态和财务状况，从而增强了村民对村庄事务的信任感和参与感。

同时，利用微信群、村村享、腾讯为村等平台，村民们可以更加便捷地参与到村务中来。这些平台不仅为村民们提供了交流互动的空间，还结合"积分制+数字化"策略，激发了村民们参与乡村治理的积极性和便利性。村民们可以通过参与村庄活动、志愿服务等方式获得积分，积分可以用于兑换各种奖品或服务，从而形成良性循环，推动了乡村治理的不断发展。

3. 数字化推动农村安全监管升级

在安全监管方面，数字技术也发挥了重要作用。通过积极推动农村"雪亮工程"建设，整合各类监控平台，构建了一个全面智能的安全防控网络。这个网络能够实时监控村庄的各个角落，及时发现并处理各种安全隐患，保障了村民们的生命财产安全。

同时，建立县乡村三级数据信息联动机制，打造一个农村智慧应急管理系统。这个系统能够实时收集、分析和处理各类数据信息，为决策者提供准确、及时的决策支持。在应对突发事件时，该系统能够迅速启动应急预案，协调各方资源，实现快速反馈和应对，从而最大限度地减少损失和伤害。这些举措有力地推动了农村安全治理的信息化进程，为乡村地区的和谐发展提供了坚实保障。

思考题

1. 什么是数字化治理？数字化治理有哪些特征？
2. 在数字经济背景下，数字化治理有哪些意义？
3. 数字政府的特征有哪些？
4. 谈谈数字治理如何提升基层"智治力"？
5. 谈谈你对数字化治理的理解并举例说明。

第十二章　数字经济面临的挑战

本章导读

数字经济作为当前最具活力和创新力、辐射最广泛的经济形态，已经逐渐渗透到人们生活和工作的方方面面。数字经济通过数字技术进步、人力资本积累与资源配置优化实现经济发展的质量变革、效率变革和动力变革。但是数字经济在发展过程中也面临着诸多挑战。本章将对数字经济在发展过程中所面临的四大主要挑战：数字鸿沟、算法滥用、信息茧房和隐私保护进行深入探讨。通过了解这些挑战，希望能够引发读者对数字经济发展的深入思考，共同寻求解决方案，推动数字经济的长期可持续发展。

本章知识点

1. 了解数字鸿沟的内涵、产生原因及影响；
2. 理解算法滥用的表现形式及后果；
3. 理解信息茧房的特征及影响；
4. 掌握隐私保护的重要性及具体措施。

第一节　数字鸿沟

一、数字鸿沟的概念

"数字鸿沟"又可以称为信息鸿沟，即"信息富有者和信息贫困者之间的鸿沟"。具体指的是，由于信息技术在全球范围内的不均衡分布和应用，从而导致发达国家、地区和落后国家、地区之间的数字资源和数字技术的差距不断扩大，进一步影响到教育、文化、经济和社会等多个领域的平等发展。数字鸿沟涉及范围较广，包括设备普及率、上网速度、数字技能水平和内容可访问性等多个方面。

"数字鸿沟"一词最早出现于 1999 年美国国家远程通信和信息管理局（NTIA，National Telecommunications and Information Administration）发布的名为《在网络中落伍：

定义数字鸿沟》的报告中。随后，正式出现在 1999 年 7 月份由美国官方发布的名为《填平数字鸿沟》的报告中。2000 年 7 月，在世界经济论坛组织（WEF, World Economic Forum）的倡议下，《从全球数字鸿沟到全球数字机遇》这一专题报告被提交到八国集团首脑会议。也就是这份报告引发了当年亚太经合组织（Asia-Pacific Economic Cooperation，APEC）会议上的广泛讨论，之后数字鸿沟问题便受到了全球各方的高度关注和关切。

"数字鸿沟"是随着大数据和人工智能等新兴技术的快速发展而出现的一种新的经济社会现象。大数据和人工智能作为数字经济的重要组成部分，其知识门槛较传统数字技术更高。因此，在数字经济的发展过程当中，"数字鸿沟"的存在不可避免，而且其内容也将变得更加复杂。因为数字鸿沟既涉及技术的差距，也涉及信息的不平等和技能的差异。另外，由于大数据和人工智能的复杂性，技术的应用和理解需要更深入的专业知识，这使得许多个体无法充分参与到数字经济的发展中，从而导致数字鸿沟的进一步扩大。

二、数字鸿沟的表现

数字鸿沟具有多样的表现形式，不仅包含微观主体下个人层面和企业层面的数字鸿沟，同时也包括宏观主体下地区和国家层面的数字鸿沟。

从个体层面而言，年轻人和老年人在使用数字技术应用方面存在一定的差异。在数字化浪潮的推动下，年轻人可以快速学习和掌握移动支付、预约出行、网络订餐等应用 App 的使用，从而可以充分享受其为自己的生活带来的诸多便利。但是对于老年人而言，由于受传统观念的影响或是学习能力较弱等原因，对于新生事物的接受程度较为有限，因此他们便成为数字经济时代中的弱势群体。国务院办公厅在 2020 年 11 月印发的《关于切实解决老年人运用智能技术困难的实施方案》中明确提出要"持续推动充分兼顾老年人需要的智慧社会建设，切实解决老年人在运用智能技术方面遇到的困难，让老年人在信息化发展中有更多获得感、幸福感、安全感"。政策支持在一定程度上可以帮助老年群体完成从"数字难民"到"数字新移民"的转变，实现以人为本的数字包容。

从企业层面而言，一方面，不同行业的企业之间会有数字鸿沟问题的存在。根据国际数据公司（IDC, International Data Corporation）发布的《2018 中国企业数字化发展报告》可知，在我国大多数已经接近或是完成了数字化转型的企业都是零售、文娱或是金融等接近消费端的企业，而数字化程度相对较低的都是制造业或是一些资源型行业。另一方面，企业的数字化程度即使是在同一个行业内部也会存在较大的差异。从 IDC 发布的报告中可以看出，即使在制造业中存在着不少已经成功完成数字化转型的领军型企业，但是仍然有 50% 的企业数字化正处于单点实验和局部推广的阶段。

从地区层面而言，我国地区之间的数字鸿沟主要表现在城市和乡村之间。单从网络使用人群规模来看，城乡之间就存在着明显差异。根据第 52 次《中国互联网络发展状况统计报告》，截至 2023 年 6 月，在我国 10.79 亿的网民中，城镇网民规模达 7.77 亿人，占网民整体的 72.1%；农村网民规模达 3.01 亿人，占网民整体的 27.9%（见图 12-1）。

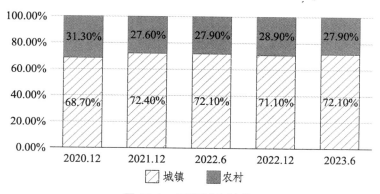

图 12-1　网民城乡结构

数据来源：CNNIC 中国互联网络发展状况统计调查。

从国家层面而言，数字鸿沟体现在不同国家间在数字技术应用水平上的差异。这种差异的存在会不断扩大发达国家与发展中国家在经济发展水平方面的差距。国际电信联盟发布的《衡量数字化发展：2023 年事实和数据》报告显示，高收入国家中有将近 93% 的人使用互联网。而在低收入国家，这一比例仅仅只有 27%。在欧洲、独立国家联合体和美洲，有 87% 至 91% 的人口使用互联网。阿拉伯国家和亚太地区大约有三分之二的人口使用互联网，已经达到了全球平均水平。而非洲国家的互联网使用率只有 37%（见图 12-2）。这表明国家之间数字发展不平衡的问题依然突出。

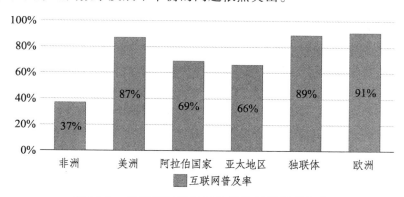

图 12-2　世界不同国家和地区的互联网普及率

数据来源：国际电信联盟《衡量数字化发展：2023 年事实和数据》。

三、产生数字鸿沟的原因

1. 经济发展水平

数字技术的应用和普及程度与经济发展水平息息相关。因为拥有和使用新技术需要有一定的成本支出，特别是在技术扩散初期，需要付出较多的成本。而一些经济发展相对落后的国家和地区，由于在数字技术方面缺乏必要的资金投入和支持，导致数字化建设和应用的滞后，从而无法享受到新技术给生活带来的便利。相反，在经济发展水平较高的国家和地区，数字技术正在成为推动经济增长和社会发展的重要动力。这些地区的数字化建设和应用也比较成熟。

2．教育水平

教育水平的差异是造成数字鸿沟的重要原因之一。受教育程度的不同会直接影响到个人对于新技术的认知、接受和应用效果。不识字或者识字不多都会影响到自身对于现代信息技术的掌握。目前，尽管从学校方面来说，各种智能教学系统的使用量是在显著增加的，但是仍然存在许多学生由于家里或社区中缺乏可靠的高速宽带和技术工具等因素，导致其很难获得教育资源，从而难以跟上新兴科技和互联网的发展步伐。长此以往，就会加剧受教育良好者和受教育贫乏者之间数字鸿沟的不断深化。

3．政策环境

任何一次技术革命或产业革命的到来，都会引起全球生产力的重新布局。在这场变革中，总会有一些国家和地区能够把握住机会并且从中脱颖而出。这跟国家的战略选择和政策导向密切相关。中国信通院发布的《全球数字经济白皮书（2023 年）》中表明，全球数字经济多极化格局进一步演进，2022 年，从规模看，美国数字经济规模蝉联世界第一，达 17.2 万亿美元，中国位居第二，规模为 7.5 万亿美元。从占比看，英国、德国、美国数字经济占 GDP 比重均超过 65%。由此可以看出，目前仍有大部分发展中国家没有充分认识到数字化时代所带来的发展机遇，从而导致其数字经济发展较为落后。

4．文化因素

除了以上因素外，文化因素也是导致数字鸿沟产生的原因之一。在一些具有文化和语言多样性的国家或地区，由于不同语言和文化之间存在隔阂，所以数字技术的应用和普及也会因此受到一些限制。在这些国家和地区，如果想要进行数字技术的普及，那么就必须考虑到这些差异。不同的群体对于数字技术工具和应用程序的要求也是不同的。例如，印度许多地区的人们使用不同的语言和文字，这使得其中一部分人可能在使用英语或拉丁字母的键盘时感到不习惯，从而消减了他们在使用电子设备方面的热情。

四、数字鸿沟的影响

1．教育资源分布不均衡

数字鸿沟的存在会加剧教育的不平等现象。由于教育资源的分布不均，会导致不同地区的学生在接受和使用数字化工具和资源上出现差异。在 2020—2022 年间，我国大部分学校都将教学活动转移到线上进行，以确保教学的正常开展。但是一部分位于偏远农村的学生因为缺少计算机和稳定的网络，他们就很难有效地利用互联网或是在线教育平台等数字化工具进行在线学习。而相比于他们，从小就在城市中接受教育的学生可以较为全面地接触到数字化教学工具的使用，这会为他们的日常学习提供诸多的便利。教育资源差异的存在会拉大农村与城市学生在数字知识和技能方面的差距。所以各国教育体系目前最应该担心的就是由于自身应对能力的缺位或不足导致数字鸿沟加剧教育的不公平，防止那些缺乏数字技能和知识的学生在将来会面临着更大的挑战和困难。

2. 社会缺乏稳定性

随着数字化时代的到来,数字技术和应用已经成为社会发展中不可或缺的基本要素。然而，数字鸿沟的存在却加剧了社会阶层的分化和不平等现象，这很容易引发社会的不满和不稳定。首先，数字鸿沟带来的问题主要表现为信息的不对称和传播的不准确。在数字化时代，信息的流动和交换已经成为社会发展的重要环节。然而，数字鸿沟的存在使得一些地区和群体无法充分享受和利用信息资源,由此引发了信息资源的不平等现象，导致了社会阶层之间的分化以及信息孤岛的形成。其次，数字鸿沟会加剧社会中的不平等现象。在信息技术高速发展的背景下，那些缺乏数字化技能和知识的人们往往处于社会的底层，他们面临的就业机会有限，收入水平低，无法充分享受到数字化时代带来的诸多便利和机遇。这种不平等现象会加剧社会内部的关系紧张和不稳定。

3. 全球发展不平衡

数字鸿沟的存在严重加剧了全球发展的不平衡。数字技术的普及与传播不仅对于科技的发展起到了重要作用，而且也会直接影响到全球财富的积累。微软、谷歌等互联网巨头企业的快速发展使得它们成为发达国家经济增长的重要推动力量。但是，发展中国家因为经济发展水平和数字技术水平的限制致使其在全球数字竞争中处于劣势地位。而且现阶段的信息技术主要被发达国家所垄断，发展中国家的技术和设备则主要依靠进口获得，这就使得信息技术革命所带来的益处分布不均，造成各国间发展差距的扩大。

五、如何弥合数字鸿沟

1. 政府层面

一是完善数字基础建设。政府应当给予充分的资金和技术援助来持续加大落后地区固定宽带网络和移动通信基站的建设投入，包括数字基础建设的贷款和利率优惠、数字技术的适度共享等，以确保所有地区和人民都能享受到数字化带来的便利。二是培养专业化数字人才。政府可以通过组织优秀人才出国留学访问或是跨地区交流的方式，将专业人才作为传播数字技术的纽带。在这一过程中借鉴发达地区的数字技术应用经验，不断提升落后地区的数字化发展水平。三是加强国际合作。政府可以积极参与到有关数字技术国际标准的制定中，为数字技术的国际化和规范化贡献一份力量，推动数字技术的跨国应用与发展。

2. 企业层面

一是加快数字化转型。传统企业可以通过学习和借鉴数字化领军企业的成功转型经验，结合自身企业发展状况，将其应用到自己的数字化转型战略中，以加快数字化转型进程。二是实施数字化经营管理。企业应该认识到数字化管理对于企业的长期发展和提高竞争能力至关重要，所以也应该将数字化管理作为企业经营战略的一部分，并在经营过程中力推数字化管理战略计划，以促进企业的长期可持续发展。三是提供普及性数字服务。电信企业可以充分承担起社会责任，通过适当降低宽带和移动流量套餐资费的方式来为人们提供普及性的数字服务，具体包括向贫困学生等用户群体提供定向流量优惠套餐以及降低中小企业互联网专线资费等内容。

3. 个人层面

提高自身数字素养是关键。国民数字素养与技能是数字时代国民基本素质和能力的综合体现，也是一个国家或地区综合能力、发展潜力、竞争优势的重要组成部分，更是促进人的全面发展的重要标志。对于个人而言，应该通过积极参加数字技术的相关培训课程来系统地学习和掌握各种数字技术的基础知识和应用技能，及时了解数字技术领域的最新动态和发展趋势。我们还应当作为志愿者积极参与到推动数字公益事业的发展中，为贫困地区和弱势群体提供急需的数字技术支持和培训。通过自身的专业知识和技能，帮助他们充分掌握数字技术的应用，以增强他们在数字化社会中的竞争力和适应能力。

第二节　算法滥用

一、算法滥用的概念

算法滥用可以简单地理解为算法技术不适当地大量使用，但是从广义视角来说，算法滥用包括数据分析的过度不适当使用和算法结构的有偏不公平设计，为实现算法主体利益而进行的侵害数据主体正当权利，压榨算法合作者及从业人员合法权益和导致算法偏见与不公平决策进而引发伦理或道德风险问题等。这些问题带来的弊端和危害不利于数字经济的长期可持续发展。

数字经济时代，算法和大数据已经渗透到我们生活的方方面面。一些互联网企业凭借先进的技术和市场优势，掌握了先进的算法和海量的数据资源。然而，近年来，也正是由于这些算法滥用导致了一系列侵害消费者权益的事件发生。最为常见的就是当我们打开手机视频软件时，里面所推送的都是我们"爱看"的短视频，购物软件中，主页所显示的都是我们"想要买"的东西，等等。算法通过主动为用户提供量身打造的信息服务，使得个人能够获得需求被满足的愉悦感。同时，也使得商家可以更为准确地接触到潜在客户，其所组织的拼团或直播带货等活动也变得更加高效。但是从消费者角度而言，面对强大的算法，消费者有时也会表现得无可奈何。或许他们只是多看了几分钟某个类型的短视频，或是在购物软件中偶尔搜索了某件商品，算法便会认为这是他们的偏好，随之源源不断地为他们推送同类型的视频和商品。在算法打造的"围城"里，用户无法破墙而出，导致自身在获得信息推荐个性化定制的同时，也失去了信息多样性的接收机会，成为被收割的流量群体。

二、算法滥用的表现形式

（一）算法歧视

1. 什么是算法歧视

算法歧视也称算法偏见，具体是指在使用算法的过程中，由于算法的设计和使用不当，而损害了某些人合法的权益。算法虽然看上去是客观的，有自己特有的一套运行流程，但事实上，算法也是由算法工程师来设计使用的，如果说某个算法工程师对某个"种族"或者某个"地域"带有偏见，那么由其设计出的算法运行程序也会带有某些歧视，从而导致不公平现象的出现。常见的算法歧视行为包括价格歧视、性别歧视和种族歧视等，这些问题在不同的领域和场景中都可能出现。最常见的就是，在进行网上购物时，其他条件相同的情况下，使用苹果手机的消费者在购买一件商品时所支付的费用通常要比使用普通手机的消费者所支付的略高一点。这就产生了对使用苹果手机这一类消费群体的价格歧视行为，从而损害了他们在购物时的合法权益。表12-1列举了部分企业大数据杀熟的案例。算法另一个重要的作用就是通过分析网上行为，对人类未来的行为做出预判。因此人脸识别已经被某些地区的法庭用来预测个人的犯罪风险，而结果是黑人的预估风险大约是白人的两倍。这就是典型的种族歧视行为，这种算法会导致某些黑人被错误地判定为高风险犯罪分子，进而遭受不公平待遇。

表 12-1　大数据杀熟案例

时间	公司	具体行为	平台回应
2018	美团	在客户不知情的情况下调高配送费用	美团回应这是由于客户数量大幅增加而进行的调价
2018	飞猪	新老用户同时购买相同商品（服务）标价不同	飞猪否认存在这一问题
2019	京东	新老用户在购买同一产品时价格不同	京东回应由于优惠券是随机发放的，因而导致价格不同
2020	携程	VIP 客户预订房间所支付费用高于房间正常价格	携程并不服从一审法院所作出的处罚并提起上诉
2021	饿了么	新用户比老用户红包补贴高，配送费也少于老用户	未见饿了么做出回应

资料来源：根据网络资料整理。

2. 算法歧视的成因

（1）算法所用数据存在偏向性。如果用于算法的数据是偏向于某个特定分层的，那么这部分的样本数据就是有偏的，最终经算法所得出的结果无疑也是有偏的。算法的好坏通常取决于所使用数据的好坏，而数据在很多方面常常是不太完美的，这就会导致算法继承了人类决策者的种种偏见。比如说，如果历史数据中对某个特定群体的记录存在着不公平的标签，那么当算法对该群体进行评估时，就有可能产生一定的偏见。

（2）算法设计缺乏客观性。算法并非完全客观，其底层逻辑是存在预判断的。因为算法通常都是由程序员设计的，如果在设计和实现算法时，程序员对于某个问题存在特定的偏向，那么就会导致算法所实现的结果缺乏客观性和公正性。举个例子来说，如果一位程序员在设计招聘算法时存在性别歧视观念，那么男性在招聘过程中则会被优先考虑，而女性的申请很可能会被忽略掉。

（3）算法黑箱的负面影响。算法本身就类似于一个神秘莫测的黑盒子，当我们将数据输入进去后，黑盒子就会对数据进行一系列处理，但这些处理过程对我们来说是无法触及的。我们所能获取的只是经过算法处理后的结果。算法黑箱的非透明性使得算法中的歧视行为更隐蔽，并且很难被发现。这又进一步加剧了某些算法设计和经营者为追求经济利益而产生的歧视行为的增长。在这种情况下，算法可以根据隐含的偏见和不公正的标准去做出决策和推荐。由于外部观察者无法了解整个决策过程，这种歧视行为可能会长期存在而不被察觉。

3．算法歧视的特征

（1）算法歧视具有隐蔽性。算法歧视的隐蔽性主要是由于算法黑箱的存在，即算法从接受输入数据到输出决策结果的全过程是缺乏透明性的。在法律层面，基于种族、性别或是民族等特征的歧视行为是严格禁止的，但是算法却有可能会绕过这些规定，从而令歧视行为更加难以被察觉，导致部分消费者和特定群体的合法权益被侵犯。

（2）算法歧视具有多元性。人类歧视通常仅仅限于外在的性别、学历等显性特征，但是算法却能够挖掘出更加深层次的隐性特征，作为其歧视处理的依据。这些隐性特征包括个体的网页浏览记录、购物历史以及行车路线等多个方面。通过对这些个人数据的分析和处理，算法能够更加精准地评估个体的行为模式、倾向和个人属性。

（3）算法歧视具有精准性。在当今数字化时代，算法技术已经进一步发展，使得其能够对每个用户进行精准的个人画像。一旦用户被贴上歧视标签，将会面临种种不公正待遇和限制。这种歧视标签会将用户更多地纳入社会的刻板印象和偏见中，进一步加剧不平等现象的存在。

（二）算法合谋

1．什么是算法合谋

在商业领域中，合谋通常是指两个或多个（企业或个人）个体之间策略性的商业协作行为。而这种协作行为大概率上是隐蔽且非法的，即通过欺骗、误导或损害他人的合法权利等方式来限制公开竞争，从而获得不正当的市场优势，进而实现法律所禁止的不正当目的。算法合谋是随着人工智能而兴起的一种新形式的合谋。它是指利用算法作为工具，进而实现个体之间的自动合谋。算法合谋存在性的第一份报告发布于 2018 年 2 月，作者设计了一个准确而完整的指令算法，名叫线性勒索合谋算法，在理论上说明了该算法可以导致合谋。

2. 算法合谋的分类

算法合谋存在多种类型，功能不同的算法可以发挥不同的作用来帮助算法使用者达到合谋的目的。通常来说，算法合谋主要分为信使类合谋、轴辐类合谋、预测类合谋与自主学习类合谋四种主要类型（见表12-2）。

表 12-2　算法合谋类型

算法合谋类型	定　　　义	特　　征
信使类合谋	算法之间相互传递并共享信息来达到合谋目的	信息传递，相互合作
轴辐类合谋	以一个核心算法为主，多个外围算法相互协作	以轴辐结构为主，具有隐蔽性
预测类合谋	全行业采用相似算法进行决策	算法相似，具有依赖性
自主学习类合谋	算法具有较强的学习和决策能力	自主学习，独立决策

（1）信使类算法合谋，这是最为基础的类型。在信使类合谋情形中，算法扮演的是"信使"的角色，仅是传达经营者合谋意图和执行监督管理的工具。但与传统的垄断协议相比较，这是用算法来代替以往的电子邮件、书面协议等联络方式，在表现形式上则更加隐蔽。与此同时，算法还可以通过对大数据的分析来帮助经营者监督垄断协议的执行，从而保证垄断协议在参与者之间的透明化，使得经营者之间的合作更为牢固。

（2）轴辐类算法合谋，这是指市场中的多家企业使用相同的计算机算法来决定市场价格或对市场做出反应。这类合谋在纵向联系的企业中较为常见，通常是由一个共同上游企业为众多下游企业提供相同的定价软件或算法策略。在这种情况下，同行业中的众多竞争者同时达成了类似的纵向协议，就可能导致轴辐类合谋的出现，从而对正常的市场价格造成冲击。

（3）预测类算法合谋，在这种类型的合谋中，计算机算法是由不同的企业自主研发的，但是因为其都处于同一市场环境中，所以各个企业所设计的算法也是较为相似的。而这种算法设计中通常也会包含价格跟随行为以及偏离惩罚措施。在这种情况下，相似的算法的使用会使得各个企业之间产生较强的依赖性，从而达到排除竞争的目的，进一步对市场秩序造成危害。

（4）自主学习类算法合谋。由于算法具有较强的学习能力和决策能力并且能够不断适应市场变化，所以经营者也更愿意选择自主学习算法来进行合谋。在这种方式中，经营者的主观意图是很难被发现的，因为他们可能会通过采用机器学习或是自主实验等算法工具来达到合谋的目的，进而实现企业利润最大化的目标。这种算法的合谋很难判断经营者之间是否具有垄断的意图，因此也就不在反垄断法的规制当中。

三、算法滥用的后果

1. 侵害消费者合法权益

商家通过滥用数据分析和算法技术来侵害消费权益，实现过程主要包含以下三个步骤：一是收集消费者的个人信息并吸引其注意。利用消费者的个人信息对其进行画像分析，更好地了解他们的喜好和行为习惯。然后基于这些数据进行分类，为每个消费者贴上适合其个体需求的标签。二是致瘾性推荐。借助数据和算法，为用户提供个性化的推荐服务，以满足他们的兴趣需求。而不论这些推荐内容是否符合公序良俗，有时甚至存在与法律和道德不相符的内容，但这种个性化的推荐服务往往会让用户感到沉迷和上瘾。三是通过"大数据杀熟"来实行价格歧视。通过算法分析，对不同的消费者采用不同的价格，例如新老用户不同价、不同地区不同价和不同浏览量不同价等，以实现商家自身利润的最大化。

2. 压榨平台商家和从业者

从平台商家角度出发，当其过度依赖平台所提供的算法和工具时，可能就会导致平台对商家数据实施垄断控制的情况发生，这将使商家在与平台进行谈判时处于不利地位，商家可能就得被迫接受平台制定的规则和条件，无力主导自己的业务发展，进而导致商家对于平台的依赖性不断增加。从从业者角度出发，自己应当获得的工资和报酬可能会由于平台滥用算法而遭到压榨。比如外卖平台在没有综合考虑天气和交通等外部因素影响的情况下，通过算法确定理论上外卖骑手的最佳送单时间并以此来约束骑手。一旦骑手超时，其收入将会直接受到影响。

3. 增加市场监管难度

算法滥用是一项复杂的技术和数据分析活动，要求使用主体必须拥有深入的技术知识和专业能力。然而传统的市场监管机构和人员可能会由于缺乏该方面的能力而无法有效地监管和审查涉及算法滥用的行为。另外，凡是涉及算法滥用的行为，监管机构都需要从涉及算法滥用的平台获取相关数据，以了解算法的运作和效果。但是在现实情况中，很多平台并不愿意将自己持有的数据公开或分享给监管机构。这种情况势必会给监管机构造成一定的困难。

四、如何避免算法滥用

1. 完善算法规制的法律体系

为了适应数字时代的快速发展，对于算法规制的相关法律也急需完善。立法部门应制定相应的法律法规来明确和规范算法在各个领域的应用范围、标准和限制，以此来确保算法的合理使用，保护公众利益，并减少潜在的风险和不良后果。另外，对于算法规制的相关立法，不但要提高其效力层级，更要确保其系统性，全面覆盖到算法应用的全过程，加强对算法使用的审查监督，明确规定算法透明度和可解释性的要求，有效确保算法的公正性和可信度。

2. 制定算法备案制度

为了保证算法的公正性和透明性，相关机构应该明确要求各大互联网平台企业每次对算法进行一定的调整时，必须向反垄断监管机构提交一份详细的代码进行备案。算法备案制度的实施可以在一定程度上减少算法黑箱的影响，增加算法程度的透明性。这样做的原因在于只有算法的训练过程和决策过程在一定程度上被公开，我们才能对算法程序本身实施更为全面和有效的监管，确保算法的运行符合公平、公正的原则，以此来维护市场竞争的良性秩序。

3. 加强算法应用的安全监测

在算法治理中，可以采用安全测试等技术手段来预防算法滥用，具体可分为以下两个方面：一是在算法进行开发和应用之前，对其进行全面的安全评估和风险分析，借此识别出算法中可能存在的安全隐患、漏洞以及被滥用的风险，然后立即采取相应的技术和管理措施来预防和修复这些问题。二是借助大数据、人工智能等先进技术手段，对算法数据采集、运行过程以及社会影响等方面进行动态监测。通过加强事中监管，更好地防范和应对风险挑战。

第三节　信息茧房

一、什么是信息茧房

"信息茧房"是指人们在信息领域中只倾向于关注自己感兴趣的内容，而忽视其他信息，从而将自己的生活桎梏于像蚕茧一般的"茧房"中。这一概念最早是由美国学者桑斯坦在《信息乌托邦：众人如何产生知识》书中提出的，在桑斯坦看来，面对互联网上所传播的大量信息，由于公众自身的信息需求并不是全方位的，所以他们往往只会根据自身的偏好来选择性地接受信息。久而久之，就会导致自身像蚕茧一般被困于"茧房"之中。例如，在看新闻时，人们会更愿意获取与自己观点相符的新闻和信息，而忽视或排斥与自己观点相悖的信息源。这就会导致了信息来源的单一化，缺乏多样性和全面性。或是在刷视频时，若是同一个视频我们多看了几遍，那么接下来我们所刷到的都将会是同一类型的视频。这就是因为互联网平台的个性化算法推荐会根据用户的浏览历史和兴趣偏好，来定制化地推送符合用户喜好的内容，这也会进一步加强信息茧房效应。"信息茧房"这种现象虽然在传统媒体时代就已经存在，但在那时的影响力还是比较弱的。随着新媒体时代的到来，人工智能、算法推荐等新技术掀起了一场科技革命，"信息茧房"给网络社会的发展与人的精神生活所造成的影响也不容忽视。

二、信息茧房的特征

1. 信息空间的封闭性

信息空间是指由网络、媒体和社交平台上的各种信息所构成的虚拟空间。在这个空间中，信息是可以随意流通的。但是用户信息选择和算法技术共同搭建了一个"信息乌托邦"。在同质化信息内容的影响下，异质信息会被过滤在茧房之外，从而形成一个封闭且稳固的信息空间。一方面，在这个封闭的信息空间中，个人大概率只会接触到某些特定的信息源和媒体。而这种单一化的信息来源可能会存在某种偏见或局限性，致使其无法提供全面性和客观性的信息。另一方面，在这个由各个社交圈子或群体构成的茧房中，信息的流通也主要限定在特定的范围之内，而无法跨越不同的社交群体的界限。这种情况就会导致信息共享和传播的局限性，进一步加剧信息空间的封闭性。

2. 信息传播的迎合化

随着大数据时代的到来，算法推荐也被逐渐应用于人们的生活当中。而当算法开始介入公众的选择时，信息茧房问题就会变得越来越严重。原因在于个性化推荐算法可能会加剧信息传播的迎合化现象。这种算法推荐会根据用户的浏览历史和兴趣偏好，来为用户定制化地推送符合其喜好的内容，从而进一步加剧信息传播的迎合化程度。在迎合化传播的影响下，有着共同兴趣的用户会逐渐聚集在一起，形成一个个群体。而且群内成员的价值观念和行为方式也会渐渐趋同。与此同时，不同群体之间的沟通将愈发困难，进而导致群内团结一致而群外分化严重的社会现象的出现。

3. 信息价值的片面性

即便是在大量信息涌入的时代，信息茧房的存在也只能使得公众接触到自己所感兴趣的内容，而忽视掉其他信息。各种平台通过智能算法和个人兴趣偏好的过滤，为每个人都量身定制了一个信息世界。就拿追星一族来说，他们所获取的信息大多都与自己所喜欢的明星有关，比如关于偶像的"恋情""唯粉"等内容。而对于常玩游戏的用户而言，他们在自己的茧房中每天都会接收到大量与游戏相关的消息，类似于"新游戏皮肤"或是"冲段位"等。但这些信息都只是为了满足用户对于获取乐趣的需求，并没有发挥传递价值引导的作用。

三、信息茧房存在的原因

1. 个体主观偏好

个体主观偏好是导致信息茧房形成的重要因素之一。原因在于个人在接收和传播信息的过程中，往往会受到自身主观偏好和立场的影响，例如个人的价值观、信仰体系和社会背景等。这会使得个人更倾向于接受和传播与自己观点一致的信息，而忽视或拒绝与其观点相悖的内容。长此以往，这种行为就会进一步加深个人信息茧房效应。而且大部分个体是缺少足够的媒介素养能力的，对于互联网时代下所接触到的大量信息也没有进行正确的过滤和筛选。他们通常只愿意关注自己感兴趣的领域，比如那些碎片化和娱乐化的信息。此外，他们也并不具备辨别信息质量优劣的能力，甚至有可能将正确的、有价值的信息掩盖在自己所偏好的信息之下。如此一来，个人就可能长期被困于信息茧房之中。

2. 算法技术推动

算法技术在生活中的大量应用会进一步加剧个体的信息偏好。从算法推荐技术的运作机理来看，它是"利用技术编码与运算程序获取用户信息偏好，进而实现信息精准分配与分发的技术"。为了满足公众不断增长的个性化需求，算法技术被不断地开发应用于个性化推荐，通过为用户提供更加精准和个性化的推荐服务，从而增强用户对平台或产品的黏性和投入度。由于个体在短时间内的注意力是有限的，所以算法往往会通过准确捕捉用户的兴趣偏好、浏览历史和行为倾向等方面的信息，来构建精准的用户画像，并以此为依据为用户推送其感兴趣的信息。同时，用户对此类信息内容的偏好程度也会被算法记录下来，然后算法会基于此来对下一次所推送的内容进行适当的调整。长此以往，公众就会局限于算法所推荐的某类固定信息之中，从而导致思维固化和认知结构单一等问题，甚至会对现实社会的情况缺乏清晰的认知。在过去，用户或许会意识到是自己的主动选择导致了所接触信息呈现出同质性，从而对"信息茧房"效应保持了一定的警惕。然而，在当前的信息时代，"信息茧房"却是用户接收新闻即产生的。这种情况下，用户对于信息的选择和接收往往被动和被动化，使得他们的思维和观点趋于同质化。

3. 网络观点导向

网络观点在一定程度上也会加速"信息茧房"的形成。首先，在数字化时代，媒体机构和各种平台在社会舆论引导方面发挥着重要作用。它们不仅是信息的传递者，更是思想的塑造者。但是，每个媒体机构或平台都有其特定的倾向和立场，这就导致它们在报道和传播信息时，往往无法完全做到客观公正，而会存在一定程度的偏见。这种情况下，社会公众所获取的信息就是有限的、不够全面的，从而无法真正客观地了解事实真相，进而导致自身对事物的理解和看法存在偏颇。其次，各种网络大V会利用自身较高的知名度和影响力对大众所关注的社会热点事件发表自己的看法和见解，甚至会出现有些人为了获取大量的流量，博得公众眼球，故意发布一些哗众取宠的信息。社会公众由于缺乏对事件真相的了解，容易受这些网络观点的影响，而无法形成独立而客观的见解。

四、信息茧房造成的影响

1. 获取信息窄化固化

"信息茧房"的存在会导致公众所获取的信息出现同质化，从而将公众的视野局限在有限的范围内，影响他们的思辨能力。首先，各种网络平台会根据用户以往的兴趣偏好来为他们推送所需要的信息，这种信息推送往往是个性化的，有针对性的，久而久之就会导致"茧房效应"的产生。虽然外部网络环境中所蕴含的信息量是十分丰富的，但是通过算法推送机制的筛选后，用户最终所接触到的信息量将是有限的并且局限于特定的领域内。这种有针对性的信息提供会导致用户被困于"信息茧房"之中，从而导致他们的认知局限化。另外，信息茧房中的信息大多都是同一类型的，这种现象会导致公众长久以来只关注自己在意的话题而忽视其他多样而丰富的信息。随着时间的推移，就会产生"回声室效应"，即公众往往会陷入错误的思维方式，经常以自我中心来考虑问题，而且对于与自己观点相反的信息持敌对和排斥态度，产生过于自我化思考和反常性敌视等负面影响。

2. 削弱主流价值认同

"信息茧房"的存在可能会削弱人们对主流价值观的认同和信任。当人们长时间处于"封闭"的信息环境中，其所接触到的信息往往也缺乏多样性和客观性，因而容易导致人们对主流价值观持怀疑态度，甚至产生怀疑和反感。现如今，网络上的信息质量良莠不齐，很难保证其准确性和可靠性。因此公众在上网时也很容易接触到一些偏离主流意识形态的思想观点。如果长期受这种错误思想的影响，那么公众对于社会的认知就会出现偏差，导致其无法理性客观地看待社会热点事件，会导致他们对社会的认同感下降。而且目前网络中传播的信息大多存在碎片化和娱乐化的特征，这种现象势必会对"信息茧房"中的价值观塑造产生一定的影响。若公众长时间处于这种非主流信息内容的影响下，其自身的价值观也不可避免地会受到一定的冲击，进而影响到对主流价值观的认同。信息茧房所带来的局限性和偏见限制了人们对于不同观点和价值观的了解和接纳能力，迫使人们更容易固守狭隘的观点。由于缺乏对多样性的认同和尊重，社会的对话和互动变得更加僵化和难以推进。这样的情况不仅削弱了人们之间的信任和理解，还可能增加社会的分裂和对立。

3. 群体极化现象加剧

桑斯坦在《信息乌托邦：众人如何产生知识》中提出群体极化，他认为，"人们会把自己归于他们设计的回音室，即相似观点的人组成的一个协商体，放大和不断重复相同的观点或信息，达到排外或者激化偏激言论的结果，从而产生群体极化。"简单而言，就是当人们在同一信息茧房中接触到相似的观点时，他们会相互影响和借鉴，从而导致观点逐渐极端化。在网络时代，人们可以在匿名的状态下自由发表自己的观点，这就会导致意见领袖的观点在其所处的社群内被不断认同和强化，从而导致更加明显的群体极化现象。而且如果任由群体极化效应在网络平台上不断发展，那将会带来严重的后果。封闭化的社群结构为个体之间提供了稳固的联系，而且在此紧密融合的社区中能够快速形成一致的观点。甚至在社群成员反复讨论的过程中，会形成一定的价值观，然后社群中的部分个体在此价值观的影响下可能会产生一些偏激思想，进而引发其作出一些极端的行为，对社会造成一定程度的危害。

五、如何"破茧"

1. 提升公众媒介素养

媒介素养的缺失是公众被困于信息茧房的重要原因。由于算法技术在生活中的广泛应用，公众所接触到的信息大多是由算法根据其个人偏好所推送的信息，大部分公众对此种现象背后所蕴含的风险毫不知情。当面对网络舆情时，他们往往会坚持自己固有的观点，而这在某种程度上会激化社会矛盾。因此，为了最大化降低信息茧房带来的影响，提升公众媒介素养就变得尤为重要。首先，公众需要主动拓宽信息来源。通过多渠道多样化地获取媒介信息，公众可以拓宽自己的视野，这样在面对网络热点事件时就可以形成更为全面的观点。其次，公众应该提高自身辨别信息的能力。网络上的信息良莠不齐，所以公众应该时刻保持怀疑的态度，通过了解信息来源来有效辨别信息的真实度和可信性，避免受到误导。通过提高自身的信息辨别能力，公众可以最大化地降低信息茧房所带来的影响。

2. 强化网络平台责任

平台在获取经济利益的同时，也应该承担起相应的监管责任。首先要做的就是优化算法推荐功能。各类网络平台应该加强对个性化推荐算法的监控和管理，保证算法在为用户进行推荐时能够主动筛选掉那些同质化和低俗化的内容，更多地为用户提供有价值的新闻报道和优质的原创内容，引导用户形成正确的价值观和行为准则，争取为公众打造一个干净而健康的网络环境。另外，网络平台也应该为用户提供多元化的内容推荐。为了避免用户只接触到与自己观点相符的信息，网络平台应通过技术手段和人工干预，确保推荐内容的多样性。例如，可以引入反馈机制，根据用户的选择和偏好，主动推送一些与用户观点不同但有价值的信息。同时，网络平台还可以合作或引入第三方内容提供者，增加推荐内容的来源和多样性。只有如此，才能真正实现平台的长远发展和社会的可持续进步。

3. 强化网络监督管理

对于信息茧房问题，除了要提升公众媒体素养，强化网络平台责任外，还需要加强监督管理来进行有力地制约。但是对于信息茧房这样的伦理问题，在法律层面只能针对其实际造成的损害来进行规制。当互联网平台需要应用到算法技术时，应该要求其先到相应的监管部门进行登记和备案，以便于对其进行更有效的监管。相关部门也应该设立相关的投诉举报渠道，让用户能够方便地举报和投诉有关信息茧房的问题。针对违反规定的互联网平台，相关部门应采取相应的惩罚措施，以达到规范行为、减少信息茧房的目的。通过强化监督管理，可以防止互联网平台滥用算法推荐技术，促使其更加自觉地履行社会责任，确保信息传播的公正性和多样性。

第四节　隐私保护

一、隐私保护现状

数字经济时代，大数据、算法推荐和人工智能等现代技术被广泛应用在人们的日常生活中。但公众在享受这些技术进步所带来的便利的同时，也面临着潜在的隐私泄露风险。例如，各类公司、社交媒体以及应用程序会不断收集用户的个人信息，用于为公众提供更精准的服务和个性化推荐。然而，这种个人信息的采集也增加了个人信息泄露的风险。未经用户明确同意，个人信息可能被泄露或滥用，从而侵犯公众的隐私权。以蔚来公司为例，2022 年 12 月 20 日，有不法分子在网上出售蔚来公司的相关数据。后经蔚来公司调查发现，泄露数据为 2021 年 8 月之前的部分用户基本信息和车辆销售信息。此次事件发生后，蔚来的股价出现明显下跌，这同时也说明客户信息安全对于企业发展至关重要。隐私泄露的危害不仅限于人们会接收到大量的骚扰电话和短信，而且也会给犯罪分子带来可乘之机。现如今，网络犯罪屡见不鲜并且花样百出，不法分子会利用公民个人信息来实施各种有针对性的欺诈行为，比如诱导公众点击恶意链接以及非法获取财务信息等。这种恶劣行为不仅会对公民个人的经济利益产生影响，而且也可能对社会的安全和秩序造成严重的负面影响。

进入 21 世纪，随着数字经济的蓬勃发展，个人信息保护的重要性也得到各国的重视。有不少国家纷纷加快了个人信息保护法的立法进程（见表 12-3）。欧盟在 2018 年颁布实施了《通用数据保护条例》（简称 GDPR，General Data Protection Regulation），以立法形式更新并统一了欧盟的数据保护和隐私法，加大了对个人数据的保护力度，也顺应了欧盟消费者对数据隐私安全的迫切需求。中国于 2021 年 8 月 20 日出台《中华人民共和国个人信息保护法》，将"个人信息权益"的私权保护与"个人信息处理"的公法监管结合起来。但是由于目前对于个人隐私保护这一问题在基本理念和基本原则上还存在诸多争议和模糊性，因此法律和政策的实施也存在较多的不确定性。

表 12-3　全球个人信息保护相关法律法规

国家/地区	文件名称	生效时间	主要内容
欧洲联盟	《通用数据保护条例》（GDPR）	2018 年 5 月 25 日	增强个人对数据的控制权，更加强调数据处理者的责任和义务
美　国	《加州消费者隐私法案》（CCPA）	2020 年 1 月 1 日	规定了企业如何规范收集、使用和共享消费者的个人信息
中　国	《中华人民共和国个人信息保护法》	2021 年 11 月 1 日	规范个人信息的收集、处理和使用，加强个人信息安全管理
日　本	《个人信息保护法》修正案	2022 年 4 月 1 日	保护个人隐私权，确保个人数据的合法使用
沙特阿拉伯	《个人数据保护法》（PDPL）	2023 年 3 月 23 日	规范各组织对个人数据的收集、持有、处理、披露或使用
泰　国	《个人数据保护法》	2022 年 6 月 1 日	保护个人数据，并对处理个人数据的收集、使用和披露的企业施加义务

资料来源：根据公开资料整理。

二、隐私保护的重要性

1. 个人层面：保护个人信息

隐私权是每个人都应该享有的基本权利。保护他人隐私不仅是公众的道德义务，更是公众应尽的法律责任。随着数字经济的快速发展，公众在享受大数据时代所带来的便利的同时，个人信息似乎也变得越来越"透明"。我们的姓名、电话号码和职业等个人信息不知何时就被泄露，导致我们在生活中经常遭受各种广告信息和推销电话的骚扰。所以，隐私保护在数字经济时代下就显得格外重要。大数据的应用虽然便于各类信息被广泛采集、存储和利用，但这同时也加大了个人隐私被泄露的风险。在这种情况下，确保个人信息的合法采集和透明使用至关重要。只有在个人信息能够得到充分保护的前提下，数字经济的发展才能持续和稳定。

2. 企业层面：维护商业信誉

隐私保护作为企业社会责任的一项重要内容，不仅是企业的法律义务，更是对用户权益的尊重与保障。在信息时代的浪潮中，企业拥有大量的客户数据，所以必须对客户的隐私保护给予高度重视。而如若企业未能履行好保护客户隐私的责任，就将引起公众的质疑和指责，进而对企业形象产生负面影响。这不仅会损害企业在市场上的声誉，还可能造成客户流失和财务损失。另外，数字经济时代下，各行各业的竞争都较为激烈，市场也逐渐呈现出饱和状态。在产品价格相差不大的情况下，企业的服务质量变成消费者首要考虑的因素。人们在选择公司进行交易时，会更加倾向于选择那些有能力保障个人隐私信息的企业，而非是出现过客户信息泄露，容易给自己带来麻烦的那些公司。因此，在涉及隐私保护方面管理更严格的企业在市场竞争中就展现出更为显著的优势。

3. 国家层面：保障国家信息安全

数据作为国家的基础性战略资源，对于国家信息安全而言是非常重要的。个人信息作为数据中的一部分，其一旦泄露可能会对国家安全构成严重威胁。在当今数字化时代，黑客和网络犯罪分子经常利用各种手段进行恶意网络攻击和非法活动，给个人和整个国家的信息系统带来了巨大威胁。由于国家信息系统中承载着包括政府部门、军事机构和商业企业等各个领域的重要机密和敏感数据，所以一旦黑客和网络犯罪分子获取到这些信息，就会对国家信息安全造成巨大的危害。因此，隐私保护对于维护国家信息安全具有重要意义。

三、隐私保护所面临的挑战

1. 公众缺乏隐私保护意识

由于缺少隐私保护的意识，很多人在刚开始使用互联网时就没有对个人隐私和数据安全给与足够的重视，从而使得过度分享、传输和使用个人信息逐渐成为一种普遍存在的现象。近年来，随着数字经济的快速发展，因为信息泄露而导致个人利益受损的事件频频发生，人们的隐私保护意识虽然有所增强，但是大部分人对自己的个人信息还是没有给予足够重视。在使用某些应用程序前，它们首先会要求公众同意一个隐私条款，而隐私保护意识的缺乏使得公众对这些隐私政策和条款并不在意，很少会有人耐心地读完整个隐私政策，并且认真思考其中所涉及的信息使用和共享方式，这就导致公众在使用应用程序或社交媒体的过程中，无意中就同意了一些可能会对自己的隐私造成潜在风险的条款。这就给隐私保护造成了一定困难。

2. 安全监管有待加强

数字经济是一种全新的经济模式，由于相关理念和知识的缺乏，国家对于这方面的监督和管理也并不是很到位。目前，手机中的很多应用程序都缺乏合规的数据收集程序，其在不同程度上都存在过度收集用户信息的情况，甚至有些安全软件也会存在类似的问题。而且，公众隐私保护意识和维权意识的缺乏也会进一步纵容软件开发企业的这种行为。大多数移动 App 都存在强制授权和过度索权的行为，这种行为在其给出的繁长而复杂的隐私政策中得以体现。其中使用了大量的法律术语和技术术语，这使得公众难以理解隐私政策中的内容和影响。而且如果用户不同意这些条款，那么用户就无法正常使用软件，这在某种程度上会导致用户手机中的私人信息出现泄露，进而对消费者的合法权益造成侵犯。现实中很多企业在意识到数字经济正在迅速发展时，往往都会将重点放在迅速占领市场份额和如何获得经济效益上，从而忽视了用户的利益。由于目前对企业软件过度索权这种行为并不存在相应的监管还不到位和规制措施较为缺乏，所以这也给隐私保护带来了一定的挑战。

3. 大数据技术的广泛应用

随着数字经济的快速发展，大数据技术被广泛应用于各行各业中。它在给人们生活带来较大便利的同时，也给隐私保护带来了新的挑战。我国传统的信息保护是以用户授权为主的保护模式，即当应用服务商、软件分发商等企业在为用户提供生活服务的过程中，如果企业与用户签订了相应的保护协议，便有责任、有义务保护用户的个人隐私和个人信息。然而在大数据技术的形成与发展过程中，用户个人隐私和个人信息的权利边界越来越模糊，使得传统的信息保护模式丧失了基本的保护功能。例如用户在登录账号后，便会将"个人信息"及"个人隐私"展现在服务商面前，进而在多重交易和多平台介入的情况下，导致用户的个人隐私得不到充分保护，这导致公民的个人信息逐渐成为数据交换、信息服务和产业服务的商品。

4. 法律规定尚不完善

近年来，各国关于隐私信息保护方面的立法正在逐步完善。我国在《中华人民共和国民法典》以及《中华人民共和国个人信息保护法》中都针对个人信息保护做出了相关规定。这些法律虽然具有一定的指引作用，但是尚不足以解决数字经济时代下所出现的各种隐私泄露方面的问题。因为数字经济的兴起使得信息泄露问题越来越复杂多样，所以仅仅依靠现有的法律规定是远远不够的。以我国在 2020 年所颁布的《民法典》为例，其中虽然以章节的形式对隐私权和个人信息保护进行了详细规定，但是其重点仍然偏向于传统意义上的个人隐私权，而并没有对大数据时代下的隐私权给予特别关注和规定。这就会导致相关问题无法得到有针对性的法律保护，从而给隐私保护造成一定的困难。

四、如何进行隐私保护

1. 加强宣传，提高防范意识

首先要强化公众对于隐私保护的意识，引导公众主动关闭敏感数据收集权限。目前，公众可以根据自身需要去设置手机上的各种应用程序可以拥有的权限。这些权限包括：使用手机上的麦克风、摄像头或是获取联系人，等等。那么公众在设置时所遵循的原则就应该是应用程序只可以拥有合理的权限。在现实中很多应用程序都要求访问使用者所在地信息以及联系人信息，这显然是不合理的。作为手机的拥有者和应用程序的使用者，公众可以做到的就是关闭这些过分收集个人信息的权限。除此之外，增强公众的维权意识也是十分重要的，对于那些无视公众权益，随意收集个人敏感信息的应用软件，公众应该及时向监管部门进行举报，使其为违规行为付出相应的代价，以避免更多公众的合法权益受到损害。这种做法不仅能够保护公众的隐私，而且还可以对那些未经授权就随意收集个人信息的应用软件及其背后的企业起到一定的警醒作用。

2. 强化监督管理

大数据时代下，相关监管机构应该加强对于数据的收集和使用行为的监督管理，保证数据收集者和使用者的行为是合理合法的，不存在过度收集和随意分享个人数据的行为。而对于那些违反法律规定的数据收集者，应该根据其行为的严重程度采取相应的惩罚措施，以倒逼其提高对于隐私保护的重视。另外，监管机构还需要建设专业的技术团队，提升对数据安全技术的了解和把握，以便更好地应对网络攻击和其他安全漏洞的风险。通过加强与行业内专业机构和研究团队的合作，共同研究和解决数据安全问题，提高整体的防护水平。然而，针对一些行业应用软件过度收集个人信息的问题，比如金融领域的 App，除了网络安全监管部门对此负有责任外，相关行业监管部门，如央行征信管理局，也应该随时介入，以便统筹协调。这样才可以确保行业内的个人信息采集行为得到更全面的监管监督。

3. 创新隐私保护技术

大数据技术的广泛应用虽然给隐私保护带来了一定的难题，但如果能够对其进行合理创新，那么它也能够在一定程度上解决其自身所造成的问题。只有不断提高数据隐私保护技术的水平，我们才能够有效地应对那些不断变化的数据隐私威胁。例如，可以应用"互联网＋"技术平台，结合大数据技术、云计算技术等在全国各地各个行业领域构建起完善的信息数据库，并对系统中的数据进行分类整理，筛选出和公民隐私权相关的内容，制定相应的查阅、管理、监管制度。另外，还可以结合数据库创建关于公民隐私信息的自动报警机制，利用相应的技术手段检测公民隐私信息的泄露风险，一旦发现风险，可发出报警信号。再有就是可以将区块链技术应用于隐私保护领域，通过将个人数据存储在区块链上，并通过智能合约实现对数据的访问和控制，以此有效保护用户隐私，减少数据被滥用的风险。

4. 完善法律法规

数字经济作为一种新的经济模式目前仍旧处于探索发展的时期，针对其发展过程中所出现的各种问题，目前世界各国和各区域对此尚未形成一种统一的法律规范。各个国家当前所实行的法律法规主要也是出于对本国利益的考虑，在此基础上融合吸纳了相对较为适用的法律规范和行业规章。因此，为了促进数字经济的良好发展，完善隐私保护方面的相关法律至关重要。对此，国家应该对大数据时代下的隐私保护制定特别规定。首先应当明确数字经济下隐私保护的范围和边界。过去，公众的隐私权主要涉及个人身份信息、财务状况和健康状况等传统领域的信息，但随着大数据技术的广泛运用，公众面临着更大范围的隐私信息泄露风险。这就意味着，目前的隐私权客体必须包括大数据时代下互联网领域中所涉及的各种隐私信息，以便于以更全面的方式来保护公众的隐私权。

思考题

1. 在数字经济时代，你认为该如何有效缩小数字鸿沟？
2. 在信息茧房的环境下，人们如何保持对多元观点和信息的开放性和包容性？
3. 如何在使用算法的过程中平衡算法使用的便利性和风险性？
4. 在数字经济时代，如何平衡隐私保护和数据利用之间的关系？

参考文献

［1］ 蔡跃洲，陈楠. 新技术革命下人工智能与高质量增长、高质量就业[J]. 数量经济技术经济研究，2019，36（05）：3-22.

［2］ 中国信通院. 中国数字经济发展白皮书，2017.

［3］ 李春浩，尹加琪，李生校，等. 企业数字化对创新绩效的影响研究——创新速度和跨部门合作有调节的中介作用[J]. 当代经济，2024，41（05）：13-22.

［4］ 何帆，刘红霞. 数字经济视角下实体企业数字化变革的业绩提升效应评估[J]. 改革，2019，（04）：137-148.

［5］ 陈庆江，王彦萌，万茂丰. 企业数字化转型的同群效应及其影响因素研究[J]. 管理学报，2021，18（05）：653-663.

［6］ 倪克金，刘修岩. 数字化转型与企业成长：理论逻辑与中国实践[J]. 经济管理，2021，43（12）：79-97.

［7］ 范合君，吴婷. 中国数字化程度测度与指标体系构建[J]. 首都经济贸易大学学报，2020，22（04）：3-12.

［8］ 韩兆安，赵景峰，吴海珍. 中国省际数字经济规模测算、非均衡性与地区差异研究[J]. 数量经济技术经济研究，2021，38（08）：164-181.

［9］ 赵振. "互联网+"跨界经营创造性破坏视角[J]. 中国工业经济，2015(10)：146-160.

［10］ 陈梦根，张鑫. 中国数字经济规模测度与生产率分析[J]. 数量经济技术经济研究，2022（01）：58-69.

［11］ 刘军,杨渊鋆,张三峰. 中国数字经济测度与驱动因素研究[J]. 上海经济研究,2020（06）：81-96.

［12］ 关会娟，许宪春，张美慧，等. 中国数字经济产业统计分类问题研究[J]. 统计研究，2020，37（12）：3-16.

［13］ 范合君，吴婷. 中国数字化程度测度与指标体系构建[J]. 首都经济贸易大学学报，2020，22（4）：3-12.

［14］ 刘西友. 数字经济制度体系构建研究[D]. 中共中央党校，2023.

[15] 赵霞. 加快苏州数字经济核心产业发展的思考[J]. 江南论坛，2022（11）：46-50.

[16] 刘权，李立雪，孙小越. 数字产业化：新基建激发数字经济发展新动能[M]. 北京：人民邮电出版社，2023.

[17] 何玉长，王伟. 数据要素市场化的理论阐释[J]. 当代经济研究，2021（04）：33-44.

[18] 刘权. 产业数字化：以数字技术加速产业转型增长[M]. 北京：人民邮电出版社，2022.

[19] 袁勇，王飞跃. 区块链技术发展现状与展望[J]. 自动化学报，2016，42（04）：481-494.

[20] 王政. 人工智能产业迎来发展新机遇[N]. 人民日报，2023-03-15.

[21] 王景利，张冰. 互联网在我国农业发展中的应用问题研究[J]. 金融理论与教学，2023（03）：91-93，102.

[22] 李凌杰. 数字经济发展对制造业绿色转型的影响研究[D]. 吉林大学，2023.

[23] 张楠. 中国工业互联网产业规模稳定增长[N]. 中国工业报，2024-01-02（003）.

[24] 戚聿东，肖旭. 数字经济概论[M]. 北京：中国人民大学出版社，2022.

[25] 徐翔. 数字经济时代：大数据与人工智能驱动新经济发展[M]. 北京：人民出版社，2021.

[26] 彭兰. 导致信息茧房的多重因素及"破茧"路径[J]. 新闻界，2020，（01）：30-38，73.

[27] 刘雅辉，张铁赢，靳小龙，等. 大数据时代的个人隐私保护[J]. 计算机研究与发展，2015，52（01）：229-247.

[28] 李振利，李毅. 论算法共谋的反垄断规制路径[J]. 学术交流，2018（07）：73-82.

[29] 谢卫红. 数字经济概论[M]. 北京：中国人民大学出版社，2023.

[30] 李三希. 数字经济概论[M]. 北京：中国人民大学出版社，2023.

[31] 李刚，周鸣乐，李敏. 数字经济概论[M]. 北京：清华大学出版社，2023.

[32] 朱红根. 数字经济概论[M]. 北京：经济科学出版社，2023.

[33] 中国信息通信研究院. 数字经济概论：理论、时间与战略[M]. 北京：人民邮电出版社，2022.

[34] 马玉荣. 数字经济与贸易概论[M]. 北京：首都经济贸易大学出版社，2023.

[35] 马克思. 资本论：第 2 卷[M]. 北京：人民出版社，2004.

[36] ARMSTRONG M. Competition in two-sided markets[J]. The RAND Journal of Economics, 2006, 37（3）: 668-691.

[37] 张蕴萍，栾菁. 建立健全平台经济领域反垄断治理机制. 学习时报，2022-05-23.

[38] 中国发展研究基金会. 新基建，新机遇：中国智能经济发展白皮书[R]，2020-06.

[39] 伊万·沙拉法诺夫，白树强. WTO 视角下数字产品贸易合作机制研究——基于数字贸易发展现状及壁垒研究[J]. 国际贸易问题，2018（02）：149-163.

[40] 王俊. 数字经济概论[M]. 北京：中国财政经济出版社，2023.

[41] 常雨桐，王彬. 新质生产力的理论意涵、发展形式与实践进路[J]. 西藏发展论坛，2024（02）：12-17.

[42] 焦勇，齐梅霞. 数字经济赋能新质生产力发展[J]. 经济与管理评论，2024，40（03）：17-30.

[43] 任保平，李婧瑜. 数据成为新生产要素的政治经济学阐释［J］. 当代经济研究，2023（11）：5-17.

[44] 许中缘，郑煌杰. 数据要素赋能新质生产力：内在机理、现实障碍与法治进路[J]. 上海经济研究，2024（05）：37-52.

[45] 张夏恒. 数字经济加速新质生产力生成的内在逻辑与实现路径[J]. 西南大学学报（社会科学版），2024（3）：1-15.

[46] 马克思. 1844 年经济学哲学手稿[M]. 北京：人民出版社，2000.

[47] 马克思，恩格斯. 马克思恩格斯选集（第 1 卷）[M]. 北京：人民出版社，1995.

[48] 田子方，杜琼，王雅钰，徐翔. 数字化治理与企业绩效：来自政府工作报告的经验证据[J]. 宏观经济研究，2024（02）：57-73.

[49] 张帅. 数字化转型能提升国有企业资本配置效率吗[J]. 兰州大学学报（社会科学版），2024（04）：40-53.

[50] 郝跃，陈凯华，康瑾，杨晓光，张超，郑晓龙. 数字技术赋能国家治理现代化建设[J]. 中国科学院院刊，2022（12）：1 675-1 685.

[51] 关爽. 数字技术驱动社会治理共同体建构的逻辑机理与风险治理[J]. 浙江工商大学学报，2021（07）：153-161.

[52] 宋爽，刘朋辉. 全球数字货币发展的最新进展与展望[J]. 国际金融，2023（04）：52-56.

[53] 张开，郑泽华，薛敏. 习近平经济思想研究新进展[J]. 政治经济学评论，2024（03）：47-61.

[54] 蒋万胜，朱晓兰. 数字货币的能源消耗及其经济效益的比较性研究[J]. 西安财经大学学报，2023（02）：3-13.

[55] 王岭. 数字经济时代中国政府监管转型研究[J]. 管理世界，2024（03）：110-126.

[56] 杨汝岱，李艳，孟珊珊. 企业数字化发展、全要素生产率与产业链溢出效应[J]. 经济研究，2023（11）：44-61.

[57] 张洪胜，杜雨彤，张小龙. 产业数字化与国内大循环[J]. 经济研究，2024（05）：97-115.

[58] 王军辉，揭梦吟，何青. 数字治理与现金转移支付瞄准效率[J]. 经济研究，2024（04）：153-172.

[59] 陈雨露. 数字经济与实体经济融合发展的理论探索[J]. 经济研究，2023（09）：22-30.

[60] 任保平. 数字经济学导论[M]. 北京：科学出版社，2022.